අසිරිමත්
පසේබුදු පෙළහර

පූජ්‍ය කිරිබත්ගොඩ ඤාණානන්ද ස්වාමීන් වහන්සේ

අසිරිමත් පසේබුදු පෙළහර

පූජ්‍ය කිරිබත්ගොඩ ඤාණානන්ද ස්වාමීන් වහන්සේ

© සියලුම හිමිකම් ඇවිරිණි.

ISBN : 978 955 0614 95 0

ප්‍රථම මුද්‍රණය : ශ්‍රී බු.ව. 2555 ක් වූ මැදින් මස පුන් පොහෝ දින

- පරිගණක අකුරු සැකසුම, පිටකවර නිර්මාණය සහ ප්‍රකාශනය -

මහාමේඝ ප්‍රකාශකයෝ

වඩුවාව, යටිගල්ඔළුව, පොල්ගහවෙල.

දුර : 037 2053300, 0773216685

mahameghapublishers@gmail.com | www.mahameghapublishers.com

- මුද්‍රණය -

ලීඩ්ස් ග්‍රැෆික්ස් (පුද්.) සමාගම,

අංක 356 E, පන්නිපිටිය පාර, තලවතුගොඩ.

අසිරිමත් පසේබුදු පෙළහර

පූජ්‍ය කිරිබත්ගොඩ ඤාණානන්ද ස්වාමීන් වහන්සේ

- සම්පාදනය -

නයනා නිල්මිණී

මහාමේඝ
MAHAMEGHA

ප්‍රකාශනයකි

"දසබලසේලප්පභවා නිබ්බානමහාසමුද්දපරියන්තා
අට්ඨංග මග්ගසලිලා ජිනවචනනදී චිරං වහතූති"

දසබලයන් වහන්සේ නමැති ශෛලමය පර්වතයෙන් පැන නැගී
අමා මහා නිවන නම් වූ මහා සාගරය අවසන් කොට ඇති
ආර්ය අෂ්ටාංගික මාර්ගය නම් වූ සිහිල් දිය දහරින් හෙබි
උතුම් ශ්‍රී මුඛ බුද්ධ වචන ගංගාව
(ලෝ සතුන්ගේ සසර දුක නිවාලමින්)
බොහෝ කල් ගලාබස්නා සේක්වා!

(සළායතන සංයුත්තය - උද්දාන ගාථා)

ප්‍රස්ථාවනාව...

ඒ භාග්‍යවත් වූ අරහත් වූ ගෞතම නම් වූ සම්මා සම්බුදුරජාණන් වහන්සේගේ අසිරිමත් යුගයක ආශ්වාදය යාන්තමින් හෝ විඳගන්නට තරම් අපි ද වාසනාවන්ත වෙමු. උන්වහන්සේ විසින් ලෝකයා මෙතෙක් නොඇසූ විරූ අද්භූත තොරතුරු සිය ශ්‍රාවක ජනයා වෙත හෙළිදරව් කරන ලද්දේය.

සක්විති රජවරුන් පිළිබඳව, ලෝක ධාතු පිළිබඳව, පෘථිවියේ ආරම්භය හා විනාශය පිළිබඳව, මනුෂ්‍ය වර්ගයාගේ සම්භවය පිළිබඳව මෙන්ම '**පච්චේකබුද්ධ**' හෙවත් පසේබුදුවරුන් පිළිබඳව ද අනේක තොරතුරු හෙළිදරව් කරන ලද්දේය. භාග්‍යවතුන් වහන්සේ පෙන්වා නොදෙන්නට මේවා දැනගත හැකි වෙනත් පැහැදිලි කරුණු බාහිරින් සපයා ගත නොහැකිය. එතරම් ම පැරණි තොරතුරු එයට ඇතුළත්ය.

මෙම ග්‍රන්ථයෙන් දැනගන්නට ලැබෙන්නේ පසේබුදුරජාණන් වහන්සේලා පිළිබඳවය. සුත්ත නිපාතයට අයත් '**ඛග්ගවිසාණ සූත්‍රය**' මඟින් ලත් ඒ පසේබුදුවරුන්ගේ උදාන නිසාය අප ඒ තොරතුරු දන්නේ. 'ඛග්ගවිසාණ' යන්නෙහි තේරුම කඟවේණ අඟය.

'කඟවේණා' හිමාල වන අඩවියේ විසූ අශ්වයෙකු වැනි සතෙකි. ඔහුගේ නළලින් අඟක් උඩට මතු වී ඇත. කඟවේණාගේ අඟ යනු එයයි. එය තනි අඟකි. වෙනත් කිසිවක් හා සම්බන්ධ නොවූ අඟකි. පසේබුදුවරයන් වහන්සේලාගේ ජීවිතය ද එබඳුය. අත්‍යන්ත හුදෙකලාවේ වාසය කිරීම උන්වහන්සේලාගේ ස්වභාවයයි.

උන්වහන්සේලාට ශ්‍රාවක ජනයා නැත. උන්වහන්සේලා ධර්ම දේශනා නොකරති. ශ්‍රාවක ජනයා පිරිවරා චාරිකාවේ නොවඩිති. චතුරාර්ය සත්‍යය උන්වහන්සේලා ඉස්මතු නොකරති. හිමාලයේ ගන්ධමාන පර්වතයෙහි '**මඤ්ජූසක**' වෘක්ෂය සෙවණේ විමුක්ති සුව විඳිමින් බවුන් වඩන උන්වහන්සේලා ගමට වඩින්නේ

පිණ්ඩපාතය සඳහා පමණි.

ඒ පසේබුදුවරයන් වහන්සේලාගේ අත්දැකීම් පිළිබඳව අතිශයින්ම අප්‍රකට තොරතුරු අපගේ භාග්‍යවතුන් වහන්සේගෙන් දැනගත් නිසාවෙන් දැන් අල්පමාත්‍රිකව හෝ අප එය දනිමු. සුත්ත නිපාත අටුවාවෙන් ගත් තොරතුරු අනුව අපි එය රසවත් අයුරින් ඉදිරිපත් කළෙමු.

මේ යුගයේ පසේබුදුවරු පහළ නොවෙත්. පසේබුදුවරු පහළවන්නේ සම්මා සම්බුදු යුගයකට ආසන්නයේ දී පමණි. යළිත් පසේබුදු යුගයක් ලොව උදාවන්නේ මෛත්‍රී බුදුරජුන් පහළ වීමට ආසන්නයේ දී පමණි. එතෙක් සිදුවන්නේ ඒ ඒ පාරමී ධර්මයන්ගේ සම්පූර්ණත්වය ඇතිවීමයි.

මේ පසේබුදු පෙළහර මවිසින් සකසන ලදුව පින්වත් නයනා නිල්මිණි දියණියගේ කැපවීම හේතුවෙන් **'අසිරිමත් පසේබුදු පෙළහර'** නමින් දිනමිණ පුවත්පතෙහි පළවිය. බොහෝදෙනාගේ ඉල්ලීම නිසා, විශේෂයෙන් ම නයනා නිල්මිණි දියණියගේ උනන්දු කරවීම මත මෙම අනර්ඝ ලිපි එකතුව මෙසේ දහම් ග්‍රන්ථයක් ලෙස එළිදැක්වේ.

මෙම ග්‍රන්ථය සැකසීමට සහාය දැක්වූ මහමෙව්නාවේ පින්වත් ස්වාමීන් වහන්සේලාටත්, නයනා නිල්මිණි දියණියටත්, සහාය දැක්වූ සැමටත් උතුම් ධර්මාවබෝධය පිණිස මෙයින් ලත් සියලු පින් උපකාරී වේවා!

මෙයට,
ගෞතම බුදු සසුන තුළ
මෙත් සිතින්,
පූජ්‍ය කිරිබත්ගොඩ ඤාණානන්ද ස්වාමීන් වහන්සේ
ශ්‍රී බු.ව. 2555 ක් වූ නවම් මස 07 දින (2012.02.07)

සම්පාදිකාවගෙන්...

අප ආදරයෙන් සරණ ගිය තථාගතයන් වහන්සේ තරම් මිනිසාගේ හිතසුව පිණිස ඇපකැප වී ක්‍රියාකළ වෙනත් ශාස්තෘවරයෙකු ගැන අසන්නට ලැබෙන්නේ නැත. දිනකට පැය දෙකක් පමණක් සැතපෙමින් පුරා වසර සතළිස් පහක් උන්වහන්සේ තම උදාර ජීවිතය පරිත්‍යාග කළේ දුකට පත් වූ මිනිසාට විමුක්ති සුවය ලබාදීම පරම පවිත්‍ර වූ චේතනාවෙනි. තථාගතයන් වහන්සේ මිනිසාට දායාද කොට දුන් කරුණා, මෛත්‍රී, ප්‍රඥා ගුණයෙන් සුලක්ෂිත උතුම් ධර්මය චිරාත් කාලයක් පුරා අඛණ්ඩව පැවත එමින් මිනිස් ජීවිත කෙරෙහි අසීමිත ලෙස සුබදායක බලපෑමක් කරමින් ප්‍රචලිතව පවතී.

එවන් උදාර බුද්ධ ශාසනයක් පිහිටුවීමට නොහැකි වූ බුදුරජාණන් වහන්සේලා ද ලොව පහළ වී තිබේ. උන්වහන්සේලා හඳුන්වන්නේ 'පච්චේක බුද්ධ' නමිනි. හෙළ බස් වහරින් 'පසේබුදු' යැයි කියති. එසේ පසේබුදුරජාණන් වහන්සේලා ලොව පහළ වන්නේ සම්මා සම්බුදු සසුනක් ජීවමානව පවතින යුගයක නොවේ. ඊට පෙර දී ය. එම පසේබුදුවරුන් පිළිබඳව රසවත් හරවත් ලිපි පෙළ පොතක් ලෙස ඔබට මෙතැන් සිට කියවීමට අවස්ථාවක් උදාවෙනු ඇත.

පසේබුදුරජාණන් වහන්සේලා පිළිබඳව ලිපි පෙළක් පුවත්පත සඳහා ඉදිරිපත් කිරීමට මා විසින් යෝජනා කළ අවස්ථාවේදී සාර්ථක ලිපි පෙළක් පාඨකයාට ලබා දෙන ලදී. ඒ සඳහා කැපවීමෙන් කටයුතු කළ පින්වත් ලොකු ස්වාමීන් වහන්සේට මාගේ ගෞරව නමස්කාරය වේවා!

පසේබුදුරජාණන් වහන්සේලා පිළිබඳව පුවත්පතට ලිපි පෙළක් සම්පාදනය කිරීමට මා හට මුලින්ම යෝජනා කළේ අඹන්පොළ ඤාණවිජය ස්වාමීන් වහන්සේ විසිනි. උන්වහන්සේට ද මාගේ නමස්කාරය වේවා!

මෙම පොත ඔබ අතට පත්වන්නේ දිනමිණ පුවත්පතේ 'ආලෝකෝ උදපාදී' අතිරේකය සඳහා ලිපි පෙළ පළ කරන්නට අවස්ථාව උදා වූ නිසාය. එම අවස්ථාව ලබාදුන් එහි සංස්කාරිකා අයන්ති විතාන සොයුරියට ද බැති සිතින් පින් අනුමෝදන් කරමි.

වටිනා අදහස් අරුත්බර සුන්දර පොතක් ලෙස ඔබ අතට පත්කිරීමට උදව් උපකාර කළ සැමට මාගේ නමස්කාරය වේවා! නිදුක් වේවා! නීරෝගී වේවා! සුවපත් වේවා! අප සියලුම දෙනාට ඒ අමා නිවන් සුව බොහෝ දුර නොවේවා!

නමෝ බුද්ධාය!

නයනා නිල්මිණී

අංක 103,
පී.එස්. පෙරේරා මාවත,
මාම්පේ - පිළියන්දල.
දුරඃ 011 - 2608492

පෙළගැස්ම...

අසිරිමත් පසේබුදු පෙළහර - 01 11

අසිරිමත් පසේබුදු පෙළහර - 02 25

අසිරිමත් පසේබුදු පෙළහර - 03 36

අසිරිමත් පසේබුදු පෙළහර - 04 47

අසිරිමත් පසේබුදු පෙළහර - 05 62

අසිරිමත් පසේබුදු පෙළහර - 06 72

අසිරිමත් පසේබුදු පෙළහර - 07 81

අසිරිමත් පසේබුදු පෙළහර - 08 91

අසිරිමත් පසේබුදු පෙළහර - 09 102

අසිරිමත් පසේබුදු පෙළහර - 10 110

අසිරිමත් පසේබුදු පෙළහර - 11 117

අසිරිමත් පසේබුදු පෙළහර - 12 127

අසිරිමත් පසේබුදු පෙළහර - 13 135

අසිරිමත් පසේබුදු පෙළහර - 14 140

අසිරිමත් පසේබුදු පෙළහර - 15 147

අසිරිමත් පසේබුදු පෙළහර - 16 152

අසිරිමත් පසේබුදු පෙළහර - 17 161

අසිරිමත් පසේබුදු පෙළහර - 18 167

අසිරිමත් පසේබුදු පෙළහර - 19 171

අසිරිමත් පසේබුදු පෙළහර - 20 176

ඛග්ගවිසාණ සූත්‍රය..182

ඉසිගිලි සූත්‍රය...197

1.

අසිරිමත් පසේබුදු පෙළහර

සියලු සතුන් වෙත - නපුරක් නොකරන
කිසිවෙකු හට කිසි වෙහෙසක් නොකරන
දරුවන් නොකැමැති හේ - කොයින් ලබන්ට ද මිතුරන්!
හුදෙකලාවෙම දිවි ගෙවයි හේ
තනි අඟකින් යුතු කඟවේණෙකු සේ ....

අප මේ ගත කරන්නේ බුද්ධ කාලයකයි. මෙය ගෞතම බුදුරජාණන් වහන්සේගේ යුගයයි. වරින් වර බුදුවරුන්ගේ යුග ලෝකයෙහි පහළ වෙනවා. මේ කල්පයේදී දැනට බුදුවරුන්ගේ යුග සතරක් ඇති වී තිබෙනවා. මෛත්‍රී බුදුරජුන්ගේ යුගය තවම පහළ වී නෑ. එය පස්වෙනි යුගයයි. මේ පස් යුගයම ඇතිවෙන්නේ එකම කල්පයකයි. එනිසා වෙන්න ඇති මේ කල්පයට 'මහා භද්‍ර කල්පය' කියා කියන්නේ.

මෙම මහා භද්‍ර කල්පයේදී මුලින්ම පහළ වූයේ කකුසඳ බුදුරජාණන් වහන්සේගේ යුගයයි. එකල මිනිසුන්ගේ ආයුෂ හතළිස් දහස් අවුරුද්දකින් යුක්තයි. මිනිස් ආයුෂ වසර තිස් දාහ වෙද්දී කෝණාගමණ බුදුරජුන්ගේ යුගය පහළ වුණා. මිනිස් ආයුෂ වසර විසිදහසක්ව තිබියදී තමයි

කාශ්‍යප බුදුරජුන්ගේ යුගය පහළ වුණේ. අප සරණ ගිය ගෞතම බුදුරජුන්ගේ යුගය පහළ වීමේදී මිනිස් ආයුෂ වසර එකසිය විස්සයි. දැන් ඒ මිනිස් ආයුෂ කෙමෙන් අඩු වී ගෙන යන බව ඉතාම පැහැදිලියි. මේ සියලු යුග බිහිකළ බුදුවරු අයත් වන්නේ සම්මා සම්බුදුරජාණන් වහන්සේලාටයි. උන්වහන්සේලාගේ ප්‍රධාන බුද්ධකෘත්‍යය වන්නේ තමන් අවබෝධ කළ ධර්මය ලොවට දේශනා කිරීමයි. එසේ දෙසනු ලබන ඒ ධර්මය ශ්‍රවණය කොට ශ්‍රද්ධාව ඇතිකරගත් ශ්‍රාවක පිරිස් බිහි වන්නේ සම්මා සම්බුද්ධ ශාසන තුළ පමණයි. එවිට ඒ ශ්‍රාවකයින් තම ශ්‍රද්ධාව මුල් කොට පැවිදි වෙනවා. ඒ බුදුවරුන් විසින් පෙන්වන ලද ආර්ය මාර්ගයෙහි ගමන් කරනවා. සසරෙන් එතෙර වෙනවා. එම වැඩපිළිවෙල හඳුන්වන්නේ 'බුද්ධ ශාසනය' යන නමිනුයි.

එසේ බුදුසසුනක් පිහිටුවන්නට නොහැකි බුදුවරුන්ද පහළ වෙනවා. උන්වහන්සේලා හඳුන්වන්නේ 'පච්චේක බුද්ධ' යන නාමයෙනුයි. හෙළ බස් වහරින් කියන්නේ 'පසේබුදු' කියාය. පසේබුදුවරයන් වහන්සේලා පහළ වන්නේ සම්මා සම්බුදු සසුනක් ජීවමානව පවතින යුගයක නොවේ. ඊට පෙරයි. අපේ බුදුරජාණන් වහන්සේ මනුලොව ඉපදීමට සුළු කලකට පෙර පවා 'මාතංග' නමින් පසේබුදුරජාණන් වහන්සේ නමක් වැඩසිට තිබෙනවා.

එසේ නම් පසේබුදුවරු පහළ වන්නේ කොයි කාලයකද? පසේබුදුවරු පහළ වන්නේ සම්බුදුරජාණන් වහන්සේ නමක් පහළ වීමට පෙර බව දැන් අපි දන්නවා. එය මෙසේ තේරුම් ගනිමු. දැන් පවතින්නේ ගෞතම බුදුසසුනයි. කෙමෙන් කෙමෙන් මේ බුදු සසුනද අතුරුදහන් වී යනු ඇත. එය බුදුරජාණන් වහන්සේ මහා කස්සප මහතෙරුන්

හට පැහැදිලිව දේශනා කළ අයුරු සංයුත්ත නිකායේ 'සද්ධම්ම පතිරූපක' සූත්‍රයේ සඳහන්ව තිබේ. එනම් බුදු සසුනක් අතුරුදහන් වීමට කරුණු පහක් හේතු වෙනවා. යම් දිනෙක තථාගතයන් වහන්සේගේ සිව්වණක් පිරිස වන භික්ෂු, භික්ෂුණී, උපාසක, උපාසිකාවෝ බුදුරජුන්ට ගෞරව නොකරත්ද, බුදුසරණින් බැහැරව සිටිත්ද, ධර්මයට ගෞරව නොකරත්ද, දහම් සරණින් බැහැරව සිටිත්ද, සංඝයාට ගෞරව නොකරත්ද, සඟ සරණින් බැහැරව සිටිත්ද, ශික්ෂාවට ගෞරව නොකරත්ද, ශික්ෂාවෙන් බැහැර වෙත්ද, සමාධියට ගෞරව නොකරත්ද, සමාධියෙන් බැහැරව සිටිත්ද, එකල්හී බුදු සසුන අතුරුදහන් වී යනු ඇත.

මේ අයුරින් ශාසනය අතුරුදහන් වෙමින් ගිය කල බලවත් වන්නේ අධර්මයයි. එවිට මව්පියන් නොහඳුනන, ගුරුවරුන් නොහඳුනන, කෙළෙහිගුණ නොදන්නා, අසත්පුරුෂ හැඟුම්න් බලවත් පිරිස වැඩිවේ. ඒ හේතුවෙන් ආයුෂ ක්‍රමෙන් අඩු වී යයි. වසර දහය දක්වා ආයුෂ අඩුවන බව 'චක්කවත්ති සීහනාද' සූත්‍රයේ පෙන්වා දී තිබේ. ආයුෂ වසර දහය දක්වා අඩු වූ විට එකිනෙකා කෙරෙහි පළිගැනීම බලවත් වන මෘග සඤ්ඤාව මිනිසුන් තුළ ඇති වේ. එවිට ඔවුන් පෙළඹෙන්නේ එකිනෙකා ඝාතනය කිරීම පිණිසයි. මේ හේතුවෙන් සත් දිනෙක මහා යුද්ධයක් ඇති වේ. එයින් බොහෝ ජනයා මරණයට පත් වේ. මෙසේ මිනිස් ආයුෂ දස වසරක් දක්වා අඩු වී යන මේ තාක් කාලය තුළ පසේබුදුවරු පහළ නොවේ.

සත් දිනක් පවතින යුද්ධයෙන් පසු ඉතිරි වන ජනයා එකිනෙකා වැළඳ ගෙන හඬන්නට පටන් ගනී. ඔවුන්ගේ දිවි ගැලවී තිබීම ඔවුන් ලද භාග්‍යයක් කොට

සළකයි. ඉන්පසු ඔවුන් කරන්නේ පිරිහී යාමට හේතු පිරික්සීමයි. ඒ හේතුවෙන් යළිත් ක්‍රමක්‍රමයෙන් ඔවුන් තුළ ගුණදම් වැඩී යනු ඇත. ඒ අනුව මව්පිය ගුරුවර ගෞරවය, කෘතගුණ ආදී මානව ගුණධර්ම වැඩේ. ආයුෂයද සීඝ්‍රයෙන් වැඩෙන්නට පටන් ගනී.

එසේ ක්‍රමක්‍රමයෙන් වැඩි වී යන මිනිස් ආයුෂ වසර අසූ දහස දක්වා වැඩී ගිය කල දඹදිව කේතුමතී නුවර මෛත්‍රී නම් වූ සම්මා සම්බුදුරජාණන් වහන්සේගේ යුගය පහළ වනු ඇත. ඒ සම්බුදු රජුන් පහළ වීමට පෙර පසේ බුදුවරුන්ගේ යුගයක් ඇති වේ. එම යුගය තුළ පසේබුදු බව පිණිස තම තමන්ගේ පින සකස් වූ මහා පින්වන්තයන් මනුලොව උපදිනු ඇත. තම තමන්ට වැටහෙන ක්‍රම ඔස්සේ නුවණ මෙහෙයවා පසේබුදු බවට පත්වෙනු ඇත.

සසර පුරා අනේක ආත්මභාවයන්හි ජීවිතාවබෝධය වෙනුවෙන් කරන ලද පිනෙන් සකස් වූ ඒ පසේබුදුවරුන්ගේ ජීවිත ගැන අප දැනගත්තේ ගෞතම බුදුරජාණන් වහන්සේගෙනි. ඒ මෙසේය. දිනක් අනඳ මහතෙරුන් වහන්සේ අප ගෞතම බුදුරජාණන් වහන්සේගෙන් ඉල්ලා සිටියේ පසේබුදුවරයන් වහන්සේලා ගැන කියා දෙන ලෙසයි. එවිට බුදුරජාණන් වහන්සේ අනඳ හිමියන්ට ගාථා වශයෙන් 'ඛග්ගවිසාණ' සූත්‍රය වදාළ සේක. එම ගාථාවලින් කියවෙන්නේ ඒ ඒ පසේබුදුවරයන් වහන්සේලා තමන්ගේ අවබෝධය සහ අත්දැකීම් එක්කොට වදාරණ ලද ගථාවන්ය. මෙම ගාථා සඳහන් වන්නේ සුත්ත නිපාතයෙහිය. මෙයද සම්බුදු මහිමයේ අසිරියෙකි. සම්බුදු නුවණින්ම මතුකරගත් අද්භූත දෙයකි. ලොව කිසිවෙක් නොදන්නා, නොවැටහුණු ඒ පසේබුදුවරුන්ගේ ලෝකය ගැන මේ අයුරින් හෝ දැනගන්නට ලැබීම පවා අප ලද වාසනාවකි.

මේ කථාව දෙස බලන්න. මෙය පසේබුදුරජාණන් වහන්සේ නමකගේ ජීවිත කථාවයි. මෙම පසේබුදුරජාණන් වහන්සේ පහළ වූයේ අපගේ ශාස්තෘන් වහන්සේ පහළ වෙන්නට පෙරයි. එනම් වසර විසිදහසක ආයුෂ තිබෙන කාලයේ ලොව පහළ වූ කාශ්‍යප බුදු සසුනෙහි තරුණයෙක් පැවිදිව සිටියා. එහිදී ඔහු විසිදහසක් අවුරුදු මහණදම් පුරද්දී වැඩිපුර පුරුදු කොට තිබෙන්නේ 'ගත පච්චාගත' වතයි. ඒ කියන්නේ භික්ෂුවක් ගමට පිඬු සිඟා වඩින විට, කුටියෙන් පළමු පියවර තබන්නේ කිසියම් භාවනා අරමුණකින් යුක්තවයි. ඒ භික්ෂුව පිඬු සිඟා වඩින අතරතුර මුණගැසෙන කිසිදු බාහිර අරමුණක් නිසා හෝ තම භාවනා මනසිකාරය වෙනස් කරගන්නේ නෑ. ඒ තුළම රැඳී ඉන්නවා. ඒ භාවනා අරමුණෙන්ම ආපසු කුටියට වඩිනවා. බාහිර ලෝකය හා එක් නොවී සිතෙහි නගා ගත් එම කුසල අරමුණු මත රැඳී පිඬු සිඟා යෑමත්, ආපසු ඒමත් එකම අයුරින් කරන නිසා එයට ගත පච්චාගත වත කියනවා. සැබැවින්ම මෙය ඉතා දුෂ්කරයි. නමුත් ඒ දුෂ්කර දේ පවා පිනැතියන් කරනවා.

ඉතින් මේ භික්ෂුවට එසේ ගත පච්චාගත වත පුරමින් පවා මහත් උත්සාහ කරද්දීත් කාශ්‍යප බුදුසසුනේදී මාර්ගඵලාවබෝධයක් ලබා ගන්නට නොහැකි වුණා. නමුත් ඒ උත්සාහය අපතේ ගියේ නෑ. අපවත් වීමෙන් පසු දෙව්ලොව උපන්නා. පසේබුදුවරු පහළ වෙන යුගයේදී, එනම් සම්බුදුවරයෙක් පහළ වෙන්නට කලින් මේ පින්වත් දෙවියන් දෙව්ලොවින් චුත වුණා. මනුලොව බරණැස් රජුගේ අගමෙහෙසියගේ කුස පිළිසිඳගත්තා. මේ දරුවා මහා ප්‍රඥාවන්තයෙක්. පිය රජතුමා මේ පින්වත් කුමරා තරුණ වියට පැමිණෙද්දී රජකම පැවරුවා. මොහු දූන්

ඉතාමත් දැහැමින් රජ කරනවා.

අවබෝධය පිණිස රැස් කරගත් පින විපාක දෙන අයුරු හරි පුදුමයි. රජකම කරන අතරේ මොහු භාවනාවට යොමු වුණා. රාත්‍රියට සඳළුතලයට ගොඩවෙනවා. පුන් සඳ දෙස ඇස් පිය නොහෙලා බලා සිටිනවා. ඉන්පසු දෑස පියා ගන්නවා. ඒ පුන්සඳේ ඡායාව සිතෙන් මතු කරගන්නවා. ඒ අනුව සිත පිහිටුවාගෙන කසිණ වඩනවා. මේ කාලය සම්මා සම්බුදුරජාණන් වහන්සේ නමක් පහළ වී නැති කලක් නිසා සතර සතිපට්ඨානය දන්න කවුරුවත් නෑ. සත්තිස් බෝධිපාක්ෂික ධර්ම දන්න කවුරුවත් නෑ. කසිණ වැනි කිසියම් භාවනාවක් තමයි කිරීමට තියෙන්නේ. ඉතින් මේ රජුගේ සිත එම භාවනාවෙන් එකඟ වුණා. ටිකෙන් ටික භාවනාවටම සිත ගියා. ඔහු ඇමතියෙකු කැඳවා රාජ කෘත්‍යය ඔහුට භාර දී උඩු මහලේම නැවතී භාවනා කරන්න පටන් ගත්තා.

අඩ මසක් ගතවුණා. රජතුමා පේන්න නෑ. වෙනදට එහෙම නොවෙයි. රජතුමාගේ ප්‍රධානත්වයෙන් රාජකීය උත්සව තියෙනවා. සම්භාෂණ තියනවා. උද්‍යාන ක්‍රීඩා තියෙනවා. දැන් මේ කිසිත් නැති නිසා රජතුමා කොහිදැයි බිසව ඇමතිවරුන්ගෙන් විමසුවා. එතකොට රජකම පිළිගත් ඇමතියා සියලු දේ පවසා සිටියා. එවිට බිසවගේ මුවින් පිටවුණේ ඒ ඇමතියා කිසිසේත් අපේක්ෂා නොකළ දෙයක්.

"ඕහෝ...! එහෙමද? එතකොට රජකම පවරා තිබෙන්නේ ඔබටයි... ම්.... එහෙම නම් මාව අයිතිත් ඔබටයි. ඒ නිසා ඔබ මගේ යහන් ගැබට පැමිණිය යුතුයි."

ඇමතියා තැති ගත්තා. හද ගැස්ම වැඩිවුණා. කම්පා

වුණා.

"අහෝ...! බිසවුන් වහන්ස, මට සමාවුව මැනැව. රජතුමා මට මේ රාජ කෘත්‍ය පැවරුවේ උන්වහන්සේට භාවනා කිරීම පිණිස පමණයි. එනිසා මට එවැනි යෝජනාවකට එකඟ වෙන්න කිසිසේත් පුළුවන්කමක් නැහැ...."

එතකොට ඒ බිසව ඇමතියාට තව වතාවක් කියලා, තුන්වන වතාවේ තර්ජනය කළා.

"ඒයි ඇමතියා....! මං මේ රාජ්‍යයේ රාජ මහේෂිකාව බව නුඹ දැන සිටියොත් හොඳයි! මට ඔය රාජ කෘත්‍යයෙන් නුඹව බැහැර කිරීම සුළු දෙයක්. එමතුද නොවෙයි! නුඹට ජීවිතයෙන් පවා සමුගන්න සිදුවේවි...! එනිසා දැනගනින්... මේක යෝජනාවක් නෙවෙයි, රජ බිසවකගේ අණක්...!"

අන්තිමේදී බිසවගේ අණට කීකරු වෙන්න ඇමතියාට සිදුවුණා. ඇමතියාත් ක්‍රමක්‍රමයෙන් එයට ඇබ්බැහි වී ගියා. කලක් යද්දී මේ ඇමතියාගේ රහස් ක්‍රියා කලාපය ගැන රජතුමාට සැළවුණා. එක දවසක් රජතුමා අතටම අල්ලා ගත්තා. වධ හිංසා කිරීමට අසතුටු රජු මේ ඇමතියාව රාජ්‍යයෙන් නෙරපා හැරියා.

එතකොට ඇමතියා වෙනත් ප්‍රාදේශීය රජෙකු ළඟට ගියා. ගිහින් ඔහුගේ රාජ සේවයට බැඳුණා. ඒ ප්‍රාදේශීය රජුගේ සිත දිනා ගත්තා.

"මහරජතුමනි, පිළව් නැති මී වදයක් නම් තියෙනවා. නමුත් එය අනුභව කරන්නට කවුරුවත් නෑ."

"එම්බා ඇමතිය..., ඒ කුමක්ද? නුඹ මට විහිළු කරනවාද...?"

"අනේ රජතුමනි, මට කමා වනු මැනැව. මා මේ පවසන්නේ සත්‍යයක්. එනම් බරණැස් නුවර රජකම ගැනයි. මා කියන්නේ අසත්‍යයක් නම්, ඔබවහන්සේගේ චරපුරුෂයන් ලවා විමසා බලන සේක්වා!"

ඒ ප්‍රාදේශීය රජු චරපුරුෂයන් යැව්වා. ඔවුන් බරණැස් නුවරට ගොස් උමං සාරාගෙන බරණැස් රාජ මාළිගාවේ රජුගේ යහන් ගැබින් මතුවුණා. එවිට රජු චර පුරුෂයන්ගෙන් ප්‍රශ්න කළා. ඔවුන් ප්‍රකාශ කර සිටියේ තමන් සොරුන් බවත්, සොරකම් කිරීමේ අදහසින් පැමිණි බවත්ය. එවිට බරණැස් රජු ඔවුන්ට සමාව දී අවවාද කොට, ධනයද දී පිටත් කළා.

ධනය රැගත් චර පුරුෂයන් ප්‍රාදේශීය රජු කරා පැමිණි සියල්ල සැළකළා.

"රජතුමනි, ඒ බරණැස් රජතුමා සිල්වත් කෙනෙක්. ප්‍රාණඝාත නොකරන කෙනෙක්. සොරකම් කිරීමට ගිය අපට තෑගි භෝග දුන්නා. තමන්ගේ බලය රාජ්‍ය තුළ පතුරුවා හැරීමක් නැති බවයි පෙනෙන්නේ..."

එයින් කරුණු තහවුරු කරගත් ඒ ප්‍රාදේශීය රජු බරණැස් නුවර මායිම් නගරයක් යටත් කර ගැනීම පිණිස පිටත්ව ගියා.

"මට මේ නගරය ඕන. දුන්නෙ නැත්නම් යුද්ධ කොට අල්ලා ගන්නවා" කියලා බරණැස් රජු වෙත ඇමතියෙක් පිටත් කළා. එතකොට බරණැස් රජතුමා මෙහෙම කිව්වා.

"මං යුද්ධ කරන්න කැමති නෑ. නගරය දෙන්නම්."

එතකොට ඒ සතුරු රජතුමා පහසුවෙන්ම නගරය අල්ලා ගත්තා. බරණැස් රජුගේ ඇමතිවරු මෙයට කැමති

වුණේ නෑ. ඔවුන් රජතුමාව දැනුවත් කළා.

"මහ රජතුමනි, මෙහෙම වෙන්න දෙන්න හොඳ නෑ. අපි යුද්ධ කරමු!"

"නෑ! මං කිසිම මනුෂ්‍ය ඝාතනයකට කැමති නෑ.... කොටින්ම යුද්ධය මං ප්‍රතික්ෂේප කරනවා."

"මහ රජතුමනි, එහෙම නම් අපි ඔහුව ජීවග්‍රාහයෙන් අල්ලා ගනිමු. ඒ ගැන ඔබවහන්සේ නොසිතන සේක්වා! අප සමඟ වඩින සේක්වා!"

"හැබැයි ඇමැතිවරුනි, ඔය මනුෂ්‍ය ඝාතන, දරුණු වධහිංසා, මංකොල්ලකෑම් ආදියට මං කැමැති නෑ. එනිසා ඒවා නොකරන බවට පොරොන්දු වෙනවා නම් විතරක් මං එන්නම්."

"මහ රජතුමනි, අපි ඔබවහන්සේගේ අදහසේමයි ඉන්නේ.... ඔවුන්ව භය කරලා පන්නමු."

ඉතින් ඒ රජු සිව්රඟ සේනා සමඟ කළගෙඩි ඇතුළේ පහන් දල්වා ගෙන රාත්‍රියේම පිටත් වුණා.

ඒ වෙද්දී අර ප්‍රාදේශීය රජු බරණැස සමීපයේ නගරයක් අල්ලාගෙන සිටියා. ඔහු සේනාවට මෙහෙම කිව්වා.

"කොල්ලනේ.... මෙහෙ කා එක්ක සටන් කරන්නද? ඒ නිසා දැන් රෑ බෝ වුණා. නුඹලා හිතුමනාපේ නිදා ගනිල්ලා..." කියලා බලකායත් සමඟ නින්දට ගියා.

බරණැස් රජතුමා සේනාව සමඟ ගොස් සතුරු රජ ප්‍රධාන පිරිස වැටලුවා. කළගෙඩිවල තිබූ සියළු පහන් ඉවතට ගෙන එකවර දැල්වූවා. මහත් හඬ නැංවූවා. සතුරු රජුගේ බලසේනාව හොඳටම බියට පත්වුණා. රජතුමාව

අවදිකළා. රජතුමාත් බියපත්ව විලාප නගා හැඬුවා.

බරණැස් රජුගේ ඇමතිවරු අර සතුරු රජු ජීවග්‍රාහයෙන් අල්ලා ගත්තා. මහරජතුමා ඒ රජුට පවා සමාව දුන්නා. බරණැස් නුවරට සමීප ජනපදයක රජකමට පත්කළා. ඔවුන් යහළුවන් වුණා.

ආයෙමත් රජතුමා ක්‍රමක්‍රමයෙන් මෙත් සිත දියුණු කරන්න පටන් ගත්තා. කිසි සත්වයෙකුට හිංසාවක්, පීඩාවක්, කරදරයක් නොවීමට මෙත් පැතිරුවා. ඒ තුළින් ධ්‍යාන උපදවා ගන්නට රජතුමා සමත් වුණා. නමුත් යුධ කෝලාහල, ලෙඩ දුක් ආදිය නිසා උපන් සත්වයා දුකට පත්ව සිටින අයුරු රජතුමාට හොඳින් වැටහුණා. උපදින තාක් මේ දුකට මුහුණ දිය යුතු බව රජතුමාට තේරුණා. ඉපදීමට හේතු විමසුවා. ඉපදීමට හේතුව භවය බවත්, භවයට හේතුව උපාදාන බවත්, උපාදායට හේතුව තණ්හාව බවත්, තණ්හාවට හේතුව විඳීම බවත්, විඳීමට හේතුව ස්පර්ශය බවත්, ස්පර්ශයට හේතුව ආයතන හය බවත්, ආයතන හයට හේතුව නාමරූප බවත්, නාමරූපවලට හේතුව විඤ්ඤාණය බවත්, විඤ්ඤාණයට හේතුව සංස්කාර බවත්, සංස්කාරවලට හේතුව අවිද්‍යාව බවත් අවබෝධ වුණා. ඒ අවිද්‍යාව ඉතුරු නැතුව නිරුද්ධ කොට පටිච්චසමුප්පාදයෙන් නිදහස් වුණා. අරහත්වයට පත්වුණා. නිකෙලෙස් වුණා. පසේබුදු බවට පත්වුණා.

ඒත් තවම ඒ පසේබුදුන් සිටින්නේ රජඇඳුම් ඇතිවයි. එදා ඒ පසේබුදුන් හස්තිරාජයා පිට නැඟ සිටියා. ඇමතිවරු පැමිණ මෙහෙම කිව්වා.

"පින්වත් මහරජතුමනි, දැන් සුදුසු කාලය පැමිණුනා. බල සෙනඟට සත්කාර කළ යුතුයි. පරාජිත සේනාවට බත්

වැටුප් දිය යුතුයි."

"පින්වත් දරුවෙනි, මට තවදුරටත් රාජ්‍ය කෘත්‍ය අදාළ නෑ. මං මේ සියලු බන්ධනයන්ගෙන් නිදහස්ව හුදෙකලාවේම ජීවිතාවබෝධය ලද කෙනෙක්."

ඇමතිවරු පුදුම වුණා. රජකම් කරමින් සිටි මේ පින්වත් රජතුමා දැන් කතා කරන්නේ නිකෙලෙස් මුනිවරයෙකුගේ භාෂාවෙනුයි. ඔවුන්ට අදහා ගත නොහැකි වුණා.

"මහරජතුමනි, ඔබවහන්සේගේ මේ ප්‍රකාශ ගැන අපට පුදුම නොවී සිටින්නට බැහැ. අප අසා තිබෙනවා හුදෙකලාවේම ජීවිතාවබෝධය ලද උතුමන් ගැන. 'පච්චේකබුද්ධ' නමිනුයි ඒ උතුමන් හඳුන්වන්නේ. නමුත් ඒ පසේබුදුවරයන් වහන්සේලා යනු ඔවැනි රාජාභරණයෙන් සැරසී සිටින අය නොවේ."

"එසේ නම් පින්වත් දරුවෙනි, පසේබුදුවරුන් සිටින්නේ කවර වස්ත්‍ර දරමින්ද?"

"මහරජතුමනි, පසේබුදුවරුන් කෙස් රැවුල් බාලයි සිටින්නේ. පොරවා ගෙන සිටින්නේ සිවුරු පිරිකරයි. ආහාර ගන්නේ පාත්‍රයකයි. ඒ උතුමන් අයිති වන්නේ ශ්‍රමණ පිරිසටයි."

මොහොතක් නිහඬව සිටි රජතුමා දකුණතින් හිස පිරිමැද්දා. එසැණින්ම රාජවේශය නොපෙනී ගියා. කෙස් රැවුල් බාගත්, මනා ලෙස සිවුරු පොරවා ගත්, පාත්‍රයක් දරා ගත් සැට වයස් පිරුණු මහ තෙර නමකගේ රූපයක් පෙනී ගියා.

එකෙණෙහිම ඒ පසේබුදුරජුන් අභිඥා බලයෙන්

ඇතා පිටින් ඉවත්ව අහසට පැන නැංගා. මවාගත් නෙළුමක් තුළ භාවනා ඉරියව්වෙන් වැඩසිටියා. ඇමැතිවරු නමස්කාර කළා.

"අනේ ස්වාමීනී, ඔබවහන්සේ මෙවැනි අවබෝධයක් ඇති කරගත්තේ කොහොමද? ඔබවහන්සේ නම් ඒකාන්තයෙන්ම ඒ පච්චේකබුද්ධ කෙනෙක් විය යුතුයි. ඔබවහන්සේ සමඟ අපිත් එන්න කැමතියි. ඔබවහන්සේගේ ගමනට අපවත් කැඳවාගන්නා සේක්වා!"

"පින්වත් දරුවෙනි, මේ ජීවිතාවබෝධය පිණිස මට මෙත් සිත මුල් වුණා. කිසි කරුණක් නිසා හෝ මා තුළ වෛරයක් හටගත්තේ නෑ. අමනාපයක් හටගත්තේ නෑ. ඒ මෙත් සිතින්මයි මං මේ ලෝකය ගැන හිතුවේ. ඉපදෙන්නට හේතු වූ හැමදෙයක්ම මට වැටහුණා. මං ඒ සියලු දේවල් ප්‍රහාණය කළා. දැන් මං නිදහස්...! මට තියෙන්නේ හුදෙකලාවේ යන ගමනක්."

මෙසේ වදාළ පසේබුදුරජුන් මෙම ගාථාව වදාළා.

සබ්බේසු භූතේසු නිධාය දණ්ඩං
අවිහේඨයං අඤ්ඤතරම්පි තේසං
න පුත්තමිච්ඡෙය්‍ය කුතෝ සහායං
ඒකෝ චරේ ඛග්ගවිසාණ කප්පෝ

"මං ඉන්නෙ මේ ලෝකයේ සියලු සත්වයන් කෙරෙහිම දඬුවම් කිරීම අත්හැරලයි. ඔවුන්ගෙන් කිසි කෙනෙකුටවත් මං පීඩාවක් කරන්නෙ නෑ. ඒ වගේම මං මේ යන ගමනේදී මගේ දරුවෙකු වත් එක්කගෙන යන්න කැමති නැති එකේ උදව්කාරයෙක් කොහොම එක්කං යන්නද? ඇත්තෙන්ම මං හැසිරෙන්නේ හුදෙකලාවේමයි. කඟවේනෙකුගේ හිස මත තියෙන තනි අඟක් වගෙයි."

මේ අයුරින් හුදෙකලාවේම චතුරාර්ය සත්‍යය අවබෝධ කරගත් පසේබුදුවරයන් වහන්සේලා පන්සිය නමක් දඹදිව ඉසිගිලි පර්වතයෙහි වැඩසිටි බවට අපගේ බුදුරජාණන් වහන්සේ වදාළා. උන්වහන්සේලාගේ නම්ගොත් පවා වදාළා.

මේ පසේබුදුවරයන් වහන්සේලා වැඩිපුර වාසය කරන්නේ හිමාලයේ 'ගන්ධමාන' නම් පර්වතය ඇසුරු කරගෙනයි. එහි 'මංජූසක' නම් විශාල වෘක්ෂයක් තියෙනවා. මේ වෘක්ෂයේ විශේෂ මල් වර්ගයක් පිපෙනවා. එය පිපෙන්නේ පසේබුදුවරයන් වහන්සේ නමක් පහළ වූ දවසකයි. එම මල 'රන්මල්' නමින් හඳුන්වනවා. රන්මල් යනු රත්තරනින් කරන ලද මලක් නොවේ. මෙය කෙඳි රාශියකින් සමන්විතව මුලට උඩින් යටි කඳෙන් මතුවන එක්තරා මුල් විශේෂයකි. මේවා වර්ණවත් රත් පැහැයෙන් යුක්තයි. සුදු සහ කහ පැහැයෙන් යුතු කෙඳිද මිශ්‍රව ඇත. මෙවැනි රන්මලක් මතු වූ විට අනෙත් පසේ බුදුවරයන් වහන්සේලා දැනගන්නේ තවත් පසේබුදුවරයෙක් පහළ වී ඇති බවයි.

එසේ රන්මල් හටගන්නා සුවිශාල වූ මංජූසක රුක්සෙවණට උන්වහන්සේලා රැස් වෙනවා. රැස් වී එලසමවත් සුවයෙන් වැඩසිටිනවා. පොහොය දවසට උන්වහන්සේලා තම තමන්ගේ ගුණධර්ම සතුටෙන් අනුමෝදන් වෙනවා. පිළිසඳර කථාවෙහි යෙදෙනවා. උන්වහන්සේලාගේ අවබෝධය සමාන බව වටහා ගන්නවා. නමුත් අවබෝධ කිරීමේදී එම අවබෝධය පිණිස ප්‍රවේශ වන ආකාරයේ වෙනස්කම් සාකච්ඡා කරනවා. එවිටයි කලින් පහළ වී සිටි බුදුවරුන් අවබෝධය ලද ආකාරය ගැන අලුත් පසේබුදුවරුන්ගෙන් විමසන්නේ.

ඒ මොහොතේදී තමයි උන්වහන්සේලා තමන් තමන්ගේ අත්දැකීම් පාදක කරගත් මෙවැනි ගාථාවන් වදාරන්නේ.

ඇත්තෙන්ම පසේබුදුවරු කියා කොටසක් මිනිස් ලොව වැඩසිටිය බවට පුරාවිද්‍යාත්මකව හෝ වෙනත් ඓතිහාසික මූලාශ්‍රයකින් හෝ දැනගත හැකි ක්‍රමයක් නැහැ. අතීත බුදුවරුන්ගේ ලෝකය වගෙයි. ඒ සියල්ල අනිත්‍ය නම් වූ සනාතන දහම තුළ සැඟවී යනවා. නමුත් මේ සියල්ල නිරාවරණය කරගත හැකි අනාවරණ ප්‍රඥා ඇති අපගේ සම්බුදුරජාණන් වහන්සේ විසින් මැනැවින් හෙළිදරව් කරනවා. අපගේ ශාස්තෘන් වහන්සේ පසේබුදුවරුන් පිළිබඳව මෙම විස්තරය නොකරන්නට අපට කිසිසේත්ම මෙවැනි දේ ගැන දැනගත හැකි ක්‍රමයක් නැහැ. කිසිවෙක් නොදන්නා අතීතයක හුදෙකලාවේ සැඟව ගිය මේ අපූර්ව ගාථා පවා යළි සොයා ගන්නවා. ශ්‍රාවකයන්ට හෙළිදරව් කරනවා. සම්බුදු පෙළහර සැබැවින්ම අසිරිමත්!

සාදු! සාදු!! සාදු!!!

2.

අසිරිමත් පසේබුදු පෙළහර

එක් වී වසන විට - හට ගනී සිත සෙනෙහස
ඒ සෙනෙහසින්මය - මේ දුක ඇති කරන්නේ
සෙනෙහසින් උපදින - මේ විපත හඳුනාගෙන
හුදෙකලාවෙම දිවි ගෙවයි හේ
තනි අඟකින් යුතු කඟවේණෙකු සේ ....

අපගේ සම්බුදුරජාණන් වහන්සේ විසින් වදාරණ ලද ඒ පසේබුදුවරුන්ගේ අතීත ගාථාවන් සැබැවින්ම අසිරිමත්! සුත්ත නිපාතයෙහි ඛග්ගවිසාණ සූත්‍රයෙහි ඇති දෙවෙනි ගාථාව සහ එහි අතීත ප්‍රවෘත්තියයි අද ඔබට කියාදෙන්නේ.

එක්තරා පින්වත් කුමරෙක් කාශ්‍යප බුදුරජුන්ගේ සසුනෙහි වසර විසි දහසක් කල් මහණදම් පිරුවා. වත්පිළිවෙත් කළා. සමථ විදර්ශනා භාවනා පුරුදු කළා. නොඇල්ම පුරුදු කළා. නමුත් මඟඵල ලබන්නට බැරිවුණා. කරන ලද පුණ්‍ය මහිමයෙන් ඔහු බඹලොව උපන්නා.

කලක් ගතවෙද්දී නැවතත් පසේබුදුවරුන්ගේ යුගය පැමිණුනා. එතකොට මේ මහා පින්වතා බඹලොවින් චුතව දඹදිව් තලයේ උපත ලැබුවා. මොහු මෙවර පිළිසිඳගත්තේ

බරණැස් රජුගේ අගමෙහෙසියගේ කුස තුළයි. රජ පවුලට එක් වූ මේ අලුත් සිඟිත්තාට කවුරුත් ආදරය කළා. එහෙත් 'මෝ ගැහැණියකි, මේ පිරිමියෙකි' යන්න ටිකෙන් ටික තේරුම් යද්දී මේ දරු සිඟිත්තා තුළ අමුතුම වෙනසක් ඇතිවුණා. එනම්, ස්ත්‍රීන් ප්‍රතික්ෂේප කිරීමයි. දැන් මේ සිඟිත්තාට කිරිමවුවරුන් පවා රුස්සන්නේ නෑ. ස්ත්‍රීන් විසින් සුරතල් කරනු ලැබීම රුස්සන්නේ නෑ. ඔවුන්ගේ කටහඬවත් අසන්න කැමති නෑ.

මෙය හැමෝටම ප්‍රශ්නයක් වුණා. පුරෝහිත බමුණන් සමඟ සාකච්ඡා කළා. දරුවාට කිරි පෙවීම විසඳ ගන්නේ කොහොමද? අන්තිමේදී ඔවුන් උපක්‍රමයක් කළා. එනම් කිරිමව්වරුන්ට පිරිමින්ගේ වෙස්ගන්වා දරුවාට කිරි පෙවීමයි. දැන් මේ දරුවා වැඩෙන්නේ පිරිමින් අතරේ විතරයි. කැමති වන්නේ පිරිමින් සමඟ සිටීමට විතරයි.

රජතුමා ඇමතියෙක් කැඳෙව්වා.

"මාගේ පුත් කුමරා දැන් සොළොස් වස සම්පූර්ණයි. රාජ පරම්පරාව ඉදිරියට රැගෙන යාම කළ යුතුම දෙයක්.... එනිසා,.. කුමාරයාට ස්ත්‍රීන් කෙරෙහි ඇල්මක් ඇතිවෙන කුමක් හෝ දෙයක් කරන්නම ඕන" කියලා අණ කළා.

ඉතින් ඒ ඇමතියා උපායක් යෙදෙව්වා. කුමාරයාව සතුටු කරන්න ප්‍රසංගයක් සූදානම් කළා. ඒ ප්‍රසංගයේ ප්‍රධාන අමුත්තා වුණේ මේ කුමාරයයි. ඉතින් මොහු ඉතා සතුටින් ප්‍රසංගය නරඹන්න ගියා. වේදිකාව තිරයකින් වසා තිබුණා. ඒ තිරය පිටුපසින් ඉතාම මිහිරි ගීත ඇහෙනවා. වාදන ඇහෙනවා. ගෙජ්ජි සෙළවෙනවා ඇහෙනවා. හැබැයි ඒ හඬවල් ගොරෝසු නැහැ. කලක් තිස්සේ පිරිමි හඬ පමණක් ඇසූ කුමරුට මෙය අමුත්තක් වුණා.

"කාගෙද ඔය හඬ...?"

"කුමරුනි, ඔය තිරය පිටිපස්සේ ඉන්නේ කාන්තාවො කියල ජාතියක්... ඈලාගේ කටහඬ ඉතා මිහිරියි... ඈලා පින්වන්තයි... එබඳු පින්වතියන් ගැලපෙන්නේ ඔබ වැනි ලස්සන කුමාරයෙකුටයි. ඒ නිසා කුමාරයා කැමති නම්, ඒ කාන්තාවන් සමඟ සතුටු වෙන්න අවස්ථාවක් දැන් මං සළස්වලා දෙන්නම්..."

කුමාරයා තුළ පරණ අප්‍රසන්නකම ඇතිවුණා. අර ඇමතියාට තරවටු කොට එළවා ගත්තා. ඇමතියා අඬාගෙන ගොස් මහරජුට සැළකළා. කුමරු ලවා කමා කරවා ගත්තා. ඇමතිවරු ලවා මෙවැනි උපක්‍රම දිගින් දිගට කරද්දී කුමාරයාට මෙය මහා වධයක් වුණා. අන්තිමේදී කුමාරයා මෙහෙම කල්පනා කළා.

'මට මහා වධයක්... මගේ ඇගේ පටලවන්න හදන්නේ මං අකමැති දෙයක්මයි... හොඳයිකො! මං හොඳ වැඩක් කරන්න ඕන.'

කුමාරයා රන්කරුවන් කැඳෙව්වා. ලස්සන ගැණු ළමයෙකුගේ රූපයක් අඹන්න අණ කළා. ඉතින් ඒ රන්කරුවනුත් දුටුදුටුවන් වසඟ වන මනමෝහනීය සුන්දර ස්ත්‍රී රූපයක් තැනුවා. මෙය දුටු කුමාරයා පුදුමයට පත්වුණා. කිසි දවසක නොවුණු වෙනසක් ඔහුගේ සිතේ ඇතිවුණා. කිසි ස්ත්‍රියකට ආසා නොකළ කුමාරයාගේ සිත මේ කාන්තා රූපයට වසඟ වුණා. පුදුම විදිහට ආශා කරන්න පටන් ගත්තා.

"ඔව්! මං කැමතියි.... හැබැයි මට මේ විදිහම ලස්සන රූපයක් ඇති කෙනෙක් ලැබෙනවා නම් විතරක්!"

එතකොට රජතුමාත්, බිසවත් මෙහෙම කතා වුණා.

"අපේ පුත් කුමරා මහා පින්වන්තයෙක්.... බඹලොවින් ආපු කෙනෙක් වෙන්න ඇති... කාලයක් මුළුල්ලේ ස්ත්‍රීන් නැති ලෝකෙක ජීවත් වුණ නිසා වෙන්න ඇති ස්ත්‍රීන්ව රුස්සන්නෙ නැත්තේ... හැබැයි අපේ කුමක්දෝ වාසනාවකට පුත් කුමරා අර රන්රුවට සමාන ස්ත්‍රියක් ලබන්න කැමති වුණා නෙව. මේ දඹදිව් තලයේ මෙවැනි ලස්සන රූපයක් ඇති කුමරියක් මුණ ගැසුණොත් අපේ කුමාරයාගේ පින තමයි..."

රාජසේවකයන් ලස්සන යහනාවක අර ස්ත්‍රී රූපය තබාගෙන පෙරහැරකින් ජනපද පුරා රැගෙන ගියා. මද්‍රරට සාගල නුවර දක්වාම රැගෙන ගියා. එදා සාගල නුවර මාළිගාවේ දාසියන් දියනෑම පිණිස තොටුපළට ඇවිත් සිටියා. ලස්සනට සැරසූ රථයක බබලමින් තිබෙන ස්ත්‍රී රූපය බලන්න ඒ සේවිකාවන් ගියා.

"අපෝ...! අපේ කුමාරි තරම් මේ රූපය ලස්සන නැහැ නෙව... ඇත්තෙන්ම අපේ කුමාරිගේ රූප සෝභාවට තරඟ කරන්න රන් රුවකටවත් බැහැ.... ඒකමයි මේකෙන් ඔප්පු වෙන්නේ..."

ඇමතිවරු පුදුම වුණා. මෙතෙක් ජනපද පුරා වීදි ඔස්සේ මේ රන්රුව ගෙනයද්දී හැමෝම නෙත් විදහාගෙන බලා සිටියා. හැමෝම කසුකුසු ගෑවා. කවුරුත් කිව්වේ මෙවැනි ලස්සන රූපයක් ඇති ගෑණු ළමයෙකු මිනිස් ලෝකයෙන් සොයාගත නොහැකි බවයි. නමුත් ඒ රන්රුව පරදවා එයට වඩා අතිශයින්ම ශෝභමාන රූපයක් ඇති දියණියක් මද්‍රරට සාගල නුවර රජුට සිටී!

ඇමතිවරු මද්‍රරජු මුණගැසීමට ගියා. බරණැස් රජුගේ පුත් කුමරුට මද්‍රරජුගේ දියණිය ගැලපෙන බවත්,

එම දියණියට අනාගත බරණැස් රජුගේ අග්‍රමහේෂිකාව වීමේ දුර්ලභ වාසනාව උරුම වන බවත්, එනිසා එම දියණිය බරණැස් රජුගේ පුත් කුමරාට සරණ කොට දීම සුදුසු බවත් දන්වා සිටියා. රජතුමා කැමති වුණා.

මේ තොරතුරු ඇසූ බරණැස් රජු අප්‍රමාණ සතුටට පත්වුණා.

"රාජ පෙරහැරින් මේ බොහෝ ජනපද පසුකොට මා එන්නට ගියොත්, ඒ හේතුවෙන් හැමෝම අපහසුතාවයකට පත්වෙනවා. එනිසා ඔබම කුමරිය කැඳවා ගෙන එන්න. අපි මෙහෙ සියල්ල සූදානම් කරන්නම්" කියලා අණ කළා.

රන්කරුවන් ලවා තනවන ලද ඒ මනමෝහනීය සුරූපී කුමරියටත් වඩා ලස්සන මිනිස් දුවක් තමා වෙනුවෙන් මදුරට රජමැදුරේ සිට පැමිණෙන බව ඇසූ කුමරු අපමණ ප්‍රීතියට පත්වුණා. ඒ වෙද්දී කුමාරයා තනියම භාවනා කරන්න පුරුදු වෙලයි හිටියේ. රජ මැදුරේදී හුදෙකලාවේ භාවනා කොට ප්‍රථම ධ්‍යානය උපදවාගෙනයි කුමාරයා හිටියේ. නමුත් දැන් ඔහුට මතක් වෙන්නේ අර ලස්සන කුමාරි ගැනමයි. ඒ කාම අරමුණු සිහි කිරීම නිසාම කුමාරයා ධ්‍යානයෙන් පිරිහී ගියා. දැන් ඔහු කරන්නේ 'කවදාද ඈ එන්නේ...' කියමින් ඇඟිලි ගණන් කර කර ඉන්න එකයි. කුමාරයාට වෙන සිහියක් නෑ. ඔහුගේ සිතේ ලස්සන ලෝකයක් මැව්ලා. ඔහු දැන් තනියම කල්පනා කරනවා. නිසඳැස් ලියනවා. සමණල තටුවල ගීත ලියනවා. වළාකුළුවල ඔංචිලි පදිනවා. ලස්සන කුමාරිගෙ පියකරු කෙස් කළඹේ මල් ගසනවා. සිහිනෙනුත් හිනැහෙනවා. ඉස්සර වගේ නෙවෙයි, හැම තිස්සෙම කැඩපත ළඟටත් යනවා. කුමාරයා හරිම කඩිසරයි. හිනාවුණ ගමන් ඉන්නවා. ඉබේට සිංදු කියවෙනවා.

රජ යුවලටත් හරිම සතුටුයි. රජතුමා ලහි ලහියේ රාජකීය විවාහ මංගලෝත්සවයට සූදානම් වෙනවා. පාර දෙපස සරසනවා. ශාලා පිරිසිදු කරනවා. අලුත් තිර රෙදි දමනවා. මල් හිටවනවා. වියන් බඳිනවා. රජතුමා ඇමතිවරුන්ට අණ කළා.

"කුමාරිව රැගෙන එන්න අලංකාර උත්සවයක් කරන්න ඕන. සියලුම ප්‍රාදේශීය රජවරුන්ට මේ මංගලෝත්සවය දනුම් දෙන්න ඕන. කවුරුවත් නොකළ මෙය හොඳ සිහිවටනයක ආකාරයෙන් කරන්න ඕන. එනිසා එකවරම කුමාරිව මාලිගාවට ගෙන එන්න එපා. පළමුව කළ යුත්තේ රාජකීය උද්‍යානයේ පිහිටි විවේක මණ්ඩපයේ කුමාරිය රඳවා ඇප උපස්ථාන කිරීමයි."

කුමාරිව රැගෙන එන පෙරහැර ටිකෙන් ටික රාජකීය උද්‍යානයට ළංවුණා. කුමාරයාට හරිම සතුටුයි. එහෙත් රාජකීය සිරිත් විරිත් අනුව තවම ඇය බලන්න අවසර නෑ. නමුත් කුමාරයා දන් රාජ උද්‍යානය දෙස බලාගෙන සිටිනවා. රාජකීය උද්‍යානයේදී ලස්සනට සැරසූ අශ්ව කරත්තයෙන් කුමාරිව බිමට බස්සවන්න ඇමතිවරු ළං වුණා. තිර ඇත් කොට කුමාරිට ඉතා ගරුසරු ඇතිව කතා කළා.

"පින්වත් ලස්සන කුමාරියේ.... ඔබතුමියගේ විවේකය පිණිස පිය රජ්ජුරුවන් වහන්සේ ලස්සන මණ්ඩපයක් හදලා තියෙනවා. ටික දවසක් මෙහි විවේක ගන්න. තවම රජ මැදුර සරසනවා.... ඒ නිසා දන් ඔය අශ්ව කරත්තයෙන් බිමට වඩින සේක්වා...!"

ඇතුළෙන් කිසිම සද්දයක් නෑ. ඇමතිවරු ආයෙමත් කතා කළා. කිසිම සද්දයක් නෑ. ඇමතිවරු අශ්ව රථයේ තිර

මෑත් කොට බැලුවා. එතකොට දුටුවේ අශ්ව කරත්තය තුළ මැළවී ගිය මලක් මෙන් කුමරිය මිය ගොස් සිටි ආකාරයයි.

"අහෝ....! අපේ ලස්සන කුමාරිට මේ මොකද වුණේ...? අයියෝ...! අපි මෙතෙක් වෙහෙස මහන්සි වී සිනිඳු රෝස මලක් මෙන් රැකගෙන ආ පින්වත් කුමාරිට මොකද වුණේ...? අයියෝ...! බරණැස් රාජවංශය අලංකාර කිරීමට අප රැගෙන ආ ලස්සන පුන් සඳ මඬලට මොකද වුණේ...?"

ඇමතිවරු වැළපෙන්න පටන් ගත්තා. කුමරියට හදිසියේ හැදුණු වාත රෝගයකින් තමයි ඈ මිය ගොස් සිටියේ. රන් රුවකටත් වඩා ලස්සන අතිශයින්ම රූප ශෝභාසම්පන්න දෙව්ලියට නිගා දුන් මේ පියකරු කුමරියගේ අතැඟිල්ලෙහි පේරැස් මුදුවක් දවටන්නට බලා සිටි කුමරාගේ සිහිනය බොඳ වී ගියේ සිතාගත නොහැකි වේගයෙන්. කුමරුට තේරුණේ තමන්ගේ මුළු ලෝකයම කඩා වැටුණු බවයි. පැතූ සියල්ල වෙනස් වී ගියේ ගසක ගෙඩියක් වැටෙනවාටත් වඩා වේගයෙන්. කුමරා තනියම සුසුම් හෙලන්න පටන් ගත්තා.

'මං මුළු ජීවිතයටම ආදරය කළේ එකම එක්කෙනකුටයි... නමුත් ඒ කෙනා ජීවත් වුණේ මගේ සිහින ලෝකයේ විතරයි... සැබෑ ලෝකය තුළ මා පැතූ ඒ සොඳුරු රුව මට මුණගැහෙන්නේ සීතල වී ගිය මළ කඳක් වශයෙන් නේද...? ඇත්ත...! ඈ තුළ අපූරු ලස්සනක් තිබුණා. හැබැයි, ජීවත්ව සිටිද්දී විතරයි... දැන් ඈ දරකඩක් සේ දැඩිව ගිය සීතල මළකඳක්. ඒ රන්වන් සම වෙනස් වෙලා. දෑස් වියැළිලා. දෙතොල් පුපුරලා. නාසයෙන් දුගඳ වැගිරෙමින් තියෙනවා. රන්වන් කෙස් කළඹ අවුල් වෙලා. ඇත්තෙන්ම අලංකාර රූපයක් මෙතරම්ම වේගයකින්

වෙනස් වුණේ මක් නිසාද?'

සිත වෙලාගත් දුක, ශෝකය අතරින් මේ පින්වත් කුමාරාගේ නුවණ සියල්ල විනිවිද ගියා. ඔහු කවුරුත් නොසිතන විදිහට ජීවිතය ගැන සිතන්න පටන් ගත්තා. ඔහු කලබල වුණේ නෑ. නිශ්ශබ්ද වුණා. ඔහු අමුතුම ලෝකයක තනිවුණා.

'ඇයි මේ ශෝකය හටගන්නේ? මා ආසා කරන දෙය මගෙන් වෙන්වුණු නිසා නේද? ඇයි මෙය මගෙන් වෙන් වුණේ...? ඈ මැරුණ නිසා නේද? ඇයි ඈ මැරුණේ? ඉපදුණු නිසා නේද? ඉපදුණු හැමෝටම ශෝක, වැළපීම්, දුක්, දොම්නස් උරුමයි. ඉපදීමෙන් නිදහස් වුණොත් මේ සියල්ලෙන්ම නිදහස් නේද? ඉපදීමෙන් නිදහස් වෙන්න බැරිද?

ඔව්! උපතට හේතුව නැති කළොත් නිදහස් වෙන්න පුළුවන් වේවි. ඇයි එහෙනම් ඉපදුනේ? අපි සංසාරේ කරපු දේවල් තමයි මේ උපත ගෙනාවේ. භවය තමයි ඉපදීමට මුල....'

කුමරුට ක්‍රමක්‍රමයෙන් පටිච්චසමුප්පාදය තමා තුළින්ම අවබෝධ වෙන්න පටන් ගත්තා. දුක අවබෝධ වෙන්න පටන් ගත්තා. දුකට හේතුව අවබෝධ වෙන්න පටන් ගත්තා. හේතුව නැති වූ විට දුක නැතිවෙන බව අවබෝධ වෙන්න පටන් ගත්තා. ඒ සඳහා කළ යුතු දෙය අවබෝධ වෙන්න පටන් ගත්තා. කුමරුට චතුරාර්ය සත්‍යය පූර්ණ වශයෙන්ම අවබෝධ වුණා. හුදෙකලාවේ තනිවම ධර්මය අවබෝධ කළ පසේබුදු කෙනෙක් බවට පත් වුණා.

පසේබුදුරජාණන් වහන්සේ ඉතාම සංසුන්ව, නිශ්ශබ්දව, ශාන්තව අර කුමරියගේ මළ මිනිය දෙස බලා

සිටියා. ඇමතිවරු පැමිණ කුමරුට සැනසිලි බස් කියන්න පටන් ගත්තා.

"අහෝ...! පින්වත් කුමාරයාණෙනි, ජීවිතය ඔහොම තමයි. මේ විපත නිසා මුළු ජනපදයම හඬනවා.... මුළු මාලිගාවම කම්පා වෙනවා.... පින්වත් කුමාරයාණෙනි, ඔබතුමාගේ ශෝකය අපි හැමෝම බෙදා ගන්නවා. ආදරයක වේදනාව අපට වැටහෙනවා. දඹදිව කියන්නේ ජනපද රාශියකින් යුතු සුවිශාල දේශයක්. අපි ආයෙමත් අර රන් රූපය නංවාගෙන දඹදිව පුරා පිටත්ව යනවා. මේ වගේම ලස්සන කුමාරිකාවක් අපි ආයෙමත් රැගෙන එනවා.... අනේ අපේ පින්වත් කුමරුනි.... සෝක නොකරන සේක්වා!"

"පින්වත් ඇමතිවරුනි, කවුරු ගෙනාවත් මේ ස්වභාවය අපට උරුමයි. හැමෝම ඉපදෙන්නේ ජරා මරණ දෑතට රැගෙනයි. නැසෙන වැනසෙන දෙයට ඇලුම් කිරීමෙනුයි ශෝකය හටගන්නේ. මං ඒ ශෝකයෙන් නිදහස් වුණා. ඒ නිසා මට කුමරියකගේ අවශ්‍යතාවයක් නැහැ. කිසිවකට නොබැඳුණු අමුතුම ශාන්ත බවකින් මේ සිත පිරී ඉතිරී යනවා. මං හුදෙකලාවේම ජීවිතයේ යථාර්ථය අවබෝධ කළා."

"කුමරුනි, ශෝකය හටගැනීම මිනිස් ස්වභාවයක්. අපි අසා තිබෙන්නේ ශෝක රහිත වන්නේ මුනිවරු කියලයි. හුදෙකලාවේ ජීවිතාවබෝධය ගැන අපි අසා තිබෙනවා. කුමරුනි, එය වනගත අසපුවක වෙන දෙයක් මිස, රජමැදුරක වෙන දෙයක් නම් නොවෙයි."

"පින්වත් ඇමතිවරුනි, හුදෙකලාවේ ජීවිතාවබෝධය ලැබීම රජ මැදුරකදී සිදු නොවන බව ඔබ කියන්නේ මක්

නිසාද?"

"කුමරුනි, ඒ මුනිවරු ජීවත් වෙන්නේ මෙවැනි රාජාභරණ සහිතව නොවෙයි. ඒ මුනිවරු කෙස් රැවුල් බාලයි ඉන්නේ. ගත පොරවා සිටින්නේ කසට පෙවූ චීවර නම් වූ වස්ත්‍රයකුයි. ඒ මුනිවරු ළඟ රන් බඳුන් නෑ... පිඬු සිඟා යෑමට තිසි පාත්තරයක් තමයි තියෙන්නේ. ඒ මුනිවරුන්ගේ ලෝකය තුළ නම් කුමරුන් පවසන ශෝක රහිත බව තියෙනවා. එතකොට කුමාරයා කියන්නේ තමා මුනිවරයෙක් කියාද?"

එතකොට පසේබුදු බවට පත් මෙතුමා තමන්ගේ සිරුර දිහා බැලුවා. හිස අතගෑවා. එසැණින්ම කෙස් රැවුල් නොපෙනී ගියා. රජ ඇඳුම් නොපෙනී ගියා. කෙස් රැවුල් බා ගත්, කසට පෙවූ චීවර පොරවා ගත්, පාත්‍රයක් අතැති ශාන්ත මුනිවරයෙක් දිස්වුණා.

සියලු දෙනා පුදුමයට පත්වුණා. කරුණු වටහාගත නොහැකි බොහෝ දෙනෙක් හඬා වැළපෙන්න පටන් ගත්තා. සියල්ලන් සනසමින් ඒ පසේබුදුරජාණන් වහන්සේ මේ ගාථාව වදාළා.

සංසග්ග ජාතස්ස භවන්ති ස්නේහා
ස්නේහන්වයං දුක්ඛමිදං පහෝති
ආදීනවං ස්නේහජං පෙක්ඛමානෝ
ඒකෝ චරේ ඛග්ගවිසාණ කප්පෝ

"මේ සිතේ ආශාව හටගන්නේ අරමුණු සමඟ එක්වී සිටින කෙනෙක් තුළමයි. ශෝක වැළපීම් ආදී අනේක දුක්ඛයන්ගේ උපත ඔය ආශාවමයි. ආශාවෙන් උපදින ආදීනව ගැන නුවණින් විමසද්දී එයා එයින් නිදහස් වෙනවා. ඇත්තෙන්ම මං හැසිරෙන්නේ හුදෙකලාවේමයි.

කඟවේනෙකුගේ හිස මත තියෙන තනි අඟක් වගෙයි.”

පසේබුදුරජාණන් වහන්සේ විසින් වදාරණ ලද මෙම ගාථාව එදා අප භාග්‍යවත් බුදුරජාණන් වහන්සේ විසින් ඒ අතීතය ඉස්මතු කොට අනඳ හිමියන්ට දේශනා කරද්දී අනඳ හිමියන් තුළ මොන තරම් අද්භූත වූ සිතුවිලි පහළ වෙන්න ඇද්ද? ලොව පහළ වූ අසිරිමත් තථාගතයන් වහන්සේ නමක් තමා හමුවේ වැඩසිටිමින් හුදෙකලාවේ බුදු වූ නිර්මල සිත් ඇති, ‘පච්චේකබුද්ධ’ නමින් ප්‍රකට මුනිවරුන් ගැන පවසද්දී පුදුමයට නොපත්ව සිටින්නේ කොහොමද?

සාදු! සාදු!! සාදු!!!

3.

අසිරිමත් පසේබුදු පෙළහර

මිතුරන් සමඟ සුහදව - අනුකම්පාවෙන්
සිටිනා විට බැඳී - යහපත යයි දුරු වී
එක ගොඩේ සිටින විට - තිබෙන භය හඳුනාගෙන
හුදෙකලාවෙම දිවි ගෙවයි හේ
තනි අඟකින් යුතු කඟවේණෙකු සේ ....

අපගේ ශාස්තෘන් වහන්සේ වදාළේ අතීතයේ වැඩසිටි සම්මා සම්බුදුරජාණන් වහන්සේලා ගැන පමණක් නොවෙයි. පසේබුදුරජාණන් වහන්සේලා ගැන පවා අපට හෙළිදරව් කොට වදාළා. අතීතය, වර්තමාන හා අනාගත යන තුන් කාලය පිළිබඳව කිසිවෙකුට වසාලිය නොහැකි ඤාණයක් අපගේ ශාස්තෘන් වහන්සේ තුළ තිබුණා. එය හඳුන්වන්නේ 'අනාවරණ ඤාණය' නමිනුයි. ඒ අනාවරණ ඤාණයෙන් යුතු භාග්‍යවතුන් වහන්සේගේ පුබ්බේනිවාසානුස්සති ඤාණය උන්වහන්සේගේ පෞද්ගලික ජීවිතයේ සසර පෙළගැස්ම දැකීමට පමණක් සීමා වෙලා තිබුණේ නැහැ. උන්වහන්සේට ඕනෑම කෙනෙකුගේ ගෙවුණු අතීතය දැකගැනීමේ හැකියාව තිබුණා. පසේබුදුවරයන් වහන්සේලා ගැනත් අපට විස්තර කොට දෙන්නේ ඒ අසිරිමත් බුදු නුවණ මනාව හැසිරවීමෙනුයි.

අද අපි තවත් පසේබුදුවරයන් වහන්සේ නමක් ගැන ඉගෙන ගනිමු. ඒ පසේබුදුවරයන් වහන්සේලා වදාළ උතුම් ගාථාවන් ගැන දැනගන්නටත් මේ තුළින් අපට අවස්ථාව ලැබෙනවා. මෙහි අගට සඳහන් වන්නේ සුත්ත නිපාතයේ ඛග්ගවිසාණ සූත්‍රයට අයත් තුන්වන ගාථාවයි.

අප මේ කරුණු ගැන දැනසිටිය යුතුමයි. එනම් බුදුවරයන් වහන්සේලා, පසේබුදුවරයන් වහන්සේලා මෙන්ම මහ බෝසතාණන් වහන්සේලාද පහළ වන්නේ දඹදිව් තලයේ පමණක් බව. ජම්බුද්වීපය යනු බුදුවරුන්ගේ භූමියයි. කෙලෙස් තවන උතුමන්ගේ භූමියයි. එයිනුත් මධ්‍ය මණ්ඩලය ඉතාම වැදගත්. හිමාල පර්වතයෙන් මෙපිට ඊසාන දිගට නැඹුරුව පහළ මැද කොටස තෙක් භූමිය මධ්‍ය මණ්ඩලයයි. බරණැස් නගරය පවා පිහිටා තිබෙන්නේ එම මධ්‍ය මණ්ඩලයේමයි. මිනිසුන්ගේ ආයුෂ අසූ දහසක් වූ කල්හි අද බරණැස් නුවර නමින් හඳුන්වන නගරය එකලට හඳුන්වනු ලබන්නේ 'කේතුමතී' නාමයෙන්. එම කේතුමතී නගරයේ තමයි මෛත්‍රී බුදුරජුන් පහළ වන්නේ.

මෙම කථාවේ සඳහන් වන පසේබුදුරජාණන් වහන්සේත් උපත ලැබුවේ බරණැස් නුවරයි. මුන්වහන්සේ ගිහි කල බරණැස් නුවර රජතුමා වශයෙනුයි කල් ගෙවා තිබුණේ. ලෝකයේ වෙන රටවල රජවරුන්ට වඩා දඹදිව රජවරුන්ගේ ප්‍රධාන වෙනසක් තියෙනවා. එනම්, ඒ රජවරුන් තුළ පවා සංසාර විමුක්තිය පිළිබඳව කිසියම් උද්වේගකර හැඟීම් තිබීමයි. ඇතැම් විට ඒ රජවරු ශ්‍රමණ බ්‍රාහ්මණවරු ගෙන්වාගෙන ධර්මය අසනවා. ඇතැම් රජවරු තමන්ගේ රාජකීය උද්‍යාන පවා ශ්‍රමණ බ්‍රාහ්මණවරුන්ට පුදනවා. ඇතැම් රජවරු සියල්ල දන් දී තම රාජ්‍ය පවා

අන් අයට පවරා වනගතව තපස් රකිනවා. රජවරුන්ගේ ඉතිහාසයේ විමුක්ති සාධනය පිණිස අභිනික්මන් කළ තොරතුරු සඳහන් වන්නේ දඹදිව් තලයේ පමණයි.

අපේ ගෞතම බුදුරජාණන් වහන්සේ පවා වෙස්සන්තර නමින් රජ කෙනෙක්ව සිටියා. එතුමා විමුක්තිය නාමයෙන් සියල්ල දන් දුන්නා. කොටින්ම තමන්ගේ නෙත් සඟල වන් ප්‍රියාදර දරු දෙදෙනා පවා දන් දුන්නා. තම බිසව පවා දන් දුන්නා. විමුක්තිය සෙවීම උදෙසා අසීමිත ආශාවකින් පෙළුණු මේ රජු දන් දෙන විට මහ පොළොව පවා කම්පා වී තිබෙනවා. වරෙක අප බෝසතාණන් වහන්සේ මඛාදේව නමින් රජ කළා. තවත් වරෙක දහම්සොඬ නමින් රජ වී ධර්මය ඇසීමෙහි කුල්මත් වූ ආශාවකින් යුතුව සියල්ල අත්හැර වනගත වුණා. මේ රජු ධර්ම ශ්‍රවණයට කොතරම් ගිජු ද යත්, යක්ෂයෙකුගේ වෙස් ගත් සක් දෙවිඳුගේ මුඛයට පනින්නට පවා පෙළඹුණා. මෙසේ විමසා බලද්දී දඹදිව රජ පරපුරෙහි ඇති මෙම සුවිශේෂත්වය ලෝකයෙහි වෙන කිසිදු රටක රජ පරපුරක් හා සසඳන්නට අසීරුයි.

පසේබුදුවරුන් පිළිබඳ කියැවෙන තොරතුරුවලදී පවා පැහැදිලි වන්නේ බොහෝ පසේබුදුවරු රජ මාළිගාවල රජකමට උරුම කියමින් ඉපදී ඇති බවයි. එමෙන්ම රජකම් කරමින් සිටියදී නිකෙලෙස් වී ඇති බවයි.

මෙම පසේබුදුවරයන් වහන්සේද බරණැස් නගරයෙහි රජ බවට පත්ව සිටියා. මොහු රජ කරමින් සිටියදී නොයෙකුත් උත්සව, සම්භාෂණ සහ පුදපූජාවන්වලටත් සහභාගී වුණා. නමුත් ක්‍රමක්‍රමයෙන් මේ රජුගේ සිත භාවනාවට යොමු වුණා. භාවනා කරද්දී සිත එකඟ වුණා. එහිදී රජතුමා කිසිසේත් අපේක්ෂා නොකළ දෙයක් සිදු

වුණා. එනම් ප්‍රථම ධ්‍යානය උපදවා ගැනීමට සමත් වීමයි. ධ්‍යානයට සමවැදී එයින් නැගිටි රජතුමා තමා ගත කරමින් සිටින ලෞකික ජීවිතයේත්, පංච නීවරණ යටපත් කොට ඇති කරගත් චිත්ත සමාධියේත් වෙනස පැහැදිලිව වටහා ගත්තා. රජතුමා කල්පනා කරන්න පටන් ගත්තා.

"ඔව්...! මං කුමාර අවධියේ කෙළිසෙල්ලමෙන් කල් ගෙව්වා. එකලත් මට සිතට ප්‍රීතිය දැනුණා. හැබැයි මෙම ධ්‍යාන සුවයෙන් ලබන නිරාමිස ප්‍රීතිය හා සසඳා බලද්දී කෙළි සෙල්ලමෙන් ලද ප්‍රීතිය නම් ලාමක දෙයක්මයි.

ඔව්...! මං උද්‍යාන ක්‍රීඩාවෙන් ප්‍රීතිමත් වුණා. මල් ගොමු සිසාරා ඇවිද ගියා. අශ්ව රේස් ගියා. සොබාදහමෙහි සොඳුරු දසුන් නරඹන්නට ගියා. ඒ සියලු ප්‍රීතිය ඒ සැණෙකින්ම අවසන් වුණා. නමුත් ධ්‍යාන සුවයෙන් මා ලැබූ ප්‍රීතිය අභියස උයන් කෙළියෙන් ලබන ප්‍රීතිය නම් ලාමක දෙයක්මයි.

ඔව්...! අන්තඃපුරාංගනාවන් නිසා මට පංච කාමයම විඳින්න ලැබුණා. ලොව සිටින අභිරූපවත් සොඳුරු ළඳුන්ගේ පහස ලැබුණා. නමුත් ඒ වින්දනය හරිම වෙහෙසකරයි. පීඩාකාරීයි. සංසිඳීමක් නැති දෙයක්. යළි ඇවිස්සීමකට පත් කරවන දෙයක්. නමුත් නීවරණ සංසිඳවාගෙන මා ලද මේ දහැන් සුවය සැබැවින්ම අසිරිමත්!

ඔව්...! රාජකෘත්‍යය නිසා මට යම්කිසි සතුටක් ලැබුණා. මගේ ආනුභාවය පැතිරවීමෙන් අමුතු සතුටක් මා වින්දා. මා බලය පැතිරවීමෙන් ලැබූ සතුට ඉතාමත්ම ගොරෝසුයි. එකිනෙකා කෙරෙහි සැකයෙන් යුතු, එකිනෙකා කෙරෙහි අධිපතිභාවය බලපැවැත්වීමෙන් ලබන

සතුට මොනතරම් ලාමකද කියා මට වැටහෙන්නේ මේ දැහැන් සුවය හා සසඳා බලන විටයි.

ඔව්....! දැන් මට මේ රාජකීය ජීවිතය තුළ කිසි සැපතක් පෙනෙන්නෙ නෑ. එකවරම මෙය අත්හැරියොත් රට අවුල් වෙන්න පුළුවනි. නමුත්, මා ලද මේ විරාගී මානසික සුවය තරම් මගේ ජීවිතය සුවපත් කළ වෙන දෙයක් නෑ. මා කොහොමහරි ධ්‍යාන භාවනා කිරීම දිගටම ගෙනයන්න ඕන. දැන් කරන්න තියෙන්නේ ඇමතිවරුන් සතර දෙනෙකුට රජය පවරා මා වරින් වර සොයා බැලීමයි."

ඉතින් ඒ රජතුමා විශ්වසනීය ඇමතිවරු හතර දෙනෙක් කැඳෙව්වා. රාජ්‍ය පාලනය දැහැමිව කරගෙන යාමේ වටිනාකම පවසා සිටියා.

"එම්බා ඇමතිවරුනි, රජකම් කිරීම නැණවතුන් විසින්ම කළ යුතු දෙයක්. මේ සඳහා විශේෂයෙන්ම හිතවත්කම අවශ්‍යයි. එකිනෙකා කෙරෙහි මිත්‍රභාවය අවශ්‍යයි. කිසි දිනෙක රාජ්‍ය ලෝභය උදෙසා එකිනෙකා කෙටවීම කළ යුතු නෑ. අල්ලස් ගණුදෙනු කළ යුතු නෑ. වංචා කළ යුතු නෑ. ඒ මිත්‍රත්වය තිබිය යුත්තේ පොදු ජනයාගේ යහපත උදෙසායි. හැබැයි, එකිනෙකා මිතුරු වී ජනතාව පෙළන්නට ගියහොත් රාජ්‍ය කෘත්‍යය අසාර්ථක වෙනවා.

ඇමතිවරුනි, ටික කලකට මට විවේකය අවශ්‍යයි. මට ටිකක් භාවනා කරගන්න ඕන. මං ඔබ පිටුපසින් ඉන්නවා. අවශ්‍ය විටෙක මා උපදෙස් දෙන්නම්. මා පරිද්දෙන්ම ඔබත් දැහැමින් සෙමෙන් රාජ්‍යය කරන්න."

"එසේය, දේවයන් වහන්ස. ඔබවහන්සේ විවේකීව

වැඩසිටින සේක්වා! බණ භාවනා කරන සේක්වා! අපි හතර දෙනා එකිනෙකාට මිත්‍රත්වයෙන්මයි වාසය කරන්නේ. අපි කවදාවත් සණ්ඩු සරුවල් කරගන්නෙ නෑ. අසමඟි වෙන්නෙ නෑ. ඔබතුමාගේ අදහස අපි ඉෂ්ට කරනවා."

ඉතින් රජතුමා ඉතාමත් සතුටට පත්වුණා. ඒ ඇමතිවරුන් සිව් දෙනාට රජකම පැවරුවා. මේ ඇමතිවරුත් ඉතාමත් සතුටින් සහ ගෞරව භක්තියෙන් යුතුව ටික දවසක් රජකම් කරගෙන ගියා. ටිකෙන් ටික මොවුන් බලයෙන් මත් වුණා. ඉසුරුමත් බවෙන් මත් වුණා. අධිපතිබවෙන් මුළා වුණා. තම තමන්ගේ හිත මිතුරන්ට විශේෂ ලෙන්ගතුකම් දක්වන්නට පටන් ගත්තා. අමුතු අනුකම්පාවල් කරන්නට පටන් ගත්තා. ටිකෙන් ටික ඔවුන්ගේ සාධාරණ බව සහ දැහැමි බව වෙනස් වෙන්න පටන් ගත්තා. ඔවුන් අල්ලස් ගත්තා. හිමිකරුවා අහිමිකරුවා කළා. අහිමිකරුවා හිමිකරුවා කළා. කොතරම් උපදෙස් දුන්නත් ඔවුන්ගේ ක්‍රියාව අදැහැමි වූ නිසා රජය පිරිහෙන්නට පටන් ගත්තා.

එක්තරා දවසක් රජුගේ ළඟම හිතෛෂී කෙනෙකු පවා මහා කරදරයක වැටුණා. මේ ඇමතිවරුන්ගේ අල්ලස් ගැනිල්ල නිසා ඔහුට අසාධාරණයක් සිදුවුණා. ඔහු සතු දේ අහිමි වුණා. දිනක් මොහු රජුට ආහාර සපයන පිරිස සමඟ රජ මැදුරට ගියා. මේ සියලු දූෂණ, වංචා පිළිබඳව හෙළිදරව් කළා.

රජතුමා මහත් සංවේගයට පත්වුණා. තමන් ඉතාමත් විශ්වාසයෙන් යුතුව පැවැරූ රාජ කෘත්‍යය මේ ඇමතිවරුන් විසින් ක්‍රමක්‍රමයෙන් පිරිහෙලා දැමීම ගැන කණස්සල්ලට පත්වුණා. රජතුමාගේ බණ භාවනා කටයුතු අඩාල වෙන්න පටන් ගත්තා. සිත විසිරෙන්න පටන් ගත්තා.

දිනක් රජතුමා නඩු විසඳන අධිකරණ සමථ ශාලාවට පැමිණියා. එහිදී රජතුමා දුටු මහජනයා මහා හඬින් ඝෝෂා කරමින් කෝළාහල කරන්නට පටන් ගත්තා.

"අහෝ! අපගේ දේවයන් වහන්ස, නුඹවහන්සේ කොහි වැඩසිටි සේක්ද? නුඹවහන්සේව දැකීම පවා අපට සැපයකි. නුඹවහන්සේගේ ඇමතිවරු මෙම රාජ්‍යය වනසනවා.... ඔවුන් අල්ලස් ගන්නවා. හිමිකරුවන්ව අහිමිකරුවන් කරවනවා. අහිමිකරුවන්ව හිමිකරුවන් කරවනවා. ඔවුන්ගේ එකම ඉලක්කය රාජ බලය තුළින් ධනවත් වීම විතරයි. අහෝ! දේවයන් වහන්ස, මෙයින් අපව මුදවා ගන්නා සේක්වා!"

හැඬූ කඳුලින් යුතුව පොදු ජනයා විසින් කරනු ලබන මෙම උද්ඝෝෂණය නිසා රජතුමා මහත් කම්පාවට පත්වුණා. දයා විරහිත ඇමතිවරුන් මිතුරන් අතරේ සම්පත් බෙදා ගන්නට ගොස් යහපත වනසා දමා ඇති අයුරු වැටහුණා. රජතුමාත් වෙනදා මෙන්ම භාවනා කරන්න පටන් ගත්තා. එදා භාවනා කරගත නොහැකි වුණා. චිත්ත සමාධිය නැතිවුණා. ධ්‍යානය නැතිවුණා.

එදා රාත්‍රියේ රජතුමා සඳඑතලයට ගොඩවුණා. කල්පනා කරන්නට පටන් ගත්තා.

"ඔව්! මං දැන් තීරණයක් ගත යුතුයි. එක්කො මේ භාවනා කටයුතු අත්හැර දමා නැවත රාජ්‍ය පාලනය කළ යුතුයි. එසේත් නැතිනම් රාජ්‍ය පාලනය අත්හැර දමා දිගටම භාවනාව කළ යුතුයි..... මේ බරණැස් නගරයේ පහළ වූ පළවෙනි රජු මං නොවෙයි. අවසාන රජුත් මං නොවෙයි. අවුරුදු දහස් ගණනක රාජාවලියක් තියෙනවා. අතීත් රජවරුන්ගේ කාලයේදීත් මේ තත්වයම තියෙන්න

ඇති. කෙලෙස් සහිත ලෝකය තුළ අවංක රාජ්‍ය පාලනයක් නම් කිසිසේත් බලාපොරොත්තු වෙන්න බෑ.

අපේ පරපුරේ රජවරු හිටියා. සමහරු රජකම අත්හැර තපස් රැක්කා. සමහරු අවසන් සුසුම හෙළද්දීත් රජකමට ලොබ බැන්දා. සැබැවින්ම ජයගත්තේ රජකම අත්හළ පිරිසයි. එනිසා මාත් යම්කිසි තීරණයක් ගත යුතුයි.

ඔව්...! මේ රජකමට ආසා කිරීමෙන් ඇති ඵලය කුමක්ද? මං මෙය අත්හරිනවා අත්හරිනවාමයි."

රජතුමා රජකමට ඇති ආශාව අත්හැරියා. මහජනයාට සිදු වී ඇති විපත ගැන හටගත් චිත්ත පීඩාවත් අත්හැරියා. ඇමැතිවරුන් ගැන හටගත් අමනාපයත් අත්හැරියා. නැවතත් භාවනා කරන්නට පටන් ගත්තා. රජුගේ සිත වහා එකඟ වුණා. සමාධිමත් වුණා. ධ්‍යානගත වුණා. රජතුමා නුවණින් විමසන්න පටන් ගත්තා.

'මේ හැම කරදරයක්ම වෙන්නේ ඉපදීම නිසයි. එතකොට අපි ඉපදුණේ කවර හේතුවක් නිසාද? මේ උපන් හේතුව ප්‍රහාණය කළ නොහැකිද? ඉපදීමෙන් නිදහස් විය නොහැකිද? නෑ.... උපතින් නිදහස් වීමක් තිබිය යුතුමයි. උපදින හේතුව සොයා ගත යුතුමයි.'

රජතුමා ටිකෙන් ටික ඉපදීමට හේතුව සොයන්න පටන් ගත්තා. ජීවිතයේ කිසි දිනෙක නොඇසූ විරූ කිසියම් අද්භූත වැටහීමක් රජතුමා තුළ ඇතිවෙන්න පටන් ගත්තා. උපතට හේතුව භවය බව රජතුමාට වැටහුණා. භවයට හේතුව උපාදානය බව වැටහුණා. උපාදානයට හේතුව තෘෂ්ණාව බව වැටහුණා. තෘෂ්ණාවට හේතුව වින්දනය බව වැටහුණා. වින්දනයට හේතුව ස්පර්ශය බව වැටහුණා. ස්පර්ශයට හේතුව ආයතන හය බව වැටහුණා. ආයතන

හයට හේතුව නාමරූප බව වැටහුණා. නාමරූපයට හේතුව විඤ්ඤාණය බව වැටහුණා. විඤ්ඤාණයට හේතුව සංස්කාර බව වැටහුණා. සංස්කාරවලට හේතුව අවිද්‍යාව බව වැටහුණා.

අවිද්‍යාවෙන් හටගන්නා මෙම වැඩපිළිවෙල නිසා උපන් සත්වයා පිළිසිඳගත් මොහොතෙහි පටන් මරණය දක්වාම අනාරක්ෂිත බව තුළින් හටගන්නා කිසියම් බියජනක ස්වභාවයකින් පෙළෙන බවත්, මෙය දුක බවත්, මෙය සනාතන සත්‍යයක් බවත් වැටහුණා. මේ දුක හටගන්නේ මෙයට ඇලුම් කිරීම නිසා බවත් වැටහුණා. ඇල්මෙන් නිදහස් වූ විට සියලු බිය තැතිගැනීම් වලින්, සියලු දුකින් නිදහස් විය හැකි බවත් වැටහුණා. මේ සඳහා කළ යුත්තේ ඉන්ද්‍රිය සංවරයෙන් යුතුව සමාධියත්, ප්‍රඥාවත් වැඩීම බවත් වැටහුණා. රජතුමා තුළ අවිද්‍යාව ක්‍රමක්‍රමයෙන් දුරු වී ගොස් චතුරාර්ය සත්‍යාවබෝධ්‍ය නම් වූ විද්‍යාව පහළ වුණා. ආසවක්ඛය ඤාණය ඇතිවුණා. නිකෙලෙස් වුණා. අරහත්වයට පත්වුණා. පසේබුදුරජාණන් වහන්සේ නමක් බවට පත්වුණා.

දැන් මේ පසේබුදුරජාණන් වහන්සේ උඩුමහල් තලයේ සිට පහතට වැඩියා. රාජාභරණයෙන් සැරසී සිටින රජු හැටියට තවමත් පෙනෙන නිසා ඇමතිවරු පැමිණ රජතුමා මුණගැසුණා. රාජ්‍යකරණයට අනුශාසනා කරන්න කියා පවසා සිටියා.

"මං දැන් රජ කෙනෙක් නෙවෙයි. රජකම ගැන සිතීම මේ සිතෙන් සදහටම අයින් වුණා. මගේ සිතේ යම්කිසි විරාගී සතුටක් තියෙනවා. ලොව කිසිවෙකුට නොඇලුණ කිසියම් අද්භූත චමත්කාරයක් මට දැනෙනවා. ඒ නිසා මං දැන් මේ රාජකීය ජීවිතයට අයත් නෑ කියලයි

මට වැටහෙන්නේ. මට හිතෙන්නේ මං තුළ කුමක්දෝ අසිරිමත් වෙනසක් වෙලා තියෙනවා කියලයි."

"ඒ කියන්නේ දේවයන්වහන්ස, ඔබවහන්සේ පවසා සිටින්නේ කිසියම් ජීවිතාවබෝධයක් ලැබුවා කියලද? අප අසා තිබෙන්නේ විරාගී සතුටක් විඳින ජීවිතාවබෝධය ලබන්නේ 'පච්චේකබුද්ධ' නම් වූ ශ්‍රමණයන් වහන්සේලා බවයි. ඉතින් ඔබවහන්සේ එවැනි කෙනෙක් නොවෙයිනේ.... ඒ පසේබුදුවරයන් වහන්සේලා කෙස් රැවුල් බාලා තියෙනවා. පාත්‍රා සිවුරු දරනවා. පිඬු සිඟා යැපෙනවා."

එතකොට මෙතුමා හිස අතගෑවා. ඒ සැණින්ම කෙස් රැවුල් නොපෙනී ගියා. රාජකීය වස්ත්‍රාභරණ නොපෙනී ගියා. ඉර්ධිමය ආකාරයෙන් සිවුරු පිරිකර පෙරවී ගියා. අතට පාත්‍රයක් ලැබුණා. ශ්‍රමණයන් වහන්සේ නමක් බවට පත්වුණා. එවේලෙහි ඇමතිවරු උන්වහන්සේ පාමුල වැඳවැටුණා.

"අනේ පින්වතාණන් වහන්ස, ඔබවහන්සේ මේ රාජ්‍යය අත්හැර වඩින්න එපා! අපට අනුකම්පා කරන්න. ඔබවහන්සේගේ කරුණා මෛත්‍රියෙන් යුතු පාලනය අපි හැමෝටම සැපයක්. ඒ තුළින් අපට යහපත උදා වෙනවා."

එවිට ඒ පසේබුදුරජාණන් වහන්සේ මෙම උදානය පහළ කොට අහසට පැන නැංගා.

මිත්තේ සුහජ්ජේ අනුකම්පමානෝ
හාපේති අත්ථං පටිබද්ධ චිත්තෝ
ඒතං භයං සන්ථවේ පෙක්ඛමානෝ
ඒකෝ චරේ ඛග්ගවිසාණ කප්පෝ

"මිතුරන් සමඟ සුහද වෙලා ඔවුන්ට පමණක්

අනුකම්පා කරන්නට ගියොත්, ඔවුන් කෙරෙහි දැඩි ලෙස ඇල්ම ඇතිව බැඳී ගියොත්, ලොවට සිදුවිය යුතු පොදු යහපත දුරුවෙලා යනවා. මිතුරන් සමඟ එක්ව වාසය කිරීමේ ඇති ඔය අනතුර මට පේනවා. දැන් මං නිදහස්! ඇත්තෙන්ම මං හැසිරෙන්නේ හුදෙකලාවේමයි. කඟවේනෙකුගේ හිස මත තියෙන තනි අඟක් වගෙයි."

සාදු! සාදු!! සාදු!!!

4.

අසිරිමත් පසේබුදු පෙළහර

එක පඳුරේ පැටලී ගිය - විශාල උණ ගසක් විලස
අඹු දරුවන් ගැනම තිබේ - සියලු පැතුම් හිතේ හැදෙන
එනිසා පඳුරෙන් වෙන් වී - තනි වූ උණ ගොබයක් ලෙස
හුදෙකලාවෙම දිවි ගෙවයි හේ
තනි අඟකින් යුතු කඟවේණෙකු සේ ....

අපගේ ශාස්තෘන් වහන්සේ ගෙවුණු අතීතයෙහි සැඟවී ගිය අසිරිමත් මුනිවරුන්ගේ චරිතාපදානයන් පෙළගස්වා වදාරද්දී නැවත වතාවක් අපට පසේබුදුවරයන් වහන්සේ නමකගේ තොරතුරක් මුණ ගැසෙනවා. පසේබුදුවරුන් ද නිතර පහළ වන්නේ නෑ. උන්වහන්සේලා පවා පහළවන්නේ ඉතාමත්ම කලාතුරකින්. දෙඅසංඛෙය්‍ය කල්ප ලක්ෂයක් පෙරුම් පුරා භව ගමන නිමා කරන පසේබුදුවරුන්ගේ ජීවිත බාහිර ලෝකයන්ට හඳුනාගැනීම ලෙහෙසි කටයුත්තක් නොවෙයි. එනිසාම පසේබුදුවරුන්ට අපහාස කොට, ගරහා, හිරිහැර කොට, ඇතැම් විට උන්වහන්සේලාව ඝාතනය කොට නිරයට ගිය ඇතැම් අවාසනාවන්ත පුද්ගලයන් ගැන පවා බුදුරජාණන් වහන්සේ හෙළිදරව් කොට තිබෙනවා.

තනි තනිවම ගුරූපදේශ රහිතව චතුරාර්ය සත්‍යය පරිපූර්ණ වශයෙන් අවබෝධ කරන ඒ පසේබුදුවරයන් වහන්සේලා ගැන අපට සිත පහදවා ගත හැකිව තිබෙන්නේ බුදුරජාණන් වහන්සේ පවසා වදාළ නිසාය. බුද්ධ ශූන්‍ය කල්පවල පවා පසේබුදුවරුන්ගේ තොරතුරු සුලභ නොවේ. බුද්ධ කල්පය පහළ වෙන්නට පෙරාතුව හෙවත් සම්මා සම්බුදුරජාණන් වහන්සේ නමක් පහළ වෙන්නට කලිනුයි පසේබුදුවරුන්ගේ යුගය ඇතිවන්නේ. මෙය ලෝකයේ පවතින සුවිශේෂී ධර්මතාවක්.

අනන්ත සසර පුරාවට විමුක්තිය උදෙසා කෙනෙක් කරනු ලබන අසාමාන්‍ය කැපවීමක ප්‍රතිඵලයක් වශයෙනුයි මෙය හැඳින්විය හැක්කේ. අද අපි කතා කරන්නේ පසේබුදුවරයන් වහන්සේලා තුන් නමක් පිළිබඳවයි.

මිනිස් ආයුෂ වසර විසිදහසක් පැවති යුගයේදී තමයි කාශ්‍යප බුදුරජාණන් වහන්සේ වැඩසිටියේ. එකල බුදු සසුනේ පැවිදි වූ ශ්‍රාවකයින්ද විසි දහසක් අවුරුදු පිළිවෙත් පුරමින් ධර්මයේ හැසිරුණා. එම කාශ්‍යප බුද්ධ ශාසනයෙහි අපූරු යහළුවන් තිදෙනෙක් පැවිදි වුණා. මේ තිදෙනා ඉතාමත්ම සමඟි සම්පන්නයි. පිළිවෙත් සරුයි. ගුණදහමට නැඹුරුයි. මේ සොඳුරු ශ්‍රමණයන් වහන්සේලා තුන්නම ඉතාමත් සතුටින් 'ගතපච්චාගත' නම් වතක් පුරුදු කළා.

ගතපච්චාගත වත පිරීමේදී ඒ සඳහා බලවත්ව සිහිනුවණ පුරුදු කළ යුතුයි. පිඬු සිඟා වඩින විටත්, පෙරළා කුටියට වඩින විටත් නොවෙනස්ව භාවනා අරමුණෙහි සිහිය පවත්වා ගැනීම ගතපච්චාගත වතෙහි ඇති සුවිශේෂී බවයි. එනම් භාවනානුයෝගී එක්තරා භික්ෂුවක් ඉන්නවා. ඒ භික්ෂුව ගතපච්චාගත වත පුරන කෙනෙක්. එය කරන්නේ

මෙහෙමයි. දැන් උන්වහන්සේට පිඬු සිඟා වඩින්නට වෙලාව පැමිණෙනවා. එවිට මනා සිහි නුවණින් යුතුව ප්‍රත්‍යවෙක්ෂා කරමින් අඳනය අඳිනවා. ඉණ පටිය බඳිනවා. තනිපට සිවුර පොරවනවා. සඟල සිවුර පොරවනවා. පාත්‍රය සෝදා ප්‍රත්‍යවෙක්ෂා කරමින් දෝතට ගන්නවා. කුටියෙන් එළියට වඩින්නට පෙර භාවනා අරමුණ සළකා ගන්නවා. එය මෛත්‍රී භාවනාව හෝ අසුභ භාවනාව හෝ බුද්ධානුස්සති භාවනාව හෝ අනිත්‍යානුපස්සනාව හෝ විය හැකියි. එම භාවනාව සිහි කරමින් කුටියෙන් එළියට පළමු පියවර තබනවා. ඒ මොහොතේ සිට උන්වහන්සේ කරන්නේ බාහිර අරමුණකට සිත විසිරෙන්නට නොදී අර භාවනාවෙහිම සිහිය රඳවා ගැනීමයි.

එසේ පිඬු සිඟා වඩිද්දී මංමාවත්වල විවිධාකාර සතුන් මුණගැසෙනවා. මිනිසුන් මුණගැසෙනවා. කුඩා දරුවන් මුණගැසෙනවා. යානවාහන මුණගැසෙනවා. ඇතැම් විට නොයෙක් කලකෝලාහල, නැටුම්, ගැයුම්, වැයුම් ආදී අරමුණු මෙන්ම සිතෙහි කෙලෙස් ඇවිස්සෙන අරමුණු ද මුණගැහෙනවා. ඒ කිසිවකට තම සිත යා නොදී කුටියෙන් එළියට වඩිද්දී සිහි කළ අරමුණෙහිම සිත රඳවා ගැනීම ඒ භික්ෂුවගේ කාර්යභාරයයි.

පිඬු සිඟා වඩිද්දී නොයෙක් අයුරේ ආහාරපාන ලැබෙනවා. පිළුණු දේ ලැබෙනවා. වියළි දේ ලැබෙනවා. දියර දේ ලැබෙනවා. ඉතා ප්‍රණීත සුවඳින් යුතු දේ ද ලැබෙනවා. ඒ කිසිවකටත් නොගැටී, නොඇලී අර පටන් ගත් භාවනා අරමුණෙහිම සිත රඳවා ගැනීම ඒ භික්ෂුවගේ කාර්යභාරයයි.

මේ අයුරින් කුටියෙන් පිටතට වඩිද්දී සිහි කරන ලද්දේ යම් භාවනා අරමුණක් ද, ඒ අරමුණ නොවෙනස්ව

පවත්වා ගනිමින් පෙරළා කුටියට පැමිණ තමන් එළියට වඩිද්දී පය තැබූ තැනම පය තබා සිහිය සම්පූර්ණ කිරීම ගතපච්චාගත වතයි.

මෙය කියන, ලියන පමණින් කිරීම ලෙහෙසි දෙයක් නොවෙයි. ඇතැම්විට ඉතා උනන්දුවෙන් භාවනා අරමුණ සිහියට ගෙන මෙනෙහි කරමින් පිටත් වෙනවා. ටික දුරක් යද්දී කිසියම් දායකයෙක් ඒ භික්ෂුව සමඟ කතා කරනවා. අර භික්ෂුවත් ඒ කතාවට පැටලෙනවා. භාවනා අරමුණ ගිලිහී යනවා. ඉන්පසු කරන්නේ නැවත බාහිර අරමුණු සමඟ එක්වීමයි. කමටහන අමතක වෙනවා. පෙරළා පැමිණෙද්දී ඇතැම්විට සම්පූර්ණයෙන්ම අමතක වෙනවා. එවිට ගතපච්චාගත වත සම්පූර්ණ වන්නේ නෑ.

තව කෙනෙකුට මෙහෙම වෙනවා. භාවනා අරමුණකින් තොරව පිණ්ඩපාතයේ වඩිනවා. පෙරලා කුටියට වඩිද්දී භාවනා අරමුණ මතක් වෙනවා. 'බාහිර අරමුණුවලට විසිරුණු සිතින් පිඬු සිඟා ගිය මං දැන්වත් සිහි නුවණින් ආපසු වැඩිය යුතු යැ'යි සිතා කමටහනට සිත යොමු කරනවා. එබඳු ක්‍රමයකින් ගතපච්චාගත වත සම්පූර්ණ වන්නේ නෑ.

යම් කෙනෙක් මුලින් කියූ ආකාරයෙන් ගතපච්චාගත වත සම්පූර්ණ කරත් නම් ඒ තැනැත්තා අද්භූත වූ පිනක් රැස් කරගන්නවා. ඒ තැනැත්තාගේ විමුක්ති සාධනය පිණිස තමාව මෙහෙයවන අදිසි බලවේගය බවට පත්වන්නේ එසේ රැස් කරගත් පිනයි.

ඉතින් කසුප් බුදු සසුනෙහි පැවිදි වූ මේ තිදෙනා වහන්සේ ඉතාමත් ඕනෑකමින් යුතුව ගතපච්චාගත වත සම්පූර්ණ කළා. සමථ විදර්ශනා භාවනා ධර්මයන්හි

යෙදුණා. කසුප් බුදු සසුනෙන් මඟපල ලබන්නට මේ තිදෙනාටම අවස්ථාව නැතිවුණා. නමුත් මුන්වහන්සේලා ගතපච්චාගත වත පුරමින් ගත කළ සසුන් ජීවිතය කිසිසේත් අපතේ ගියේ නෑ. තිදෙනා වහන්සේම දෙව්ලොව උපන්නා.

කාශ්‍යප බුද්ධ ශාසනය ක්‍රමක්‍රමයෙන් අතුරුදහන්ව ගියා. බුදු කෙනෙකුගේ ධර්මය නොඇසී ගියා. ආර්ය සත්‍යාවබෝධය පිළිබඳ කථාව නාමමාත්‍රයකින් හෝ ඉතුරු නොවී අතුරුදහන්ව ගියා. මිනිසුන්ගේ ආයුෂ ක්‍රමක්‍රමයෙන් අඩුවුණා. අපගේ ශාස්තෘන් වහන්සේ පහළ වන්නට පෙරාතුව එක්තරා සොඳුරු යුගයක් ලොව උදාවුණා. එනම් පසේබුදුවරුන්ගේ යුගයයි. ඒ පසේබුදුවරුන්ගේ යුගයේදී දෙව්ලොව ඉපිද සිටි අර ශ්‍රමණයන් වහන්සේලා අතරින් වැඩිමහලු තැනැත්තා බරණැස් නුවර රජ කුලයේ උපන්නා. අනිත් දෙදෙනා ඈත පිටිසර ප්‍රාදේශීය රජකුලවල උපන්නා.

ප්‍රාදේශීය රජකුලවල උපන් අර කුමාරවරු දෙදෙනා ශිල්ප ශාලාවෙහිදී අඹයහළුවන් බවට පත්වුණා. ඔවුන්ගේ මිත්‍රත්වය ඉතාමත් ප්‍රියශීලී දෙයක් වුණා. රජවරුන් බවට පත් වූ පසුත් ඒ දෙදෙනාගේ මිත්‍රත්වය නොවෙනස්ව පැවතුණා. මේ රජවරු දෙදෙනා වරින්වර මුණගැසෙනවා. සාමාන්‍යයෙන් රජවරුන් මුණගැසෙද්දී කෙරෙන්නේ නෘත්‍ය සංදර්ශන පැවැත්වීමයි. නැතහොත් මධුපානෝත්සව පැවැත්වීමයි. අන්තඃපුරාංගනාවන් සේවනය කිරීමයි. නැතහොත් දඩයමේ යාමයි. නමුත් මේ රජවරු දෙදෙනා අර සියලු රජවරුන්ගෙන් වෙන්ව කැපී පෙනෙනවා. මේ දෙදෙනා එකතු වූ විට භාවනා කරනවා. මෙසේ භාවනා කරගෙන යද්දී දෙදෙනා තුළම ටිකෙන් ටික චිත්ත සමාධිය වැඩුණා.

"ප්‍රිය මිත්‍රයාණෙනි, අපගේ මේ රාජකීය ජීවිතය

මට වැටහෙන්නේ ඉතා නිසරු දෙයක් බවයි. මොහොතක් බලනු මැනැව. බොහෝවිට සෑම රජ කෙනෙක්ම මේ රජකම ලබන්නේ උපතින් ලැබෙන දායාදයක් ලෙසයි. නමුත් මේ රජකම ලැබූ විට ඔවුන් තමන්ගේ කාමභෝගී සුඛ විහරණය වෙනුවෙන් ඒ රාජානුභාවය කැප කරනවා. ඔය අතරේ නොයෙක් යුධ කෝළාහලවල පැටලෙනවා. ඇතැම් විට ප්‍රාදේශීය රාජ්‍යයන් ආක්‍රමණය කරනවා. රාජ්‍ය සීමා පුළුල් කරගන්නවා.

ප්‍රිය මිත්‍රයාණෙනි, කුමක්ද ඔවුන් සොයන්නේ? අසිපත්වල රුධිරය තවරමින් ජයග්‍රහණයක් උදෙසා ඔවුන් මෙහෙයවන සටන අවසන් වන්නේ මධුපානෝත්සව වලින් හා ස්ත්‍රී ලෝලත්වයෙන් නොවෙයිද?

ප්‍රිය මිත්‍රයාණෙනි, මා කල්පනා කරමින් සිටින්නේ මේ රාජ්‍යය මාගේ සොයුරාට පවරා දිගටම භාවනාවේ යෙදීමටයි."

එතකොට අනිත් රජතුමා නෙත් විදහා සතුටින් සිනහසුණා.

"අගෙයි! අගෙයි! ප්‍රිය මිත්‍රයාණෙනි, සැබැවින්ම පසුගිය දින කිහිපය මුළුල්ලෙහි මාත් සිත සිතා සිටියේ ඔබ සිතූ කරුණුමයි. රාජකීය ජීවිතය තුළ ඇති ආනුභාව සම්පන්න ආටෝපයට වඩා මහත් මානසික වෙහෙසක් එහි තියෙනවා. නමුත් ප්‍රිය සගයාණෙනි, අප දැන් පුරුදු කරන භාවනාවෙන් මොනතරම් ශාන්තියක් අප අත්විඳිනවාද? මට වුණත් එහෙම තමයි. මා බොහෝ විට අස්වැසිල්ලක් ලබන්නේ චිත්ත සමාධිය පුරුදු කිරීමෙනුයි."

දිනක් මේ රජවරු දෙදෙනා සඳළු තලයෙහි භාවනානුයෝගීව සිටියා. දෙදෙනා තුළම කිසියම් අපූර්ව

වූ පරිවර්තනයක් සිදුවෙන්නට පටන් ගත්තා. දෙදෙනාගේම සිත් මැනැවින් එකඟ වී ගියා. දැහැන්ගත වුණා. සතරවෙනි ධ්‍යානය දක්වා සිත වැඩී ගියා. දෙදෙනාම ජීවිතය පිළිබඳව නුවණින් විමසන්නට පටන් ගත්තා. උපත හා මරණය අතර ජීවිතය භවයක් භවයක් පාසා ගැටගසන සියළු රහස් හෙළිදරව් වෙන්නට පටන් ගත්තා. දෙදෙනා තුළම විදර්ශනා ප්‍රඥාව වැඩෙන්නට පටන් ගත්තා. දෙදෙනාම නිකෙලෙස් බවට පත්වුණා. අරහත්වයට පත්වුණා. පසේබුදුවරයන් වහන්සේලා බවට පත්වුණා. දෙදෙනාම බොහෝ වේලාවක් අරහත්ඵල සුවයෙන් වැඩසිටියා.

ඇමතිවරු පැමිණ රජවරුන්ට යන්නට වේලා ඇතිබව දැනුම් දුන්නා.

"දේවයන් වහන්ස, දැන් රෑ බෝ වුණා. දැන් ඔබවහන්සේලා සිරියහන්ගැබට වඩින්නට වෙලාවයි."

"පින්වත, අපි රජවරු නොවෙයි. අප තුළ කිසියම් විරාගී ශාන්ත බවක් ඇති වී තිබෙනවා. මේ මාළිගාව අපට දැන් කැප නෑ. සියලු ලොවින් නිදහස් වූ අසීමිත තෘප්තිමත් බවක් දැන් අපි අත්විඳිනවා. ඇත්තෙන්ම අපි කැමතියි හුදෙකලා බවට."

"ඈ! දේවයන් වහන්ස, ඒ කියන්නේ ඔබවහන්සේලා ජීවිතය පිළිබඳව කිසියම් අවබෝධයක් ලැබූ බවක්ද?"

"ඔව්! අපට කිසියම් අවබෝධයක් ලැබූ බවක් වැටහෙනවා. ඒ අවබෝධය මේ ලෝකයට අයත් දෙයක් නොවෙයි. මේ ලෝකය ඉක්මවා ගිය දෙයක්. අමුතු හුදෙකලාවක් ඒ අවබෝධය තුළ තියෙනවා. ඒ තුළ කිසි භයක් තැතිගැනීමක් නෑ. අපූර්ව ස්වාධීනත්වයක් තියෙනවා."

එතකොට තව ඇමතියෙක් විමසුවා,

"දේවයන් වහන්ස, මං අහලා තියෙනවා භය, තැති ගැනීම් නැති මුනිවරයන් වහන්සේලා ගැන. උන්වහන්සේලාට කියන්නේ පච්චේකබුද්ධ කියලයි. හැබැයි දේවයන් වහන්ස, ඔබවහන්සේලාට මෙන් රාජාභරණ පැළඳ, සුවඳ පැනින් නහවා පන්තිවලට පීරූ කෙස් කළඹක් ඒ පසේබුදුවරුන්ට නැහැ. පසේබුදුවරු කියන්නේ ශ්‍රමණ පිරිසක්. කෙස් රැවුල් බාලා, පා සිවුරු ඇතිව කල් ගෙවන ශ්‍රමණ පිරිසක්. දැන් ඔබවහන්සේලා කියන්නේ තමන් වහන්සේලා ඒ ශ්‍රමණයන්ට අයිතියි කියාද?"

එතකොට රජ ඇඳුමින් සැරසී සිටි දෙදෙනාම හිසට අත තිබ්බා. සැණෙකින් කෙස් රැවුල් නොපෙනී ගියා. රජ ඇඳුම් නොපෙනී ගියා. සිවුරු පෙරවුණා. පාත්‍රා අත රැඳුණා. දෙදෙනාම මාළිගයෙන් බැස නොපෙනී ගියා.

මේ පසේබුදුවරයන් වහන්සේලා හිමාලයට වැඩම කළා. පසේබුදුවරුන්ගේ භූමිය වන නන්දමූලක නම් කඳුවලල්ලෙහි ගල් ලෙන් තුළ වැඩසිටියා.

දිනක් මේ පසේබුදුවරයන් වහන්සේලා දෙනම සමවත් සුවයෙන් නැගිට ජීවිතය පිළිබඳව කතා බස් කරන්නට පටන් ගත්තා.

"මං මගේ අතීතය විමසා බැලුවා. මේ අවබෝධය පිණිස පින් රැස්කරගෙන පැමිණි ගමනේදී මං කාශ්‍යප බුද්ධ ශාසනයෙහි පැවිදිව පිළිවෙත් පුරා තිබෙනවා. එකල අවුරුදු විසිදහසක් මා මහණදම් පුරා තිබෙනවා. එකල ඔබ මගේ යහළුවෙක්."

"එය එසේමයි. මාත් මගේ අතීතය විමසා බැලුවා.

අපි දෙදෙනා කාශ්‍යප බුදු සසුනේ රැස් කළ පිනක් උපකාර කරගෙන තියෙනවා. හැබැයි, ඒ කසුප් බුදු සසුනෙහි මිත්‍ර සන්ථවයෙන් යුතුව මහණදම් පිරුවේ අප දෙදෙනා පමණක් නොවේ. අපගේ කළණමිතුරු සභාවේ තවත් කෙනෙක් සිටිනවා. ඔහු ගැන ඔබ දුටුවාද?"

"එසේය. මම දිටිමි. දැන් ඔහු තමයි බරණැස රාජ්‍යයෙහි අධිපති රජතුමා. බලන්න ජීවිතයේ වෙනස. එදා කාශ්‍යප බුද්ධ ශාසනයෙහි පැවිදි කිස පුරද්දී ඔහු තමයි අපටත් අවවාද අනුශාසනා කරමින් වත්පිළිවෙත් කරන්නට අනුබල දුන් අපගේ වැඩිමහළු ස්වාමීන් වහන්සේ. එදා අප ලද ඒ අනුශාසනාවන්ගේ ප්‍රතිඵලයක් ලෙස දැන් අප විරාගී සුව විඳිනවා. එහෙත් තාම ඔහු රාජ්‍ය පාලනයෙන් සතුටු වෙනවා."

"එසේය, මාත් අපගේ අතීත මිතුරාණන් තවම හමු නොවීම ගැන විමසා බැලුවා. ඔහු රාජ ඉර්ධියෙන් කුල්මත්ව සිටිනවා. කුසලයෙහි සිත නගාලන්නට වෙහෙසෙන බවක් පෙනෙන්නේ නෑ. නමුත් මා සිතන්නේ අප තුළ ඇති වූ වෙනස ඔහු තුළ ඇතිවීම පිණිස අප සහයෝගය දිය යුතු බවයි. එදා කසුප් බුදු සසුනෙහි පිළිවෙත් පුරන්නට අපව දිරිමත් කළ කරුණු අපට සිහිවෙන හෙයින් අපිත් ඔහුට කෘතගුණ සළකමු."

ඉතින් දිනක් බරණැස් නුවර රජතුමා සියලු රාජාභරණයෙන් සැරසී උද්‍යාන ක්‍රීඩාවට පිටත් වුණා. එවිට අහස් කුස වළා අතරින් එක්තරා සෙවණැලි දෙකක ලකුණු පෙනී ගියා. ක්‍රමක්‍රමයෙන් ඉතා පියකරු ශ්‍රමණයන් වහන්සේලා දෙනමක් මැවී ගියා. ඒ ශ්‍රමණයන් වහන්සේලා රාජකීය උද්‍යානයේ දොරටුව අසළ පිහිටි සුවිසල් උණ පඳුරු සෙවණේ වැඩසිටියා.

වෙනදාට රජතුමා උද්‍යාන ක්‍රීඩාවට වඩිද්දී ජනතාව ප්‍රීතියෙන් ඔල්වරසන් දෙනවා. නෙත් විදහා බලා සිටිනවා. ගුණ ගයනවා. එහෙත් අද ඊට වෙනස්. අද කරන්නේ රැස් වූ ජනතාව කිසියම් අද්භූත දෙයක් දෙස බලා සිටීමයි. ඇඟිලි දිගු කරමින් පෙන්වීමයි. රජතුමා මෙහෙම හිතුවා.

"අද මොකක්ද මේ වෙනස? මෙවැනි දෙයක් කවදාවත්ම වුණේ නෑ. මාගේ රටවැසියන් තම රජු වෙනුවෙන් නිරන්තරයෙන් යටහත්පහත් බව දක්වනවා. ආදර ගෞරව දක්වනවා. මා දෙසම ඇසිපිය නොහෙලා බලා සිටිනවා. මට ආසිරි පතනවා. අද කුමක්ද මේ සිදුවී තිබෙන්නේ? උද්‍යාන දොරටුව දෙසටමයි මහා ජනකාය නෙත් අයා සිටින්නේ..... අර.... කවුද? ඉතාම පියකරු ශ්‍රමණයන් වහන්සේලා දෙනමක්. ෂා....! සැබැවින්ම සුන්දරයි! මනස්කාන්තයි!"

රජතුමාට මේ ශ්‍රමණයන් වහන්සේලා දුටු පමණින් අද්භූත හැඟීම් පහළ වෙන්නට පටන් ගත්තා.

"හරි පුදුමයි! අපි ලස්සන වෙන්න මොනතරම් දේවල් කරනවාද? ගාම්භීර බව පෙන්වන්න මොනතරම් ආභරණ පළඳිනවද? ජනතා ආකර්ශනය ලබන්න මොනතරම් විවිධ විචිත්‍ර ඇඳුම් අඳිනවද? අර ශ්‍රමණයන් වහන්සේලාට කිසිවක් නැහැ. නමුත් උන්වහන්සේලා තුළ අද්භූත පියකරු බවක් තියෙනවා. අලෞකික සුන්දරත්වයක් තියෙනවා. දියෙහි නොතැවරී තිබෙන නෙළුමක් වැනි අපූර්වත්වයක් තියෙනවා."

රජතුමා ඇතුපිටින් බැස්සේ තමාටත් නොදැනීමයි. රජතුමාගේ සිතෙහි මේ අහසින් වැඩි අද්භූත ශ්‍රමණයන් වහන්සේලා දෙනම දුටු කෙණෙහි අමුතු ආදරයක්

හටගත්තා. ලෙන්ගතු කමක් හටගත්තා. සෙනෙහෙබර හැඟීම් ඇතිවෙන්න පටන් ගත්තා. රජතුමා ඒ ශ්‍රමණයන් වහන්සේලා ළඟට ගොස් මහත් ආදරෙන් කතා කළා.

"පින්වත් ශ්‍රමණයන් වහන්ස, ඔබවහන්සේලා දුටු පමණින් මගේ සිතෙහි ගැඹුරු සෙනෙහසක් ඇතිවුණා. පැහැදීමක් ඇතිවුණා. ඔබවහන්සේලාගේ ඉරියව්වල යම්කිසි උදාරත්වයක් පෙනෙනවා. ඇත්තෙන්ම මං කැමතියි ඔබවහන්සේලාගේ නම් දැනගන්න."

"පින්වත් මහරජතුමනි, අපි 'නොගැටී සිටින්නමෝ' යන නම් ඇති අය වෙමු."

එතකොට රජතුමා සතුටෙන් සිනහසුණා. ප්‍රීතියට පත්වුණා. ඒ නම තුළින් කියැවෙන අරුත දැනගන්න ආසා කළා.

"පින්වත් ශ්‍රමණයන් වහන්ස, සැබැවින්ම එය අපූරු නමක්. ඒ නම තුළින් කියවෙන අර්ථය දැනගන්නත් මා කැමතියි."

"පින්වත් මහරජතුමනි, ඒ නමේ ලස්සන අරුතක් තියෙනවා. යම්කිසි දෙයකට ගැටෙන්න නම් එහි ඇලී සිටිය යුතුයි. නොගැටී සිටින්නට නම් නොඇලී සිටිය යුතුයි. පින්වත් මහරජතුමනි, නොඇලී සිටීමමයි එහි ඇති අර්ථය.

පින්වත් මහරජතුමනි, දැන් බලන්න මේ උණ පඳුර දෙස. මේ උණ පඳුර පුරාවට උණ ගසක් ගානේ කඳින් කඳ පවා එකට ඇලී තියෙනවා. වෙලී තියෙනවා. පැටලී තියෙනවා. මේ උණ පඳුරේ අත්තෙන් අත්ත පවා ඒ ඒ අතුවලට එකට වෙලී තියෙනවා. පැටලී තියෙනවා. ඒ වගේම මහරජතුමනි, මේ මුල් දෙස බලන්න. උණ ගසින්

උණ ගසට මුල් පවා පැටලී තියෙනවා. වෙලී තියෙනවා. එකතු වී තියෙනවා. එකට සිර වී තියෙනවා.

ඉතින් මහරජතුමනි, අපි සිතමු මෙහෙම. ඔන්න තියුණු කඩුවක් අතින් ගෙන පුරුෂයෙක් එනවා. ඔහු මේ එකට වෙලී පැටලී තියෙන උණ ගසක මුල කපා ඒ ගස පිටතට අදින්නට ගියහොත් මොනතරම් අපහසු වෙයිද?

පින්වත් මහරජතුමනි, අපට සිතෙන්නේ මේ සුවිශාල ලෙස වැඩී එකට පැටලී මුලට මුල පෑස්සී අත්තෙන් අත්ත එකතු වී කඳින් කඳ ගැටී ඇති උණ ගසත් ඔබතුමා වගේමයි කියා. ඔබතුමාටත් මේ උණ පඳුර ලෙසින් වෙලී සිරවී බැඳී පැටලී ඇතුළට පිටත අවුල්ව ගිය ජීවිතයක් නොවෙයිද තිබෙන්නේ?

පින්වත් මහරජතුමනි, මේ බලන්න. කුඩා උණ ගොබයක් තියෙනවා. තවම මේ උණ ගොබය උණ පඳුර අස්සට වැඩී ගොස් සිරවෙලා නැහැ. අත්තෙන් අත්ත පැටලිලා නැහැ. කඳෙන් කඳ පැටලිලා නැහැ. මෙය යම් කෙනෙකුට මුලින් කපා පහසුවෙන් ගලවා ගන්නට පුළුවන් නේද?

පින්වත් මහරජතුමනි, අපිත් රජවරු වෙලා හිටියේ. අපේ රජකම උණ පඳුරේ සිර වූ මහා උණ ගසක් හැටියට නෙවෙයි තිබුණේ. කුඩා උණ ගොබයක් හැටියටයි. අපට ඉතාමත් ලේසියෙන් ඒ උණ ගොබය ගලවා ඉවත් කරගන්න පුළුවන් වුණා. දැන් අපි නිදහස්! අපි අමුතු සුන්දර හුදෙකලාවකයි ජීවත් වෙන්නේ. ඒ නිදහස තුළ සිටින අතරේ තමයි මේ අපි හමුවන්නේ.”

මෙසේ පැවසූ ඒ පසේබුදුවරයන් වහන්සේලා දෙනම රජතුමා බලාසිටියදීම අහසට පැනනැගුණා.

නොපෙනී ගියා. රජතුමා පුදුමයෙන් ගල් ගැසී බලා සිටියා. ඇඟ කිලිපොලා ගියා. ලොමු ඩැහැගත්තා. අද්භූත කම්පනයක් හටගත්තා. උගුර කට වියැළී ගියා. රජතුමා නිහඬව කල්පනා කරන්න පටන් ගත්තා. පෙරළා හැරී ගොස් ඇතු පිට නැග්ගා. උද්‍යාන ක්‍රීඩාවට ගියේ නැහැ. මාළිගාවට පිටත් වුණා.

මේ සිදුවීමෙන් පසු ඒ රජතුමාගේ ජීවිතය බලවත් විපර්යාසයකට පත්වුණා. සඳළුතලයට ගොඩවුණ රජතුමා ඈත අහස දෙස බලාසිටිමින් කල්පනා කරනවා.

"ඔව්! ඇලීමක් නිසාමයි ගැටීමක් හටගන්නේ. ඇලීමක් නැත්නම්, මොනවට ගැටෙන්නද? ඇත්ත! මමත් මේ ඇලීමත්, ගැටීමත් අතර නොවෙයිද සිරවී සිටින්නේ....?"

රජතුමා බිම වාඩි වුණා. පළඟක් බැඳගත්තා. නෙත් පියා ගත්තා. භාවනා කරන්නට පටන් ගත්තා. තමාටත් නොදැනීම සිත යොමු වුණේ ආශ්වාස ප්‍රශ්වාසයටයි. ක්‍රමක්‍රමයෙන් රජතුමාගේ සිත සංසිඳෙන්නට පටන් ගත්තා. සමාධිගත වෙන්නට පටන් ගත්තා. සසරේ පුරන ලද පුණ්‍යානුභාවය නිසා ඒ සිත වහා දැහැන්ගත වුණා. ඇලීමත්, ගැටීමත් අතර මේ සිත පවතින්නේ මක්නිසාද කියා රජතුමා විමසන්නට පටන් ගත්තා. ක්‍රමක්‍රමයෙන් ජීවිතය පිළිබඳව මෙතෙක් නොඇසූ විරූ අවබෝධයක් ඇතිවෙන්නට පටන්ගත්තා. විදර්ශනා ප්‍රඥාව වැඩෙන්නට පටන්ගත්තා. උණ පඳුරක සිරවී ඇති වැඩුණු උණ ගසේත්, පහසුවෙන් ගැලවිය හැකි උණ ගොබයේත් වෙනස වැටහෙන්නට පටන් ගත්තා. දූ පුතුන් කෙරෙහිත්, අඹුදරුවන් කෙරෙහිත් නොඇලී සිටින ප්‍රඥාව මතුවෙන්නට පටන් ගත්තා. නිකෙලෙස් බවට පත්වුණා. අරහත්වයට පත්වුණා.

පසේබුදුවරයන් වහන්සේ නමක් බවට පත්වුණා.

රජතුමාගේ මේ වෙනස දැනගත් රජබිසවත්, දරුවනුත් රජතුමා වටකරගත්තා. ආදර බස් දොඩන්න පටන්ගත්තා. දිගටම රාජ්‍යකරණයේ යෙදෙන්න කියලා අයැදින්න පටන් ගත්තා. එතකොට රජතුමා මෙහෙම පිළිතුරු දුන්නා.

"මට දැන් ඒවා කිසිවක් කැප නෑ. මගේ ලෝකය තුළ ඒ කිසිවක් නෑ. මං දැන් අපූරු නිදහසක් භුක්ති විඳිනවා. අද්භූත විරාගී බවකින් මේ සිත පිරී තියෙනවා."

"ඒ කියන්නේ අර ශ්‍රමණයන් වහන්සේලා පැවසූ නොඇලෙන, නොගැටෙන අපූර්වත්වය ඔබවහන්සේ තුළත් ඇතිවුණා කියලද? ඔබතුමා රජෙක් නොවැ! රජෙක් තුළ කොහොමද එවැනි දෙයක් ඇතිවෙන්නේ? එවැනි දේ ඇතිවෙන්නේ කෙස් රැවුල් බා, කසාවත් දරා සිටින ශ්‍රමණයන් වහන්සේලා තුළ නොවේද?"

එතකොට තවමත් රජකෙනෙකුගේ වේශයෙන් සිටින මෙතුමා හිස අතගෑවා. සැණෙකින් කෙස් රැවුල් අතුරුදහන්ව ගියා. කසාවත් පෙරැවී ගියා. සොඳුරු ශ්‍රමණයන් වහන්සේ නමක් දිස්වුණා. ඒ පසේබුදුවරයන් වහන්සේ මෙම ගාථාව වදාළා.

වංසෝ විසාලෝ ච යථා විසත්තෝ
පුත්තේසු දාරේසු ච යා අපේඛා
වංසකලීරෝ ච අසජ්ජමානෝ
ඒකෝ චරේ ඛග්ගවිසාණ කප්පෝ

"අඹුදරුවන් ගැන මේ හිත බැඳී ඇති ආකාරය පිළිබඳව හරි විදිහට කල්පනා කොට බැලුවොත් එක පඳුරේ පැටලී ගිය සුවිශාල උණ ගසක් වගෙයි. නමුත් උණ

ගොබය එහෙම නෑ. එය තිබෙන්නේ කිසිවක නොපැටලී. මං කැමති එයටයි. ඇත්තෙන්ම මං හැසිරෙන්නේ හුදෙකලාවේමයි. කඟවේනෙකුගේ හිස මත තියෙන තනි අඟක් වගෙයි."

සාදු! සාදු!! සාදු!!!

5.

අසිරිමත් පසේබුදු පෙළහර

නොබැඳී කිසිවකට - වනයේ සිටින මුවා
රිසි ලෙස සැරිසරයි - ගොදුරු ද සොයන නියා
නුවණැති කෙනා මෙලෙසින් - නිදහසේ අගය දකිමින්
හුදෙකලාවෙම දිවි ගෙවයි හේ
තනි අඟකින් යුතු කඟවේණෙකු සේ ....

අපගේ ශාස්තෘන් වහන්සේ පසේබුදුවරයන් වහන්සේ නමක් පැවසූ තවත් ගාථාවක් ගැන වදාළා. සසරෙහි කරන ලද අනන්ත පුණ්‍යානුභාවයෙන් යුතු එක්තරා දිව්‍ය පුත්‍රයෙක් දිව්‍ය සැප විඳිමින් වාසය කළා. මේ දිව්‍ය පුත්‍රයාගේ ආයුෂ ක්‍රමක්‍රමයෙන් නිමා වෙමින් තිබුණා.

ඔය අතරේ මිනිස් ලොව ද පසේබුදුවරුන්ගේ යුගය පහළව තිබුණා. එකල බරණැස් නුවර රජුගේ අන්තඃපුරයෙහි විසිදහසක් පුරාංගනාවන් සිටියා. ඔවුන් කිසිවෙකුටත් පිරිමි දරුවෙකු පිළිසිඳගත්තේ නෑ. මේ නිසා අමාත්‍ය මණ්ඩලය පවා රජතුමාට රජ පරපුර අවසන් වීමෙහි අනතුර පෙන්වා දුන්නා.

"පින්වත් දේවයන් වහන්ස, රජ පරම්පරාව

ඔබවහන්සේගෙන් අවසන් විය යුතු නෑ. ඉදිරියටත් රජ පරම්පරාව පැවැත්විය යුතුයි. එසේ නොවුණහොත් අප සියලු දෙනාටම අනතුරක්. එනිසා දේවයන් වහන්ස, ඔබවහන්සේට දාව පුත් කුමරෙක් ලබාගැනීම අප අනිවාර්යෙන්ම බලාපොරොත්තු වෙන දෙයක්මයි."

මේ ගැන රජතුමාත් කල්පනාවට වැටුණා. රජකමට සුදුසු පින්වත් දරුවෙක් ලබන්නට නම් බිසව සිල්වත් විය යුතු බව එකල කවුරුත් දැනසිටියා. ඉතින් රජතුමා ඒ සඳහා යම්කිසි උපෝසථ සීලයක අගබිසව සමාදන් කරවන්නට කල්පනා කළා. ඇමතිවරු රජතුමාට උපදෙස් දුන්නා.

"දේවයන් වහන්ස, ඔබවහන්සේගේ බිසවුන් වහන්සේලා අතර අගබිසව ඉතාමත් ඥාණවන්තයි. ඉතාමත් සීලවන්තයි. එනිසා මහරජතුමනි, යම් කුලාංගනාවක් සැබෑ බස් තෙපලන්නී ද, සිල්වත් වන්නී ද ඕ තොමෝ උදාර වූ පුණ්‍යවන්ත වූ පුත්‍රලාභය පිණිස භාග්‍ය දරන්නීය. මහරජතුමනි, හිරිඔතප් දරණ අපගේ අගබිසවුන් වහන්සේ පුත්‍රලාභයට සුදුසුවන බව අපගේ ඒකාන්ත විශ්වාසයයි."

මෙකරුණ සැළ වූ විට රජබිසව මහත් ප්‍රීතියට පත් වුණා. සතුටු වුණා. උදාර වූ පුත්‍රුවනක් ලැබීමට තරම් තමා පිනැත්තියක බව සිහි කරමින් සතුටු වුණා. ඇය පුන් පොහෝ දිනයෙහි සුවඳ පැන් නා, සුදු වත් හැඳ, උඩු මහලට ගොස් සිල් සමාදන් වුණා. වත් පිළිවෙත් පිරුවා. මෙත් වැඩුවා. ඇයගේ පුණ්‍යානුභාවය තව්තිසා දෙව්ලොව දක්වා පැතිර ගියා.

දිනක් එලෙස මෙත් වඩමින් සිටියදී ඇය ඉදිරියෙහි එක්තරා දෙවියෙක් පෙනී සිටියා. ඒ දෙවියා අන්

කවරෙකුවත් නොව සක්දෙවිඳු බව ඇය දැනසිටියේ නෑ. ඒ සක් දෙවිඳුන් ඇය ඉදිරියේ සිට මෙසේ විමසුවා.

"පින්වත් රාජදියණියෙනි, මම ඔබ කෙරෙහි පහන් වූ සිතැත්තෙමි. එනිසා ඔබට වරයක් දෙනු කැමැත්තෙමි."

මෙය ඇසූ අගබිසව මහත් ප්‍රීතියට පත්වුණා. සිත පිනා ගියා. බබලන නෙතින් යුතුව ගෞරවාචාර කරමින් දෑත් බැඳගත් ඕ තොමෝ සක් දෙවිඳුන් හට මෙසේ පැවසුවා.

"අනේ පින්වත් දේවතාවුන් වහන්ස, මම මහත් දුකට පත් වූ තැනැත්තියක් වෙමි. පින්වත් පුත් රුවනක් පතාගෙන මා උතුම් සීලයක් දරා සිටින්නියක වෙමි. වත්පිළිවෙත් කරමින් මෙත් වඩමි. මා කෙරෙහි අනුකම්පාවෙන් මා හට පුත් රුවනක් ලබා දෙන වරයක් දෙන සේක්වා!"

"පින්වත් රාජදියණියෙනි, සතුටින් වසනු මැනැව. නොබෝ දිනෙකින් නුඹගේ මන දොළ සපිරෙන්නේය!"

එසේ පැවසූ සක් දෙවිඳු නොපෙනී ගියා. දෙව්ලොව පහළ වුණා. දිව්‍ය සභාව රැස් කළ සක් දෙවිඳු විමසන්නට පටන් ගත්තා.

"පින්වත් දෙව්වරුනි, මනුලොව එක්තරා රාජ දියණියක් පින්වත් පුත් රුවනක් පතා බොහෝ පින් කරයි. සිල් ගුණදම් රකියි. මේ සභාවෙහි ආයුෂයාගේ අවසානය කරා යන දෙව්පුත්හු සිටිත්ද?"

"පින්වත් ශක්‍ර දේවේන්ද්‍රය, මෙතැන සිටිනා අපගේ මහා පදුම නම් දෙව්පුතු දෙස බලනු මැනැව. මේ දිව්‍යපුත්‍රයාගේ ආයුෂ අවසන් වෙමින් තිබේ. දැන් මොහුගේ අදහස ඉහළ දිව්‍ය ලෝකයක ඉපදීමටයි."

"දරුව, මහා පදුම. ඔබට ගැලපෙන්නේ ඉහළ දෙව්ලොවක ඉපදෙන්නට නොවේ. ඔබට ගැලපෙන්නේ මිනිස් ලොවයි."

"පින්වත් ශක්‍ර දේවේන්ද්‍රය, මා සිතා සිටින්නේ මනු ලොව යෑමට නොවෙයි. ඇත්තෙන්ම මට මිනිස් ලොව පිළිකුල්. මා කැමති මීට වඩා උසස් දිව්‍ය ලෝකයක උපදින්නටයි."

"දරුව, එසේ නොකියන්න. මේ දෙව්ලොව එන්නට පළමු පින් රැස් කරගන්නා ලද්දේ මිනිස් ලොවදී බව අමතක කරන්නේ මන්ද? එනිසා යළිත් ඔබට පින් කරගැනීමට අවස්ථාවක් ලැබී තිබේ."

"අහෝ! ශක්‍ර දේවේන්ද්‍රය, දස මාසයක් මාතෘ ගර්භයක වාසය කිරීමට මා තුළ කිසි කැමැත්තක් නැහැ. ඇත්තෙන්ම මව් කුසක උපදින්නට මට වුවමනාවක් නැහැ.... නැහැ... නැහැමයි."

"පින්වත් දරුව, ඇත්ත. මව්කුසක උපදින්නට ඔබේ කැමැත්තක් නැති බව මට වැටහේ. මිනිස් ලොව උපදින්නට මව්කුසක්ම වුවමනාද? පින්වත් දරුව, ඔබට ඕපපාතිකව මිනිස් ලොව උපදින්නට වාසනාව තිබේ. එනිසා ඔබට උපත උරුමව තිබෙන්නේ නෙළුම් මලක උපදීමටයි. එය ඔබ විසින් පෙර භවයේ කරන ලද පිනක් නිසා ලැබෙන දෙයක්."

සක් දෙවිඳුන් එසේ පැවසූ විට මහා පදුම දිව්‍යපුත්‍රයා මිනිස් ලොව ඉපදීමට කැමති වුණා. ඔහු දෙව්ලොවින් චුත වුණා. බරණැස් රජුගේ උද්‍යානයෙහි ගල් තලාවක් මැද ඇති පොකුණෙහි විශාල නෙළුම් කෙමියක මෙම දිව්‍යපුත්‍රයා ඕපපාතිකව ඉපදුණා.

එදා හරි අපූරු දෙයක් සිදුවුණා. එනම් අගබිසව සිහිනයක් දැකීමයි. විසි දහසක් කුලාංගනාවන් පිරිවරා උයන් පොකුණට පැමිණි ඇයට නෙළුම් කෙමියක සිඟිත්තෙක් දකින්නට ලැබීමයි. ඈ පසුදින උදෑසන සිල් සමාදන් වුණා. වත්පිළිවෙත් කළා. මෙත් වැඩුවා. අන්තඃපුරාංගනාවන් පිරිවරා පොකුණ වෙත පැමිණියා. එසේ පැමිණෙද්දී එක්තරා මල් කෙමියක ඇති විශේෂත්වයක් ඇය දුරදීම දැක්කා. ඇය දුවගෙන ගොස් ඒ මල් පොහොට්ටුව ආදරයෙන් වැළඳගත්තා. ඒ මොහොතේ ඒ මල්කෙමියේ මල් පෙති එකින් එක විහිදෙන්නට පටන් ගත්තා. රන්වන් පාටින් බැබලෙන සියුමැලි සිඟිත්තෙක් ඒ මල් කෙමිය මැද නිදා සිටියා.

මේ අසිරිය දුටු සියලු කුලාංගනාවන් ප්‍රීතිඝෝෂා කළා. මහත් උත්සවශ්‍රීයෙන් මේ පින්වත් සිඟිත්තාව මාළිගය කරා රැගෙන ගියා. සියලු දෙනාගේම ආදරය මේ දරුවාට ලැබුණා. අන්තඃපුරයේ සියලු කාන්තාවන්ගේ අතින් අත යන මේ දරුවාට ආදර සැලකිලි දක්වන්නට හැමෝම එක්වුණා. 'අනේ පුතේ, මෙයත් කන්න. මෙයත් බොන්න. මෙයත් අනුභව කරන්න' කියමින් පෙරැත්ත කර කර ආහාරපාන කැවීම නිසා මේ දරුවාට හැම දෙයක්ම එපා වුණා. මේ කුමරා ඒ වධයෙන් බේරීම පිණිස දොරටුව ළඟට දුව යනවා. ලෝහ ගුලියක් ගෙන සෙල්ලම් කරනවා.

දිනක් එක්තරා පසේබුදුවරයන් වහන්සේ නමක් පිඬු සිඟා වඩිද්දී මේ කුමරා අසලටත් පැමිණියා. මේ ශ්‍රමණයන් වහන්සේ දුටු කුමාරයා කෑ ගසා මෙහෙම කිව්වා.

"අනේ පින්වත් ශ්‍රමණය, මේ පැත්තෙ එන්න එපා! මෙහෙ මිනිසුන්ගෙන් හරී කරදරයි. අරක කන්නලු. මේක කන්නලු. කිසි නිදහසක් නෑ."

අසිරිමත් පසේබුදු පෙළහර 67

කුමරා දුටු පමණින් පසේබුදුවරයන් වහන්සේ කරුණු තේරුම් ගත්තා. හුදෙකලාවේම ජීවිතය අවබෝධ කරන වාසනාව මොහු තුළ ඇති බව හඳුනාගත්තා. එනිසාම කුමරා කියූ වදන් ඇසූ සැණින් උන්වහන්සේ ඉදිරියට නොගොස් පෙරළා ආපසු වැඩියා. කුමාරයාට මෙය මහත් ප්‍රහේලිකාවක් වුණා.

"අනේ.... ශ්‍රමණයන් වහන්සේ නැවතුණා. ආපසු හැරිලා වැඩියා. එහෙම වුණේ මා කියූ දෙයට උන්වහන්සේගේ සිත රිදුණා වත්ද? මා සමඟ අමනාප වුණා වත්ද? තරහා ගත්තා වත්ද?"

පිරිවර ජනයා මෙහෙම පිළිතුරු දුන්නා.

"පින්වත් කුමරුනි, ශ්‍රමණයන් වහන්සේ ඔය වගේ සුළු කතාවකින් විතරක් නොවෙයි, ඔයිට වඩා සැරට බැන්නත් හිත රිද්දා ගන්නෙ නෑ. තරහ වෙන්නෙත් නෑ. උන්වහන්සේලා අනුන් පූජා කරන දෙයින් යැපී මෙත් සිතින් නෙව වාසය කරන්නේ."

"අනේ... එහෙම කිව්වට මට නම් සිතෙන්නේ මාගෙන් වරදක් වුණා කියලයි. මා කියූ දෙය නිසා උන්වහන්සේගේ සිත රිදී ඇති බවයි මට සිතෙන්නේ."

ඉන්පසුව කුමාරයා මව්පියන්ට සැළකර රාජ පිරිවර සමඟ බරණැස ඉසිපතනයට ගියා. එවකට ඉසිපතනයේ වැඩසිටියේ පසේබුදුවරයන් වහන්සේලාය. කුමාරයා පිරිස සමඟ ඉසිපතනයට ගිය විට ඇස් විදහා ගත් මුව පැටවුන් එහාට මෙහාට දුව පැන යන අයුරු දැක ඉතා සතුටට පත්වුණා.

"අනේ අර මුවන් නේද? උන් හරි සතුටින් නේද ඉන්නේ?"

"ඔව්, කුමාරයාණෙනි, ඒ මුවන් තමයි. උන් හරි සතුටින් ඉන්නේ."

"එතකොට ඔය මුවන්ට 'මේකත් කන්න, අරකත් කන්න' කියලා වධ කරන්න කවුරුවත් නෑ?"

"අනේ කුමරුනි. මේ මුවන්ට එහෙම වධයක් නෑ. යම් තැනක කෑමට තණකොළ තියෙනවා නම්, බීමට ජලය තියෙනවා නම්, අනතුරකුත් නැත්නම්, උන් හරි නිදහසේ වාසය කරනවා. කැමති විදිහට වාසය කරනවා."

මේ ප්‍රකාශයත් සමඟම කුමාරයාගේ සිත වෙනස් වෙන්න පටන් ගත්තා. නිදහසක ඇති අගය වැටහෙන්න පටන් ගත්තා. මුවෙක් මෙන් සැහැල්ලුවෙන් වසන්නට ඇත්නම් කොතරම් අගේදැයි සිතෙන්නට පටන් ගත්තා. කුමාරයා තවදුරටත් පසේබුදුවරයන් වහන්සේ වැඩසිටින තැන සොයමින් ගියා. එසේ සොයමින් යද්දී ඒ වන රූප්පා සෙවණේ සුදු වැලි අතුල මනා කොට හැමද ඇති සක්මන් මලුවක් දකින්නට ලැබුණා. ඉතා ශාන්ත වටපිටාවක් දකින්නට ලැබුණා. එහෙත් ඒ කුමාරයා සොයන ශ්‍රමණයන් වහන්සේ දකින්නට ලැබුණේ නෑ.

"කුමාරයාණෙනි, නිසැකවම මෙතන තමයි ඒ ශ්‍රමණයන් වහන්සේ ඉන්නවා ඇත්තේ. උන්වහන්සේ වඩිනකම් අපි ටිකක් ඉමු."

"අනේ මට නම් සැකයි. මං උදේ පැවසූ දෙය නිසා උන්වහන්සේගේ සිත රිදුණා. දැන් මහා පිරිවර සේනාවක් සමඟ මං මේ පැමිණි නිසා උන්වහන්සේගේ සිත තවත් රිදෙන්න ඇති. ඒ නිසා ඔබලා මෙතන නවතින්න. මෙතනින් ඔබ්බට කවුරුත් එන්න එපා. මං තනියම උන්වහන්සේව හොයාගෙන යනවා."

කුමාරයා තනිවම රැක් සෙවණේ සොය සොය ගියා. සිනිඳු වැලි අතුරා ඇති මාවතේ කෙනෙක් ඇවිද ගිය පියවර සටහන් තියෙනවා. ඒ පියවර සටහන් ඔස්සේ කුමරු තවත් ඈතට ගියා. කුඩා කුටියක් දැක්කා. ඒ කුටිය ළඟට ගියා. හිමිහිට දොර ඇරියා. කවුරුවත් නෑ. වටපිට බැලුවා. භාවනාව පිණිස වාඩිවෙන්නට සුදුසු ලස්සන ගල් තලාවක් තිබුණා. කුමාරයාට මෙහෙම හිතුණා.

"ඔව්! මෙතන තමයි ශ්‍රමණයන් වහන්සේ වැඩඉන්නවා ඇත්තේ. උන්වහන්සේ වඩින තුරු මා මේ ආසනයේ වාඩිවෙන්නට ඕන. උන්වහන්සේ මේ අසුනේ වාඩිවෙලා කල්පනා කරන්න ඇත්තේ වෙළහෙලදාම් ගැන නොවෙයි. රජකම් ගැන නොවෙයි. ජීවිතය ගැනයි. මාත් මේ ජීවිතය ගැන හිතන්න ඕන."

කුමරා දෑස පියාගෙන භාවනා කරන්නට පටන් ගත්තා. ටිකෙන් ටික චිත්ත සමාධිය දියුණු වුණා. ධ්‍යාන සමාපත්ති ඇතිවුණා. ජීවිතය ගැන විමසන්නට සිත යොමු කරද්දී ප්‍රඥාව වැඩෙන්නට පටන් ගත්තා. සියල්ල අනිත්‍ය බවත්, එනිසාම අනාරක්ෂිත බවෙන් ඇතිවන බිය හටගන්නා බවත්, එයම දුක බවත්, එනිසාම තමාගේ වසඟයේ පවත්වාලිය නොහැකි බවත් අවබෝධ වුණා. හේතුඵල දහමෙන් හටගත් සියල්ලේ ආදීනව ප්‍රකට වුණා. අවබෝධයෙන්ම කළකිරීම ඇතිවුණා. විරාගය ඇතිවුණා. කෙලෙසුන්ගෙන් නිදහස් වුණා. අරහත්වයට පත්වුණා. පසේබුදුවරයන් වහන්සේ නමක් බවට පත්වුණා.

කුමාරයා සමඟ පැමිණි පිරිවර සේනාව සෑහෙන වේලාවක් මඟ බලා සිටියා. කුමාරයා හැරී එන පාටක් නෑ. ඔවුන් ටික ටික ඇතුළට ආවා. වටපිට සොයන්න පටන් ගත්තා. එතකොට ගල් තලාවක භාවනානුයෝගීව සිටින

කුමාරයාව දැකගන්නට ලැබුණා. ඔවුන් ළංවෙද්දී කුමාරයා ඇස් පිය හැර බැලුවා.

"පින්වත් කුමාරයාණෙනි, ශ්‍රමණයන් වහන්සේ බැහැදකින්නට අපි හෙට එමු. දැන් අපට කල් ගත වෙනවා. රජ්ජුරුවන් වහන්සේ අපගේ ප්‍රමාදය ගැන උදහස් වෙන්නටත් පුළුවනි. එනිසා පින්වත් කුමරුනි, අපි හෙට පැමිණ ශ්‍රමණයන් වහන්සේ කමා කරගනිමු. දැන් ඉතින් අපි යමු. එනිසා ඔය ගැන එච්චර හිතන්න ඕන නෑ."

"ඒක ඇත්ත. මං ඒ ගැන කොහෙත්ම හිතන්නේ නෑ. වෙන දෙයක් ගැන සිතන්නෙත් නෑ. සිත පැටලී යන ලෝකයෙන් මං නිදහස් වෙලයි ඉන්නේ. විරාගී සිතක අසිරිය මට දැන් වැටහෙනවා."

සේනාව පුදුමයට පත්වුණා. ඇසිපිය නොහෙළා කුමරු දෙස බලා සිටියා. ඔවුන්ට මෙය අදහා ගන්නට බෑ.

"අනේ පින්වත් කුමරුනි, මේ වචන හරි වෙනස්. මොහොතකට පෙර අප සමඟ කතා කළ කුමාරයා නොවෙයිද මේ ඉන්නේ? මෙතරම් ඉක්මනින් මේ ඇති වූ පරිවර්තනය කුමක්ද? ලෝකය සමඟ නොපැටලී ගිය සිතක් ඇති කරගැනීම ලෙහෙසි වැඩක් නොවෙයි. අප සොයා පැමිණි ශ්‍රමණයන් වහන්සේ අයිති වන්නේ පච්චේක බුද්ධ යන උතුමන්ටයි. ඔබත් එවැනි පච්චේකබුද්ධ කෙනෙක් බවට පත්වුණා වත්ද? ඒ පසේබුදුවරයන් වහන්සේලා ඔබ වගේ නොවෙයි. උන්වහන්සේලා කෙස් රැවුල් බාලා කසාවත් පොරවාගෙනයි ඉන්නේ."

එතකොට කුමාරයා තමන්ගේ හිස අතගෑවා. සැණෙකින් කෙස් රැවුල් අතුරුදහන් වුණා. ගිහි වස්ත්‍ර අතුරුදහන් වුණා. කසාවත් පෙරැවුණා. සියුමැලි ශ්‍රමණයන්

වහන්සේ නමකගේ රුවක් දිස්වුණා. ඒ පසේබුදුවරයන් වහන්සේ මිහිරි ස්වරයෙන් මේ ගාථාව පැවසුවා.

මිගෝ අරඤ්ඤම්හි යථා අබද්ධෝ
යේ නිච්ඡකං ගච්ඡති ගෝචරාය
විඤ්ඤූ නරෝ සේරිතං පෙක්ඛමානෝ
ඒකෝ චරේ ඛග්ගවිසාණ කප්පෝ

"තොණ්ඩුවකට හසු නොවී ඉන්න මුවා නිදහසේ මයි වනයේ හැසිරෙන්නේ. තණ කොළ බුදින්නට කැමති කැමති අයුරින් ඒ සතා නිදහසේ යනවා. බුද්ධිමත් මනුෂ්‍යයා කිසිවෙකුට නොබැඳී ස්වෛරීව නිදහසේ ජීවත් වීමට මං සොයනවා නම්, මාත් දැන් ඒ වගේ කෙනෙක්. ඇත්තෙන්ම මං හැසිරෙන්නේ හුදෙකලාවේමයි. කඟවේනෙකුගේ හිස මත තියෙන තනි අඟක් වගෙයි."

සාදු! සාදු!! සාදු!!!

6.

අසිරිමත් පසේබුදු පෙළහර

ඇරයුම් ලැබෙයි සිටි විට මිතුරන් අතර
නවතින, හිඳින, යන එන හැම තැන නිතර
ඒ කෙරෙහි නොම ඇලෙමින් - නිදහසේ අගය දකිමින්
හුදෙකලාවෙම දිවි ගෙවයි හේ
තනි අඟකින් යුතු කඟවේණෙකු සේ ....

අපගේ ශාස්තෲන් වහන්සේ තවත් පසේබුදුවරයන් වහන්සේ නමක් වදාළ ගාථාවක් අනඳ මහතෙරුන් වහන්සේට වදාළා. පසේබුදුවරයන් වහන්සේලා පිළිබඳව තොරතුරු ස්වල්පයක් අප දැන් දන්නවා. උන්වහන්සේලා තුළ ඇතිවෙන ඒ හුදෙකලා අවබෝධය පිණිස පාදක වෙන්නේ යම්කිසි අත්දැකීමක්. එම අත්දැකීම ඔස්සේ ප්‍රඥාව මෙහෙයවාලීමෙහි අපූර්ව කුසලතාවක් උන්වහන්සේලා තුළ තිබී තියෙනවා. බොහෝ විට පසේබුද්ධත්වය ලබා තිබෙන්නේ රජ පවුලේ උපන් කෙනෙක්මයි. මෙය ද පුදුම සහගත දෙයක් ලෙසයි අපට වැටහෙන්නේ. එමෙන්ම වර්තමානයේ පවතින නොයෙකුත් සාමාජික, ආර්ථික, දේශපාලනික මතිමතාන්තර ඔස්සේ විමසා බලා පසේබුදුවරුන් ගැන වටහා ගැනීම දුෂ්කර බව අප තේරුම්

ගත යුතුයි. උන්වහන්සේලා ගැන සිත පහදවා ගන්නට නම් පච්චේකබුද්ධ බවට පත්වන ඒ මුනිවරයන් වහන්සේලාගේ විස්මිත චරිතාපදානයන් ඒ අයුරින්ම වටහා ගත යුතුයි.

පසේබුදුවරුන් පිළිබඳව නම් ගොත් රාශියක් අපට පෙන්වා වදාළ ඉසිගිලි සූත්‍රයෙහි අවසානයට මෙසේ සඳහන් වෙනවා.

"ඒතේ ච අඤ්ඤේ ච මහානුභාවා
පච්චේකබුද්ධා භවනෙත්තිඛීණා
තේ සබ්බසංගාතිගතේ මහේසී
පරිනිබ්බුතේ වන්දථ අප්පමෙය්යෝ'ති"

"මේ බුදුවරු හා අනෙකුත් මහානුභාව බුදුවරුන් ද
භව බන්ධන සිඳ බිඳ ලූ උතුම් පසේ බුදුවරුන් ද
මහ ඉසිවර මේ බුදුවරු සියලු කෙලෙස් නැති මුනිවරු
පිරිනිවනට වැඩි මුනිවරු අපමණ ගුණ ඇති බුදුවරු
පින්වත් මහණෙනි ඔබත්, වන්දනා කරව් නිරතුරු"

මෙයින් පැහැදිලි වන්නේ පච්චේකබුද්ධයන් වහන්සේලා වන්දනා කිරීමට අපව පොළොඹවන ලද්දේ භාග්‍යවතුන් වහන්සේ විසින් මය. එමෙන්ම උන්වහන්සේ කිසිවිටෙකත් බෝසතාණන් වහන්සේලා වන්දනා කරන්න කියා හෝ, බෝසතාණන් වහන්සේලාට පුද පූජා පවත්වන්නට කියා හෝ බාරහාර වෙන්නට කියා හෝ වදාළ තැනක් අපට හමු නොවේ.

පසේබුදුවරයන් වහන්සේලා ගැන සඳහන් ඛග්ගවිසාණ සූත්‍රයෙහි හයවෙනි ගාථාවට අයත් පසුබිම් කථාව මෙයයි. බරණැස් නුවර එක රජකෙනෙක් හිටියා. ඔහුගේ නම ඒකවජ්ජික. මොහු ඉතාමත් මෘදු ගති පැවැතුම් ඇති කෙනෙක්. කිසි කෙනෙකුගේ හිත රිද්දවන්න අකමැති

කෙනෙක්. තමන් රජෙක් බවවත් නොසළකා ඇමතිවරුන් කියන ඕනෑම ගමනක් යන්න මේ රජු සූදානම්. මොහුගේ ගුණවත්කමින් ඇමතිවරු අයුතු ප්‍රයෝජන ගත්තා.

රාජපුරුෂයන් යුතු අයුතුබව නොසළකා, යහපත අයහපත නොසළකා, සුදුසු නුසුදුසු බව නොසළකා රජතුමාට කරදර කරනවා. එක ඇමතියෙක් මුල්ලකට කතා කොට රජතුමාගේ කණට කොඳුරා මොනවා හරි දෙයක් කියනවා. තව ඇමතියෙක් රජතුමා ආහාර පාන ගන්නට ගිය විට කණට කොඳුරා තව දෙයක් කියනවා. ඇතැම් විට රජතුමාට අවශ්‍ය දෙයක් කරගන්නට ලැබෙන්නේ නෑ.

එක් දිනක් රජතුමා සිරියහන් ගැබෙහි සැතැපී සිටියා. එතකොට රජතුමාට පණිවිඩයක් ආවා.

"දේවයන් වහන්ස, මට කතා කරගත යුතු වැදගත් කරුණක් තියෙනවා. එය පැවසිය යුත්තේ අනිවාර්යයෙන්ම ඔබවහන්සේ සමඟ පමණයි. ඔබවහන්සේ මුණගැසීම මට වුවමනාමයි."

පණිවිඩකරු කියූ ආකාරයට රජතුමා සිතුවේ කිසියම් වැදගත් භාරදූර රාජකාරියක් අරභයා යම්කිසි කතාබහක් කරන්නට තියෙන බවයි. රජතුමා සිරියහනෙන් නැගිට්ටා. ඇමතියා අඬගැසූ තැනට ගියා. මෙතරම් කඩිමුඩියේ කලබලයේ බරපතල ආකාරයෙන් පැවසූ කරුණ කුමක්දැයි ඇසීමට රජතුමාත් විස්මයෙන් බලා සිටියා. නමුත් ඇමතියා ප්‍රකාශ කළේ කිසි වැදගැම්මකට නැති දෙයක්!

තව දිනක් වෙන ඇමතියෙක් කතා කළා.

"මෙය කිව යුත්තේ ඔබවහන්සේටමයි. මෙකරුණ වෙන කෙනෙක් සමඟ කතා කොට පලක් නැහැ. එනිසා ඔබවහන්සේව මට අසවල් තැනදී අනිවාර්යයෙන්ම මුණ

ගැසෙන්නට ඕන."

ඉතින් රජතුමා එතනට ගියා. අර ඇමතියා උගුර පාදලා, රැල්බුරුල් හැරලා, නළලෙහි රැළි නංවා, දෙකණ් සොළවා, උඩු රැවුල පිරිමැද කිසි වැදගැම්මකට නැති දෙයක් කිව්වා.

එක දවසක් තව ඇමතියෙක් රජතුමාට කිව්වා,

"රජතුමනි, මහා වැදගත් කරුණක් තියෙනවා. ඔබවහන්සේට මෙය සැළකිරීමට මහා උපස්ථාන ශාලාවට වඩින්නට ඕන. ඔබවහන්සේ වෙනුවෙන් සියලු ආරක්ෂාව තියෙනවා. මේ කරුණේ වැදගත්කම සළකා ඔබවහන්සේ වඩින්න."

රජතුමා කලබල වුණා. වහාම උපස්ථාන ශාලාවට සැපත් වුණා. එහි ආසනයෙහි වැඩසිටියා. අර ඇමතියා කලබලයෙන් ආවා. කිසි වැදගැම්මකට නැති කරුණක් කිව්වා. ඔය ආකාරයට රජතුමා ඇතා පිට සිටිද්දීත්, රාජ අශ්වයා පිට සිටිද්දීත් ඇමතිවරු ඇවිත් නොයෙක් දේවල් කණට කොඳුරනවා.

දවසක් රජතුමා දෝලාවක නැගී උයනට යමින් සිටියා. අතරමගදී ඇමතියෙක් හමුවුණා. දෝලාව නැවැත්තුවා. පණිවිඩයක් යැව්වා.

"රජතුමනි, ඉතා වැදගත් කරුණක් කතා කරන්නට තියෙනවා. මෙය කතා කළ යුත්තේ හුදෙකලාවේමයි. ඔබවහන්සේ දෝලාවෙන් බිමට සැපත් වී අසවල් ගස ළඟට වඩින සේක්වා."

රජතුමා දෝලාවෙන් බැස්සා. ගස ළඟට ගියා. ඇමතියත් ආවා. දෙදෙනාම හුදෙකලා වුණා. ඇමතියා

ඉතා හෙමිහිට රහසේ රජතුමාට කිව්වේ කිසි වැදගැම්මකට නැති දෙයක්.

දිනක් රජතුමා රාජ හස්තියා පිට නැගී ජනපද චාරිකාවේ යනවා. ඇමතියෙක් රජතුමාට පෞද්ගලිකව කතා කළ යුතු යැයි දන්වා සිටියා. රජතුමා ඇතු පිටින් බැස්සා. ඇමතියා ළඟට ගියා. ඇමතියා අත්වල ඇඟිලි පටලවාගෙන ශබ්ද ඇසෙනා ලෙස ඇඟිලි කඩමින් මහා ගරු ගාම්භීර ස්වරයෙන් කිසි වැදගැම්මකට නැති දෙයක් කිව්වා.

අන්තිමේදී රජතුමාට ඇමතිවරු දකින කොටත් වමනෙට ආවා. රාජකෘත්‍යය පිළිකුල් වුණා. හැමදෙයක්ම එපා වුණා.

"මොන වදයක්ද මේ...? මේ ඇමතිවරු හදන්නේ එක එක්කෙනා මට ළං වෙන්නයි. මුන්දෑලාගේ අදහස හරි ආත්මාර්ථකාමියි. මට ළං වෙන්නේ මට ඇති ආදරයකට නොවෙයි. මගෙන් අයුතු ප්‍රයෝජනයක් ගන්නයි. කුමක් හෝ ලාභයක් ලබා ගන්නයි. මගේ ළඟට ළං වෙලා කණට කොඳුරන්නේ මුන්දෑලාට ඇති අසනීපය කුමක්ද? එක එක්කෙනා පෙන්නන්නට හදන්නේ තමා තමයි රජතුමාට වඩාත් සමීප කියා ඉස්මතු කරන්නයි. හනේ හපොයි! මේ රජකමක් නිසා මං විඳින දුකක්!"

රජතුමා ටිකෙන් ටික හුදෙකලා වුණා. භාවනාවට පෙළඹුණා. ඇමතිවරු හිතු මනාපෙට රාජකෘත්‍යය කරගෙන ගියා. හොඳට හම්බ කළා. අල්ලස් ගත්තා. වංචා කළා. තමන්ට හිතවත් අයට තනතුරු දුන්නා. අහිතවත් අය තනතුරුවලින් පහ කළා.

දිනක් ඇමතියෙක් රජතුමා ළඟට ආවා.

"මහරජ්ජුරුවන් වහන්ස, ඔබවහන්සේ මං ගැන දන්නවානේ. මං මේ රාජ මාළිගයෙහි අවංකව සේවාව කරන ඇමතියෙක්. මෙතෙක් කලක් ඔබවහන්සේට ඇප උපස්ථාන කරපු දේට සම්මානයක් මට ඕනෙමයි. ඒ වෙනුවෙන් මං ඔබවහන්සේගෙන් ඉල්ලා සිටින්නේ අසවල් ජනපදයේ මහඇමතිකම මට භාර දෙන ලෙසයි."

"නෑ... නෑ... එහෙම දෙන්න විදිහක් නෑ. ඔහේ කියන විදිහට කොහොමද මහඇමතිකම් දෙන්නේ? මං එය වෙන කෙනෙකුට දීලයි තියෙන්නේ."

ඇමතියා කිපුණා. නිශ්ශබ්දව සිටියා. වචනයක් කිව්වෙ නෑ. කෝපයෙන් හැරිලා ගියා. සේනාව සමඟ ජනපදය ආක්‍රමණය කළා. කෝළාහලයක් ලොකුවට ඇතිවුණා. ජනපදය භාරදුන් ඇමතියයි, විරුද්ධවාදීකම් කරන ඇමතියයි ඇවිදින් රජතුමාට පැමිණිලි කළා. එකිනෙකාට දොස් කියාගන්නවා. අපහාස කරගන්නවා. මේ ගාලගෝට්ටිය රජතුමාට මහ වදයක් වුණා.

"ඒක හරි වැඩක් නෙව. මෙවුන්ට ඇමතිකමුත් දුන්නා. මෙවුන් එකෙක්වත් සංතෝෂ කරන්න බැහැ නෙව."

රජතුමා කළකිරුණා. සඳළුතලයට නැංගා. භාවනා කරන්න පටන් ගත්තා. විසිරෙන සිත සංසිඳී ගියා. චිත්ත සමාධිය ඇතිවුණා. සමථ භාවනාව දියුණු වුණා. සිත වැඩී ගියා. මේ තෘෂ්ණාවට හේතුව විමසන්න පටන් ගත්තා. මේ සියල්ලට හේතුව වින්දනය බවත්, ආස්වාදය නිසාම තෘෂ්ණාව හටගන්නා බවත්, තෘෂ්ණාව නිසාම ඒ අරමුණට සිරවෙන බවත්, ඒ සිර වූ අරමුණෙන් නිදහස් විය නොහැකිව ඒ තුළම චේතනා පහළ කරමින් සිත,

කය, වචනයෙන් කර්ම රැස් කරන බවත් වැටහෙන්න පටන් ගත්තා. රජතුමා තවත් ගැඹුරට විමසුවා. ප්‍රඥාව වැඩී ගියා. ඇල්ම නිසා හටගන්නා සියළු ආදීනව මැනැවින් වැටහී ගියා. අවබෝධයෙන්ම කළකිරුණා. නොඇල්ම ඇතිවුණා. සියල්ලෙන් නිදහස් වී ගියා. නිකෙලෙස් වුණා. අරහත්වයට පත්වුණා. පසේබුදුරජාණන් වහන්සේ නමක් බවට පත්වුණා.

ඇමතියෙක් දුවගෙන ආවා. "පින්වත් මහරජාණන් වහන්ස, තමුන්නාන්සේට විතරක් පැවසිය යුතු ඉතා වැදගත් කරුණක් තියෙනවා. මෙය නම් කියන්න ඕනමයි. ඒ නිසා ස්වල්පයක් මෙතැනට වඩින සේක්වා!"

"පින්වත් ඇමතිය, මේ රජකම නැමැති අවුලෙන් මං දැන් නිදහස්! මෙය මට අකැප දෙයක්. මෙය කෙරෙහි මගේ සිත දැන් පිහිටන්නේ නෑ. මට මෙයින් පලක් නෑ. මෙයින් නිදහස් වූ සිත උදාරයි. ඇල්ම රහිත වූ සිත මට මහ සතුටක් උපදවා දෙනවා. ඒ විරාගී සතුට තමයි දැන් මට අයිති දෙය."

ඇමතියා කලබල වුණා. රජතුමා වෙනස්. වෙනදා කතා කරන රජතුමාට වඩා කිසියම් මුනිවරයෙකුගේ කතාබහක් රජුගේ වචන තුළින් ඉස්මතු වුණා. ඇමතිවරු රැස්වුණා. රජතුමාට කරුණු පැහැදිලි කළා.

"පින්වත් රජ්ජුරුවන් වහන්ස, ඔබවහන්සේ නිසාමයි අපි මේ සැපසේ වාසය කරන්නේ. ඔබවහන්සේ අපට ඉතාමත් ලෙන්ගතුව සිටියා. දැන් ඔබවහන්සේ අපෙන් වෙන් වූ කෙනෙක් වගේ කතා කරන්නේ. අපෙන් වරදක් වුණා වත්ද? අපේ ඒ වරදට කමා කරන සේක්වා! රාජ්‍යානුසාසනාව අපට ලබාදෙන සේක්වා! අපි

ඔබවහන්සේට ලබැඳි සෙනෙහසින් රාජකෘත්‍යය කරන්නට කැපවී සිටින්නමෝ වෙමු.”

“ඇමතිවරුනි, රාජකෘත්‍යය මට අයත් දෙයක් නොවේ. මට අයත්ව තිබෙන්නේ හුදෙකලාවේ ලබන විරාගී සුවයයි. රුක් සෙවණක, ගිරි ගුහාවක, කඳු රැළියක, ගං තෙර වැලි තලාවෙක හුදෙකලාවේ බවුන් වැඩීමයි මට අයත්ව තිබෙන්නේ.”

“පින්වත් රජ්ජුරුවන් වහන්ස, ඔබවහන්සේ පවසන දෑ ශ්‍රමණයන් වහන්සේලාගේ කෘත්‍යයටයි අයිති. පච්චේකබුද්ධ නමින් ශ්‍රමණ කොටසක් ඉන්නවා. උන්වහන්සේලා නම් ඔවැනි බස් පවසනවා. නමුත් ඔබවහන්සේ රජෙක් මිස ඒ වගේ කෙනෙක් නොවේ. ඔබවහන්සේ සුවඳ පැනින් නහා, සුවඳ ගල්වා, කෙස් සාදා, රන් රුවන් අබරණ පැළැඳ, සිනිඳු කසී සළු දරමින් රන් මිරිවැඩි පය ලා සිටින කෙනෙක්. පසේබුදුවරු වනාහී කෙස් රැවුල් බහා, කසා වත් දරා, පාත්‍ර අතෙහි දරා හුදෙකලාවේ පිඬු සිඟා වඩින ශ්‍රමණයන් වහන්සේලාය. එවැනි දෙයක් අපි ඔබවහන්සේගෙන් නොදකිමු.”

එතකොට රාජවේශයෙන් සිටි මෙතුමා හිස අතගෑවා. වස්ත්‍ර දෙස බැලුවා. ඒ සැණින්ම කෙස් රැවුල් අතුරුදහන් වුණා. ඉර්ධියෙන් කසාවත් පෙරවුණා. පාත්‍රයක් අත රැඳුණා. මිහිරි ස්වරයෙන් මේ ගාථාව ප්‍රකාශ කොට පසේබුදුවරුන්ගේ ලොවට වැඩම කළා.

ආමන්තණා හෝතු සහාය මජ්ඣේ
වාසේ ඨානේ ගමනේ චාරිකාය
අනභිජ්ඣිතං සේරිතං පෙක්ඛමානෝ
ඒකෝ චරේ ඛග්ගවිසාණ කප්පෝ

"මිත්‍රාමාත්‍යයන්ට මැදි වී සිටිද්දී කෙළවරක් නැති ආමන්ත්‍රණ තියෙනවා. වාසය කරන තැන, ඉන්න තැන, ගමන් යන තැන, චාරිකාවේ යන තැන කියලා නෑ. කණට කොඳුර කොඳුර කියනවා, ඉල්ලනවා. මෙයට මං කැමති නෑ. මං කැමති නිදහසටයි. ඒ නිදහසයි මං සොයමින් හිටියේ. ඇත්තෙන්ම මං දැන් හැසිරෙන්නේ හුදෙකලාවේමයි. කඟවේනෙකුගේ හිස මත තියෙන තනි අඟක් වගෙයි."

සාදු! සාදු!! සාදු!!!

7.

අසිරිමත් පසේබුදු පෙළහර

මිතුරන් අතරේ සිටි විට - සෙල්ලමට ඇලේ
දරුවන් අතර සිටි විට - පෙම බලවත් වේ
ප්‍රියයන් කෙරෙන් වෙන් වන - දුකට පිළිකුල් කරමින
හුදෙකලාවෙම දිවි ගෙවයි හේ
තනි අඟකින් යුතු කඟවේණෙකු සේ ....

අපගේ ශාස්තෘන් වහන්සේ සසර පිළිබඳවත් භව ගමනේ ඇති විවිධ විචිත්‍රත්වය පිළිබඳවත් අතැඹුලක් සේ පසක් කොටයි ලොවට පහදා දෙන්නේ. පසේබුදුවරුන් පිළිබඳව මේ අසිරිමත් වෘත්තාන්තයන් අපට දැනගන්නට ලැබුණේත් ඒ නිසාමයි.

පසේබුදුවරුන් පහළ වූ යුගයේදී අද අපි අසන අයුරින් චතුරාර්ය සත්‍යය අවබෝධය පිණිස දහම් දෙසන්නට ලොව කවුරුවත් සිටියේ නැහැ. එයට හේතුව සම්මා සම්බුදු කෙනෙකුන් පහළ නොවී තිබීමයි. එනිසා ලොව කිසිවෙකුට සම්බුදු කෙනෙකුගේ මුවින් මුල, මැද, අග පිරිසිදු පැහැදිලි අරුත් ඇති, පැහැදිලි වදනින් සපිරි, ඒ අමා නිවන් මග නම් අබුද්ධෝත්පාද කාලයක අසන්නට ලැබෙන්නේ නෑ.

පසේබුදුවරයන් වහන්සේලා අවබෝධය ලබන්නේ සද්ධර්මශ්‍රවණයෙන් තොරවයි. අප අයිති වන්නේ ශ්‍රාවක ගණයටයි. ශ්‍රාවකයන් කරනු ලබන්නේ ශ්‍රවණය කොට දහම ලබාගැනීමයි. එසේ ලබාගත් ධර්මඥානය ඇසුරෙන් නුවණ මෙහෙයවා සත්පුරුෂ භූමියට පැමිණෙන්ට ශ්‍රාවකයන්ට වාසනාව ලැබෙනවා. සත්පුරුෂ භූමියට පත් ශ්‍රාවකයන් තුළ පළමුව පිහිටන්නේ කෙළෙහි ගුණයි. කෙළෙහිගුණ දන්නා බව සත්පුරුෂ භූමිය හඳුනාගන්නා සළකුණ වේ. ඒ සඳහා බාහිරින් ලැබෙන සද්ධර්ම ශ්‍රවණය පිණිස කල්‍යාණමිත්‍ර සේවනය අතිශයින්ම උපකාරී වේ. අභ්‍යන්තරව ඇති යෝනිසෝ මනසිකාරය නම් වූ නුවණින් විමසීම අතිශයින්ම උපකාරී වේ. මෙසේ අභ්‍යන්තර බාහිර හේතු කාරක ධර්මයන්ගේ සමෝධානයෙන් සත්පුරුෂ භූමියට පත් ශ්‍රාවකයා පෘථග්ජන භාවයෙන් අත්මිදී ආර්යශ්‍රාවකභාවයට පත් වේ.

පසේබුදුවරයන් වහන්සේලාගේ ස්වභාවයට මෙයට වෙනස්ය. උන්වහන්සේලාට සද්ධර්ම ශ්‍රවණය නොලැබේ. සමථ භාවනාව දියුණු කරගත යුතු ආකාරය හෝ ස්කන්ධ, ධාතු, ආයතන විමසමින් විදර්ශනා ප්‍රඥාව දියුණු කරගත හැකි ආකාරය හෝ සවිස්තරව පෙන්වා දෙන කළණ මිතුරන්ගේ ඇසුර එකලට නැත. මෙහිදී සිදුවන්නේ බාහිර උපකාරයකින් තොරව ස්වකීය ප්‍රඥාව දියුණු වීමයි. මේ සඳහා පුණ්‍ය මහිමයෙන් සකස් වූ නුවණින් විමසීමේ හැකියාව නිසැකවම උපකාරී වෙනවා.

ඛග්ගවිසාණ සූත්‍රයෙහි ඇතුළත් හත්වෙනි ගාථාවට අදාළ කථා ප්‍රවෘත්තිය මෙයයි. එක්තරා අවධියක බරණැස් නුවර බ්‍රහ්මදත්ත නම් රජෙක් වාසය කළා. මොහුට එක පුත් කුමරෙක් සිටියා. ඉතින් මේ රජතුමා ඒ පුත් කුමරාට

අසීමිත ආදරයක් දක්වන්නට පටන් ගත්තා. මේ කුමරා නොදැක නොසිටිය හැකි තරමටම දරු ස්නේහය ලියලා තිබුණා. ඒ රජතුමා බොහෝ විට ආහාර ගන්නේ, වාසය කරන්නේ, නිදාගන්නේ, මේ පුත් කුමරා සමඟයි. එනිසාම රජතුමාට 'ඒකපුත්තික බඹදත් රජු' යන නම පටබැඳුණා. එනම් එකම දරුවෙක් සිටින බඹදත් රජා යන්නයි.

දිනක් රජතුමා උද්‍යාන ක්‍රීඩාවට ගියා. එදා පුත් කුමරාට මාළිගයේ රැඳී සිටින්නට අවශ්‍ය වුණා. ඒ නිසා පිය රජු සමඟ උයන් කෙළියට ගියේ නෑ. රජතුමා සාංකාවෙන් වගේ උයන් කෙළියට ගියේ. රජතුමාට කිසි සතුටක් තිබුණේ නෑ. ඒ නිසාම පුතු පැමිණියේ නැති සාංකාව මග හැරගන්නට රජතුමා ඇති පදමට මද්‍ය පානය කළා. එනිසාම කුමරුව අමතක වුණා.

ඔය අතරේ මාළිගයේ සෙල්ලම් කරමින් සිටි පුත් කුමරා හදිසියේ අසනීප වුණා. අසාධ්‍ය වුණා. රාජකීය වෛද්‍යවරුන් කැඳවා ප්‍රතිකාර කරන්නට උත්සාහ කළත් අසාර්ථක වුණා. මිය ගියා. ඇමතිවරු කලබල වුණා.

"හරි වැඩේ! දැන් අපි මොකද කරන්නේ? රජ්ජුරුවන් වහන්සේ මේ විපතට කොයි ආකාරයෙන් මුහුණ දෙයිදැයි කාට නම් කිව හැකිද? රජ්ජුරුවන්ට තමාගේ නෙත් සඟල වන් ප්‍රිය පුත්‍ර රත්නය මේ අයුරින් මළකඳක් ලෙස දකින්නට ලැබුණහොත් මක් වේවිද? හදවත පැළී යාවිද? සිහි විකල් වේවිද? උමතුවේවිද?"

එතකොට ප්‍රධාන පුරෝහිත බ්‍රාහ්මණයා මෙහෙම කිව්වා.

"ඇමතිවරුනි, අපට කරන්නට තියෙන්නේ එක දෙයයි. අපි රජතුමාට මෙය නොදන්වා සිටිමු. මෙය දැනගත

හොත් කුමක් වේවිදැයි කිව නොහැකියි. එනිසා රජතුමාට නොදන්වාම කුමාරයාගේ ආදාහන කටයුතු අවසන් කරමු.”

ඉන්පසු පුරෝහිත බ්‍රාහ්මණයා ප්‍රධාන අමාත්‍ය මණ්ඩලය රැස්වුණා. අගබිසව ප්‍රධාන කුලාංගනාවන් රැස් වුණා. රජතුමාගේ ජීවිතය බේරා ගැනීම පිණිස කළ යුතු දේ ගැන ගැඹුරින් සාකච්ඡා කළා. කිසිවෙකුටත් මේ ගැන සිතා ගත නොහැකියි. රජතුමා එතරම්ම තම පුත් කුමරාට වසඟව සිටියා. රජතුමාගේ ජීවිතය රැක ගැනීම උදෙසා දරුවාගේ මෘත ශරීරය නොපෙන්විය යුතු යැයි පැවසූ පුරෝහිත බ්‍රාහ්මණයාගේ තීරණයට එකඟ වෙන්නට සියල්ලන්ටම සිදුවුණා. එනිසා සියලු දෙනා හැඬූ කඳුලින් යුතුව පුත් කුමරාගේ අවසන් කටයුතු සිදු කළා.

උද්‍යාන ක්‍රීඩාවට ගිය රජතුමා එදා බොහෝ වේලාවක් උයනේම ගත කළා. දිගින් දිගටම මද්‍ය පානය කළා. සවස් වෙද්දී රජතුමා පැමිණ කෙළින්ම සිරියහන් ගබඩාවට ගොස් පුත් කුමරා සිහි නොකොට නින්දට බැස ගත්තා. දෙවෙනි දවසේ සුවඳ පැන් ස්නානය කොට ආහාර අනුභව කරන වේලෙහි පුත් කුමරාව සිහි වුණා.

“ඇමතිවරුනි, කෝ.... කුමාරයා? ඊයෙ දවස පුරාම මට කුමාරයාව දකින්නට ලැබුණේ නෑ. වෙනදාට මාළිගය පුරා දුව පැන ඇවිදින හඬ ඇසෙනවා. අද කිසිවක් නොඇසේ. කුමාරයා වෙන තැනක සෙල්ලමෙන් කල් ගෙවනවා වත්ද? කමක් නෑ. ඉක්මනින් කුමාරයාව ගෙන එන්න. මගේ අතින්ම මගේ පුතුට බත් කවන්නට ඕන.”

ඇමතිවරු බිම බලාගත්තා. බිසවුන් වහන්සේ තිරයට මුවා වී කඳුළු වැකුණු මුහුණින් රජතුමා දෙස බලා සිටියා. සියලු දෙනා නිශ්ශබ්ද වුණා. මොහොතකට මුළු

මාළිගාවම ගොළු වී ගිය බවක් දිස්වුණා. ආයෙමත් රජතුමා කතා කළා.

"මොකෝ මේ....? ඇයි? කුමාරයා කොහේවත් ගියාද? මොකද නිශ්ශබ්ද?"

සියල්ලන්ටම මෙම ශෝකජනක ප්‍රවෘත්තිය හදවතෙහි දරා සිටින්නට බැරිව ගියා. එසැණින්ම සියලු දෙනා හඬා වැටුණා. බිසවුන් වහන්සේ පැමිණ රජතුමා පාමුල වැටී වැළපෙන්න පටන් ගත්තා.

රජතුමා අන්දමන්ද වුණා. නෙත් විදහාගෙන වටපිට බැලුවා. තැති ගත්තා. කිසිවක් තේරුණේ නෑ.

"ඇයි මේ? ඇයි මේ වැළපෙන්නේ? මොකද වුණේ? ඔව්... කියන්න. මොකද වුණේ?"

"දේවයන් වහන්ස, අපේ රත්තරන් පුත් කුමරා ඊයේ අභාවයට පත් වුණා. අපට උහුලගන්න බෑ. සිත් වේදනයි. ඔබවහන්සේ අපේ පුත් කුමරාට දක්වූ අසීමිත ආදරය නිසා එකවරම මේ කාරණය අපි කිව්වෙ නෑ. පුත් කුමරා මිය ගියා. ඊයේම ආදාහන කටයුතු කළා. අනේ දෙවියනේ.... මෙවැනි දෙයක් අපි කොහොමද ඉවසන්නේ? ඔබවහන්සේට මෙය උසුලන්නට නොහැකි වුවහොත් කරදරයකට පත්වේවි යන අදහසිනුයි මෙතෙක් වේලා නොකියා සිටියේ. ඔබවහන්සේට ඇති ආදරය නිසාමයි අපි නොකියා සිටියේ."

රජතුමා දෑස පියා ගත්තා. හිත හදාගන්නට මහන්සි ගත්තා. හදවත පැළී යන තරම් දරුණු වූ දරු ශෝකයක් ඉස්මතු වෙවී ආවා. සම්, මස්, නහර, ඇට, ඇටමිදුළු රිදුම්කන වේදනාවක් පැනනැංගා. රජතුමා දැඩි ආයාසයකින් එය මැඬ ගත්තා. රජතුමා ශෝකය මඬින්නට

වෙර වඩද්දී ඇඟ මවිල් කෙලින් වී යන අයුරු හැමෝම බලා සිටියා. රජතුමා ඇස් ඇරියේ නෑ. බොහෝ වේලාවක් ඒ ඉරියව්වේම සිටියා.

ජීවිතය යනු ඇති වී නැති වී යන දෙයක් බව තේරුම් ගන්නට රජතුමා මහන්සි ගත්තා. ක්‍රමක්‍රමයෙන් වේදනාව තුනී වී ගියා. ශෝකය අඩු වී ගියා. කායික මානසික අපහසුතා සංසිඳී ගියා. සිත එකඟ වී ගියා. රජතුමාට හිතෙන්නට පටන් ගත්තා,

"ඔව්. මරණයට පත්වීම උපන් මොහොතේ සිටම තියෙන එකක්. මෙය ධර්මතාවයක්. උපන් සත්වයාට මෙයින් මිදෙන්නට පිළිවෙලක් නෑ. ඉපදීම ඇති කල්හි ජරා මරණ තියෙනවාමයි. උපදින්නේ මක් නිසාද? උපන් සත්වයා තුළ පැහැදිලි විවිධත්වයක් තියෙනවා. මේ සත්වයා ඉපිද සිටින්නේ ඒකාකාරී ලෙස නොවෙයි. මෙයට හේතුව තම තමා තුළ සකස් වූ කර්ම විපාකයන්ගේ වෙනස්කම බව පැහැදිලියි. භවය ඇති කල්හි ඉපදීම සිදුවේ. භවය හටගන්නේ මක් නිසාද? කෙනෙක් තුළ උපතක් පිණිස කර්ම සකස් වන්නේ යමකට සිරවී සිටි විටයි. උපාදානය ඇති විටයි. එසේ නම් උපාදානය ඇති කල්හි භවය ඇත. මේ අයුරින් 'මෙය ඇති කල්හි මෙය ඇත' යන ධර්මතාවයත්, 'මෙය උපදින විට මෙය උපදී' යන ධර්මතාවයත් වැටහෙන ආර්ය න්‍යාය රජතුමාට අවබෝධ වෙන්න පටන් ගත්තා.

එමෙන්ම හේතු ප්‍රත්‍යයන්ගෙන් හටගන්නා යම් දෙයක් ඇද්ද, ඒ හේතු නිරුද්ධ වීමෙන් ඒ පල ද නිරුද්ධ වී යන ස්වභාවයෙන් යුක්ත බව රජතුමාට අවබෝධ වුණා. 'මෙය නැති කල්හි මෙය නැත' යන ධර්මතාවයත්, 'මෙය නිරුද්ධ වන කල්හි මෙය නිරුද්ධ වේ' යන ධර්මතාවයත්

රජතුමාට අවබෝධ වුණා.

රජතුමා තුළ සමාධියත්, ප්‍රඥාවත් මැනැවින් වැඩී ගියා. ලොවෙහි පැවැත්ම තුළ තිබෙන්නේ ආස්වාදයට මුලා වී සිටීම නිසා, ආදීනව වැළඳගෙන සිටීම බව මැනැවින් පසක් වී ගියා. ආස්වාදයෙනුත් ආදීනවයෙනුත් නිදහස් වීම පිණිස අවබෝධයෙන්ම ඒවා අත්හළ යුතු බවත් රජතුමාට පසක් වුණා. අවබෝධයෙන්ම කළකිරීම ඇතිවුණා. විරාගය ඇතිවුණා. සියල්ලෙන් නිදහස් වී ගියා. නිකෙලෙස් වුණා. අරහත්වයට පත්වුණා. පසේබුදුරජාණන් වහන්සේ නමක් බවට පත්වුණා.

රජතුමා තුළ ඇති වූ මේ වෙනස එක්වරම හඳුනා ගන්නට කිසිවෙකුටත් බැරිවුණා. හැබැයි, රජතුමා ශෝකය සංසිඳුවා ගත් බව හැමෝටම පැහැදිලි වුණා. සියලු දෙනා පුදුම වුණා. අසීමිත දරු සෙනෙහසකින් වෙළී සිටි රජතුමා අතිශයින්ම දක්ෂ අයුරින් ශෝක හුල ඉවත් කරගත් අයුරු දකින විට පුදුම නොවී සිටින්නේ කොහොමද? ඉතාමත් ශාන්ත ඉරියව්වකට පත්වුණා. මුහුණේ තිබූ ශෝකාකූල බව නැත්තටම නැතිවුණා. සංසුන් වුණා. තැන්පත් වුණා.

භික්ෂූන් වහන්සේ ආදරයෙන් රජතුමාව ඇමතුවා.

"අපගේ පින්වත් මහරජ්ජුරුවන් වහන්ස, ජීවිතය ඔහොම තමයි. අපි කොතරම් ආදරය කළත් වෙනස් වී යන දෙය, වෙනස් වී යනවා මයි. මේ බරණැස් නගරයේ කොතරම් පොඩි දරුවන් මිය යනවාද? අපේ පුතුටත් සිදුවූයේ ඒ දේම නොවේද? එනිසා රජතුමනි, ඒ ගැන මුසුප්පු නොවී වැඩවසන සේක්වා! ඔබවහන්සේගේ සිත් වේදනා සංසිඳවීම පිණිස අපි සියලු දෙනාම හැම කැපවීමක්ම කරන්නෙමු."

"පින්වත් නැගණිය, වෙනස් වන සියල්ල වෙනස් වී යාම ධර්මතාවයක්. ඒ ලෝක ස්වභාවයක්. ලෝක ස්වභාවයට අයත් දේ ආශාවෙන් පිළිඅරගෙන දුක් විඳින්නේ අපමයි. මට වැටහුණා. හොඳින්ම වැටහුණා. මේ ලෝක ස්වභාවයෙන් මං දැන් නිදහස්."

බිසවුන් වහන්සේ බියට පත්වුණා. නෙත් විදහාගත්තා. කඳුළු පුරවා ගත්තා. මුව අයා ගත්තා. වටපිට බැලුවා. ඇය තුළ ඒ වෙනස ඇතිවුණේ මක්නිසාද යන්න තේරුම් ගැනීමට ඇමතිවරුන්ට වැඩි වෙලාවක් ගියේ නෑ. ඇමතිවරු ඉදිරිපත් වුණා.

"පින්වත් රජ්ජුරුවන් වහන්ස, මේ ඉන්නේ නැගණියක් නොවෙයි. ඔබවහන්සේගේ බිසවුන් වහන්සේය. පින්වත් රජ්ජුරුවන් වහන්ස, සිහිය උපදවා ගන්නා සේක්වා!"

"පින්වත, මා තවදුරටත් රජෙක් නොවෙයි. මට මේ සියල්ල අකැපයි. මගේ ලෝකයට මේ කිසිවක් අයිති නැහැ. මගේ ලෝකයට අයත් එක දෙයක් තියෙනවා. එනම් මේ සියල්ලෙන් අත්මිදී ගිය බවයි. නිදහස් වී ගිය බවයි. විමුක්තියට පත් වූ බවයි. දුක ශෝකය, වේදනාව, වැළපීම, බිය, තැතිගැනීම, කම්පාව, කඳුළු සැළීම යන සියල්ලෙන් මං දැන් නිදහස්. ඒවා මට අයිති නෑ. ආදරය, සෙනෙහස, ළබැඳියාව ආදී කිසිවක් මට අයිති නෑ. ඇලෙන, ගැටෙන කිසිවක් මා සිතේ නොරැඳේ."

"දේවයන් වහන්ස, ඔබවහන්සේ කතා කරන්නේ මුනිවරයෙකුගේ දෙයක් මිස රජෙකුගේ දෙයක් නොවෙයි. ඊයේ උද්‍යාන ක්‍රීඩාවට ගොස් ඔබවහන්සේ ඇතිපදම් මධුවිත පානය කළා. සිහි නුවණින් තොරව සිටියා. අද

දරු ශෝකයෙන් ඔබවහන්සේගේ හදවත දෙදරා ගියා. ඒ මොහොතේම ඔබවහන්සේ මුනිවරයෙකුගේ බස් තෙපළන්නේ කෙසේදැයි අපි නොදනිමු."

"පින්වත, ඇත්ත! ඒ සියල්ලම ඇත්ත. ඊයේ සිදු වූ දෙය අතීතයට ගියා. අද සිදු වූ දෙයත් අතීතයට ගියා. නමුත් මුනිවරයෙකුගේ බස් තෙපළන මා තුළ යම් වෙනසක් ඇද්ද, එය මට තවමත් දැනෙනවා. එය විස්තර කරන්නට මම නොදනිමි. නමුත් එක් දෙයක් දනිමි. මා තුළ කිසි කලබලයක් නැහැ. නොවැටහීමක් නැහැ. සිහි මුලාවීමක් නැහැ. මෝහයක් නැහැ. වෙනස් වන ලෝකය හොඳින් හඳුනාගෙනයි මා ඉන්නේ. මා කම්පා නොවී සිටින්නේ සිහි මුලාව නොව, සිහි නුවණ වැඩීම නිසාමය."

"දේවයන් වහන්ස, සිහි නුවණ වැඩී ගොස් විමුක්තිය කරා යන්නේ ශ්‍රමණයන් වහන්සේලායි. පච්චේකබුද්ධ නමින් උන්වහන්සේලා ප්‍රසිද්ධයි. උන්වහන්සේලා කෙස් රැවුල් බහා, කසාවත් දරා, පාත්‍රා අතැතිවයි සිටින්නේ. දේවයන් වහන්ස, ඔබවහන්සේ එයට වෙනස් බව දන්නා සේක්වා!"

එවිට රාජ වේශයේ සිටි පසේබුදුරජාණන් වහන්සේ අතින් හිස පිරිමැද්දා. සළු පිළි දෙස බැලුවා. සැණෙකින් කෙස් රැවුල් අතුරුදහන් වුණා. රාජකීය වස්ත්‍ර අතුරුදහන් වුණා. කසාවත් පෙරැවුණා. පාත්‍රයක් අත රැඳුණා. උන්වහන්සේ මිහිරි ස්වරයෙන් මෙම ගාථාව වදාළා.

ඛිඩ්ඩා රතී හෝති සහාය මජ්ඣෙ
පුත්තේසු ච විපුලං හෝති පේමං
පියවිප්පයෝගඤ්ච ජිගුච්ඡමානෝ
ඒකෝ චරේ ඛග්ගවිසාණ කප්පෝ

"යහළු මිත්‍රයන් අතර සිටිද්දී කෙළි සෙල්ලම්වලටයි සිත ඇදී යන්නේ. කාම සැපයටමයි සිත ඇදී යන්නේ. දරුවන්ට මැදි වී සිටිද්දී දාරක ප්‍රේමයමයි බලවත් වී යන්නේ. ඒ හේතුවෙන් තමන්ට ප්‍රිය වන දේ අහිමි වී ගිය විට සෝක හුලෙන් පහර කන්නට වෙනවා. මං එයට කැමති නැහැ. මට එය පිළිකුල්. ඇත්තෙන්ම මං හැසිරෙන්නේ හුදෙකලාවේමයි. කඟවේනෙකුගේ හිස මත තියෙන තනි අඟක් වගෙයි."

සාදු! සාදු!! සාදු!!!

8.

අසිරිමත් පසේබුදු පෙළහර

පතුරන සිව් දිසාවට මෙත් ගුණය නිති
ලද යම් කිසිවකින් තුටුවන සිත පැවති
සියලු කරදර මැද - තැති ගැනීමක් නැතිවම
හුදෙකලාවෙම දිවි ගෙවයි හේ
තනි අඟකින් යුතු කඟවේණෙකු සේ ....

අපගේ ශාස්තෘන් වහන්සේ පසේබුදුවරයන් වහන්සේලා පිළිබඳව කරනු ලබන අතිශයින්ම දුර්ලභ චරිතාපදානයන් ගැන සිත පහදවාගැනීමෙන් පවා අපට පින් රැස් කරගන්නට පුළුවනි. බුදුවරයන් වහන්සේලා ගැන, පසේබුදුවරයන් වහන්සේලා ගැන, රහතන් වහන්සේලා ගැන සිත පහදවා ගන්නට හැකි ආකාරයට නුවණ මෙහෙය වීමට අප දක්ෂ විය යුතුය. එය සැබැවින්ම අපගේ සසර ගමනට මහෝපකාරී වනු ඇත.

මෙම කථාවේ සඳහන් වන්නේ ද පසේබුදුවරයන් වහන්සේ නමකගේ විස්තරයයි. ඛග්ගවිසාණ ගාථා දේශනාවට අයත් අටවන ගාථාවෙහි සඳහන් වෙන පසේබුදුවරයන් වහන්සේගේ ප්‍රවෘත්තියයි අප දැන් දැනගන්නේ.

මේ මහා භද්‍ර කල්පයෙහි තුන්වැනිව පහළ වූයේ කාශ්‍යප නම් සම්මා සම්බුදුරජාණන් වහන්සේය. එකල මිනිසුන්ගේ ආයුෂ වසර විසිදහසක්ව තිබුණා. බොහෝ පිනැතියන් කසුප් බුදු සසුනෙහි පැවිදිව සරණ සිල්හි පිහිටා පින් රැස් කරගත්තා. එක්තරා යහළුවන් පස් දෙනෙක් ද කසුප් බුදු සසුනෙහි පැවිදි වුණා. ඉතාමත් ආදර ගෞරවයෙන් යුතුව කාශ්‍යප බුදුරජාණන් වහන්සේව සරණ ගියා. ශ්‍රී සද්ධර්මයත් සරණ ගියා. ශ්‍රාවක සඟරුවනත් සරණ ගියා. සීල සම්පත්තියෙහි පිහිටියා. පිළිවෙත් පිරුවා. නමුත් මේ පින්වත් ස්වාමීන් වහන්සේලා නිවන් අවබෝධ කරන්නේ පච්චේකබෝධියෙන් බව උන්වහන්සේලා දැනසිටියේ නැහැ. ප්‍රාර්ථනාවන්ට සීමා කොට වාසය කළේ නෑ. අද අදම චතුරාර්ය සත්‍යය අවබෝධ කරගත යුතුයි යන අවංක අදහසින් මහණ දම් පිරුවා. ගතපච්චාගත වතත් පිරුවා.

නමුත් උන්වහන්සේලාට ඒ ජීවිතයේදී මාර්ගඵලාවබෝධයක් ඇති කරගන්නට බැරිවුණා. විසිදහසක් අවුරුදු මහණදම් පුරද්දී පවා මාර්ගඵලාවබෝධයක් නොලැබී යාම පිළිබඳව උන්වහන්සේලා පසුතැවුණේ නෑ. ඉතාමත් සතුටින් සරණ සිල් ආරක්ෂා කළා. ධර්මයේ හැසිරුණා. ධර්මාවබෝධ කිරීමේ අදහස වෙනස් කරගත්තේ නෑ. එනිසාම උන්වහන්සේලා තුළ සසරේ රැස් කරගෙන ආ පුණ්‍ය ධර්මයන් බලවත්ව මෝරා ගියා. එසේ බලවත් වූ පුණ්‍යානුභාවයෙන් යුතුව දෙව්ලොව උපන්නා.

වසර දහස් ගණනක් දිව්‍ය සැප විඳිමින් දෙව්ලොව වාසය කළා. අපගේ ශාස්තෘන් වහන්සේ වන ගෞතම බුදුරජුන්ගේ ශාසනය පහළ වෙන්නට පෙර පසේබුදුවරුන්ගේ යුගයක් ඇතිවුණා. ඒ යුගයේදී අර

දෙව්ලොව උපන් දිව්‍ය පුත්‍රයන් පස්දෙනා දෙව්ලොවින් චුත වුණා. ජ්‍යෙෂ්ඨ දිව්‍යපුත්‍රයා බරණැස් රජපවුලේ උපන්නා. අනෙක් දිව්‍යපුත්‍රවරුන් ප්‍රාදේශීය රජපවුල්වල උපන්නා.

සසරේ රැස් කළ පිනට අනුව ප්‍රාදේශීය රජ පවුල්වල උපන් රාජකුමාරවරුන් යහළුවන් බවට පත්වුණා. මේ යහළු රජවරුන් හතර දෙනා කැමති වූයේ රාජ්‍ය උත්සව, ප්‍රිය සම්භාෂණ, මධුපානෝත්සව ආදී කාමරතියෙහි ඇලීම නොව, හුදෙකලා පරිසරයට ආසා කිරීමයි. මොවුන් සිත්කලු උද්‍යාන බලන්න යනවා. වනාන්තර බලන්න යනවා. ගල්තලාවල වාඩි වී ඉන්නවා. මොවුන් තුළ ක්‍රමක්‍රමයෙන් රාජ සැපයෙහි ඇල්ම අඩුවුණා. බණභාවනාවට යොමු වුණා. දැන් මේ හතර දෙනාම වරින් වර එකතු වෙන්නේ භාවනා කිරීමටයි. තම තමන්ගේ මාළිගාවන්හි උඩුමහලට යන මේ රජවරු දිගටම භාවනා කරන්න පටන් ගත්තා. පුණ්‍ය මහිමය නිසා කිසි අපහසුවකින් තොරව චිත්ත සමාධිය වැඩුණා. ප්‍රඥාවත් වැඩුණා. සමථ විදර්ශනා භාවනාවන් මුහුකුරා ගියා. හතර දෙනා වෙන වෙනම හුදෙකලාවේම චතුරාර්ය සත්‍යය අවබෝධ කළා. නිකෙලෙස් බවට පත්වුණා. පසේබුදුවරයන් වහන්සේලා බවට පත්වුණා.

මේ පසේබුදුවරයන් වහන්සේලා සිව්නම හිමාලයෙහි නන්දමූලක පර්වතයට වැඩියා. එහි ගුහාවල සමවත් සුවයෙන් කල් ගෙව්වා. දිනක් මුන්වහන්සේලා තම තමන් පැමිණි සසර ගමනේදී කරන ලද පින් මෙනෙහි කළා. එසේ අතීත භවයන් මෙනෙහි කරන විට කසුප් බුදු සසුනෙහි මිතුරන් පස් දෙනෙක්ව එකට මහණදම් පිරූ අයුරු දැනගන්නට පුළුවන් වුණා. දැන් හතර දෙනෙක් එක් වී සිටිනවා. පස්වැනියා ඉන්නේ කොහේදැයි විමසා බැලුවා.

ඔහු තමා සියල්ලන්ගෙන්ම ජ්‍යෙෂ්ඨයාව සිටියේ. දැන් ඔහු බරණැස් නුවර රජ බවට පත් වී දැහැමින් රජ කරනවා.

බරණැස් නුවර රජතුමාට මෑතක සිට බලවත් ප්‍රශ්නයක් ඇති වුණා. එනම් රාත්‍රී මධ්‍යම යාමයේ තුන්වරක්ම බියට පත් වී අවදි වීමයි. එවිට මේ රජතුමා නින්දෙන් කෑ ගසනවා. ඇතැම් විට උඩුමහලට දුවගෙන යනවා. රජතුමා මේ හේතුවෙන් බලවත් පීඩාවක් වින්දා. හිතට කිසි සතුටක් තිබුණේ නෑ. නමුත් කාටවත් කියන්න විදිහකුත් නෑ. හිතේ තෙරපා ගෙන හිටියා. සුවදායක නින්දක් නොමැති නිසා රජතුමාගේ මුහුණේ වෙනසක් ඇතිවුණා. මෙය පුරෝහිත බ්‍රාහ්මණයා දැක්කා.

"පින්වත් රජ්ජුරුවන් වහන්ස, දැන් දින කිහිපයක් තිස්සේ මං ඔබවහන්සේගේ මුව මඬලෙහි ඉරියව් පිරික්සා බැලුවා. එයට හේතු වුණේ වෙනදා තිබුණු ප්‍රීතිමත් සැපදායක සෝභාසම්පන්න බව නැති වී ඇති බව මට පෙනී ගිය නිසා. ඔබවහන්සේගේ මුව මඬලෙහි කිසියම් වෙහෙසකර බවක් පෙන්නුම් කරනවා.

පින්වත් රජ්ජුරුවන් වහන්ස, ඔබවහන්සේට කිසියම් චිත්ත පීඩාවක් තිබෙනවාද? වේදනාකාරී කරුණක් තිබෙනවාද? ඔබවහන්සේ සුවසේ සැතපෙන සේක්ද?"

"ආචාර්යපාදයෙනි, මා මෙතෙක් සඟවා ගෙන සිටි කරුණක් ඔබ සොයා ගත්තා. ඔබගේ ප්‍රකාශයෙහි කිසියම් සත්‍යයක් තිබේ. මා හට දැන් කලක් තිස්සේ සුව නින්දක් නෑ. රාත්‍රී මධ්‍යම යාමයෙහි කිසියම් අද්භූත බියජනක දෙයකින් තුන් වතාවක් අවදි වෙනවා. ඇතැම් විට මට කෑ ගැසෙනවා. ඇතැම් අවස්ථාවන්හීදී මා උඩුමහලට දුව යනවා. මෙය කිසියම් රෝගයක් දැයි මට නොවැටහේ."

එතකොට පුරෝහිත බ්‍රාහ්මණයා නළල රැළි නංවා ගත්තා. තඹවන් රැවුල අතින් පිරිමදින්නට පටන් ගත්තා. උගුරේ රැල් බුරුල් හරින්නට පටන් ගත්තා.

"රජ්ජුරුවන් වහන්ස, මේ ගැන කල්පනා නොකරන සේක්වා! මා අපගේ වේද ශාස්ත්‍රය අනුව සිදු වී ඇති කාරණාව වහා සොයා ගන්නම්. ඇතැම් විට බලවත් ග්‍රහ කෝපයක් වෙන්නට පුළුවනි. ඒරාෂ්ටකයක් වෙන්නට පුළුවනි. සමහර විට බලවත් ග්‍රහ මාරුවක් නිසා ඇති වූ දරුණු දෙයක් වෙන්නටත් පුළුවනි. කෙසේවෙතත් මේ සියල්ලේ සත්‍ය ස්වභාවයත්, මෙයට කළ යුතු නොවරදින ප්‍රතිකාරත් ඔබවහන්සේට මා හෙට දවස තුළම දනුම් දෙන්නම්."

පුරෝහිත බ්‍රාහ්මණයාට කිසි කරුණක් සොයා ගන්නට නොහැකි වුණා. ඔහු සිතුවේ බොහෝ වියදම් කොට සතුන් මරා මහා යාගයක් කළ විට රජතුමාගේ ප්‍රශ්නය විසඳෙන බවයි. ඔහු පසුවදාම රාජ මාළිගයට ගොස් රජතුමාට සැළ කළා.

"පින්වත් රජ්ජුරුවන් වහන්ස, මා ඊයේ කළ ප්‍රකාශය අනුව කරුණු සොයා බැලුවා. ඔබවහන්සේගේ ජීවිතයට බලවත් අන්තරායක් තියෙනවා. ඔබවහන්සේගේ රාජ්‍යයට බලවත් අන්තරායක් තියෙනවා. මෙය විසඳීම පිණිස සුභ නැකතක් බලා යාගයක් කළ යුතුයි."

"ආචාර්යපාදයන් වහන්ස, ඉතා මැනැවි. ඉතා මැනැවි. කෙසේ හෝ මා මේ ප්‍රශ්නයෙන් නිදහස් විය යුතුයි. ඒ සඳහා ඔබ කරන ඕනෑම යාගයකට මා සූදානම්."

"එසේ නම් රජ්ජුරුවන් වහන්ස, මෙතෙක් ගණනක් ඇතුන් මට ලැබේවා. අසුන් මට ලැබේවා. ගවයින් මට

ලැබේවා. එළුවන්, බැටළුවන්, ඌරන්, කුකුලන් මට ලැබේවා. මෙතෙක් පමණට රන්, රිදී, මාණික්‍යය මට ලැබේවා. මා ඔබවහන්සේට සදාකාලික රැකවරණය ඇති උදාර වූ යාගයක් කොට සෙත් පතන්නම්."

දැන් යාගය පිණිස සියලු කටයුතු ලහි ලහියේ සූදානම් වෙනවා. අතිවිශේෂ වූ සුභ මුහුර්තියකින් රාජාංග නයෙහි යාග කණුව සිටෙව්වා. සිය ගණන් සතුන් යාගය පිණිස එක් රැස් කරන්න පටන් ගත්තා. රාජාංගනය පුරා සතුන්ගේ හඬින් ඒක නින්නාද වී ගියා. බවුන් වඩමින් සිටි පසේබුදුවරයන් වහන්සේලා තමා සමඟ පිළිවෙත් පිරූ තම වැඩිමහළු ශ්‍රමණයන් වහන්සේ දැන් රජෙක් වී කරගන්නට යන විපත දුටුවා.

"අහෝ! අපගේ සහෝදර වූ බරණැස් රජතුමා සත්ව ඝාතනය කොට මහා යාගයකට සූදානම් වෙනවා. මේ අනතුර සිදුවුවහොත් මොහුටත් විමුක්ති සාධනය පිණිස ඇති වාසනාවට බාධා වෙන්නට පුළුවනි. එයට පෙර ඔහු රැක ගත යුතුයි."

එදා රජතුමා සීමැදුරු කවුළුවෙන් යාගය පිණිස කටයුතු සූදානම් වන අයුරු බලමින් සිටියා. එවේලෙහි රාජාංගනයෙහි ශාන්ත ඉරියව්වෙන් යුතුව පාත්‍රා අතැතිව පිඬු සිඟා වඩින ශ්‍රමණයන් වහන්සේලා සිව් නමක් දකින්නට ලැබුණා. උන්වහන්සේලා දුටු සැණින්ම රජුගේ සිතෙහි මහත් ස්නේහයක් හටගත්තා. ගෞරවාදරයක් හටගත්තා. විශ්වාසයක් හටගත්තා. රජතුමා උන්වහන්සේලාව මාළිග යට වඩම්මවා ගත්තා. ආසනවල වඩා හිඳුවා දානය පූජා කරගත්තා.

"පින්වත් ශ්‍රමණයන් වහන්ස, ඔබවහන්සේලාගේ

ඉරියව් ඉතාමත් ශාන්තයි. ඔබවහන්සේලාගේ ඇවතුම් පැවැතුම් ප්‍රියජනකයි. ඔබවහන්සේලාගේ සිතෙහි ඇති පිවිතුරු බව බාහිරටත් දැනෙනවා. පින්වත් ශ්‍රමණයන් වහන්ස, මං කැමතියි ඔබවහන්සේලාගේ නම් දැනගන්න."

"ප්‍රිය මහරජ්ජුරුවන් වහන්ස, අපි හතර දෙනාව 'සිව්දිසා' නමින් හැඳින්නුවාට කමක් නැහැ."

"සිව්දිසා....? ඇත්තෙන්ම ශ්‍රමණයන් වහන්ස, එහි තේරුම කුමක්ද?"

"ප්‍රිය මහරජ්ජුරුවන් වහන්ස, උතුර, නැගෙනහිර, දකුණ, බටහිර යන මේ සිව් දිශාව තුළ අපට භයක් හෝ තැතිගැනීමක් හෝ ඇතිවෙන කිසි කරුණක් නොපෙනෙන නිසයි සිව්දිශාව නමින් අපව හඳුන්වන්නේ."

"පින්වත් ශ්‍රමණයන් වහන්සේ සිව්දිශාව තුළ බිය තැතිගැනීම් ඇති නොවන්න හේතුව කුමක්ද?"

"ප්‍රිය මහරජ්ජුරුවන් වහන්ස, අපි මෛත්‍රී භාවනාව කරනවා. කරුණා භාවනාවත් කරනවා. අනුන්ගේ සැපයෙහි සතුටු වීම නම් මුදිතා භාවනාවත් කරනවා. ලෝක සත්වයා තම තමන්ගේ කර්මානුරූපව උපත ලැබූ බව සිහි කොට උපේක්ෂා භාවනාවත් කරනවා. මේ නිසයි අපට කිසි දිශාවකින් භයක් හට නොගන්නේ."

මෙසේ පැවසූ පසේබුදුවරයන් වහන්සේලා සිව්නම ආපසු වැඩියා. රජතුමාගේ සිතේ මේ මෙත් සිත පැතිරවීම ගැන ඇසූ කරුණු දෝංකාර දුන්නා. රැව් පිළිරැව් දුන්නා. රජතුමා කල්පනා කරන්න පටන් ගත්තා.

"ඇත්ත. මේ ශ්‍රමණයන් වහන්සේලා පැවසූ කරුණේ ඉතාමත්ම සාධාරණ පදනමක් තියෙනවා. අප තුළ

මෛත්‍රිය, කරුණා, මුදිතා, උපේක්ෂා යන භාව ගුණයන් වැඩී තියෙනවා නම් කිසි කෙනෙකුට භයක් හටගන්නේ නැහැ නෙව. දැන් මේ සතුන් මරණ බියෙන් තැති ගෙන හඬ නගනවා. වැළපෙනවා. බොහෝ දෙනෙක් දඬුවමට බියෙන් කඳුළු වැකුණු මුහුණින් යුතුවයි යාගය උදෙසා සේවය කරන්නේ. හැමෝගෙම සිත් තුළ තියෙන්නේ භයක්. තැති ගැනීමක්. මගේ ප්‍රශ්නයට විසඳුමක් හැටියට පුරෝහිත බ්‍රාහ්මණතුමා පැවසුවේ සතුන් මරා බිලි පූජා කොට යාගයක් කළ යුතු බවයි. මේ බිලි පූජාව නම් මෛත්‍රියෙන් යුක්තව කළ හැකි දෙයක් නොවෙයි.

බලාගෙන ගියාම සත්‍යය ප්‍රකාශ වුණේ අර ශ්‍රමණයන් වහන්සේලාගෙන් විතරයි. පිරිසිදු බවක් සෙවිය යුත්තේ පිරිසිදු බවක් තුළින්මයි. වේදයේ උගන්වන පිළිවෙලට නම් පිරිසිදු බව සොයාගත යුත්තේ අපිරිසිදු බව තුළිනුයි. නමුත් අපිරිසිදු බවකින් පිරිසිදු බවක් ලැබෙන්න කිසිදු පිළිවෙලක් නැහැ. ඒ නිසා මමත් මෙත් සිත වඩන්න ඕන. වෛර, තරහ, පළිගැනීම ආදියෙන් ඉවත් වෙන්න ඕන. අනුන්ගේ දුක දැක උණුවෙන හදවතක් ඇති කරගන්න ඕන. හැම දෙනාගේම සැපය ඔවුන් ළඟ නිරතුරුව පවතීවා කියන මුදිතාව ඇති කරගන්න ඕන. මධ්‍යස්ථ භාවය ඇති කරගන්න ඕන."

ඉතින් රජතුමා බ්‍රහ්මවිහාර භාවනාවන් වඩන්න පටන් ගත්තා. ටිකෙන් ටික රජතුමාගේ සිත තුළ අර සතුන් කෙරෙහි මහත් දයානුකම්පාවක් ඇතිවුණා. සෙනෙහසක් ඇතිවුණා. පුරෝහිත බ්‍රාහ්මණයා කෙරෙහිත් අනුකම්පාවක් ඇතිවුණා. ඔහු කළේ වේදයේ සඳහන් අන්ධ විශ්වාසයෙන් ප්‍රකාශ කිරීම පමණයි. ඔහුට පවා මේ ගැන අවබෝධයක් තිබුණේ නෑ. හැමදෙනා කෙරෙහිම රජතුමාගේ සිතේ

අනුකම්පාව හටගත්තා. පුරෝහිත බ්‍රාහ්මණයා කැඳෙව්වා.

"භවත් ආචාර්යපාදයෙනි, සැබෑ යාගය කුමක්දැයි මට දැන් වැටහේ. මා මේ සතුන් කෙරෙහි හොඳින් බලා සිටියා. ඔවුන් බියට පත් වී සිටිනවා. තැතිගැනීමට පත් වී සිටිනවා. මරණ භයෙන් මළ මුත්‍රා පහවෙමින් තියෙනවා. වෙව්ලා සිටිනවා. යාගයට උදව් වෙන කිසිවෙක් තුළ ප්‍රීති චිත්තයක් දකින්නට නොලැබේ. එනිසා ආචාර්යපාදයෙනි, මා අලුත්ම යාගයක් සොයා ගත්තා. ඒ යාගය ඔබටත්, මටත්, අපි හැමෝටමත් බොහෝ කල් හිතසුව පිණිස පවතිනවා.

එනිසා භවත් ආචාර්යපාදයෙනි, යාගය වෙනුවෙන් ඔබට ගෙවිය යුතු යම් මුදලක් ඇද්ද, මා ඒ මුදල ගෙවීම පිණිස අණ කළා. මං අලුත්ම යාගයක් කරනවා. මේ සියලු සතුන් මං නිදහස් කොට යවනවා. මේ සියලු සත්වයෝ සුවසේ නිල් තණ බුදිත්වා! සිහිල් පැන් පානය කොට පවස නිවා ගනිත්වා! මේ සතුන්ගේ සිරුරු කරා සිහිලැල් පවන් වැදගනිත්වා!"

රජතුමාගේ මේ තීරණය නිසා සියලු දෙනාම සතුටට පත් වුණා. දෙවියනුත් සතුටට පත් වුණා. රජතුමා උඩුමහල් තලයේ සිට භාවනාව දියුණු කළා. ටිකෙන් ටික සමාධිය බලවත් වුණා. ධ්‍යාන උපදවා ගත්තා. අර සතුන් විඳි පීඩාව මතක් වෙද්දී රජතුමා නුවණින් කල්පනා කළා. මේ සියලු දෙයට හේතුව ඉපදීමයි. ඉපදීම නිසාමයි මෙම ඇස, කණ, නාසය, දිව, කය, මනස ලැබුණේ. මේවා නිසාමයි ජරා, මරණ, ශෝක, වැළපීම්, දුක්, දොම්නස්, සුසුම් හෙළීම් හටගන්නේ. මෙවැනි උපතක් ලැබුවේ මක් නිසාද? මේ අයුරින් නුවණින් විමසමින් යද්දී රජතුමාට පටිච්චසමුප්පාදය වැටහෙන්න පටන් ගත්තා.

එය හටගන්නා ආකාරයත්, නිරුද්ධ වී යන ආකාරයත් වැටහෙන්න පටන් ගත්තා. චතුරාර්ය සත්‍යය අවබෝධ වෙන්න පටන් ගත්තා. රජතුමාට හේතුඵල දහමින් හටගත් සියල්ලේ ඇති අසාරත්වය වැටහුණා. එහි නොඇල්ම ඇතිවුණා. ඒ සියල්ලෙන් නිදහස් වුණා. අරහත්වයට පත්වුණා. පසේබුද්ධත්වයට පත්වුණා.

දහවල් භෝජන වෙලාව පැමිණුණා. රාජභෝජන පිළියෙල කළ ඇමතිවරු විසින් රජතුමාට ඒ බව දැනුම් දුන්නා.

"මහරජ්ජුරුවන් වහන්ස, දැන් බොජුන් වළඳන වෙලාවයි."

"පින්වත්නි, මම රජකෙනෙක් නෙවෙමි. රජෙක් තුළ තිබිය යුතු කිසිදු කල්පනාවක් දැන් මා තුළ නැහැ. මට මේ සියලු සතුන් කෙරෙහි මහත් අනුකම්පාවක් තියෙනවා. රාජකීය ජීවිතය හා බැඳුණු සියල්ලෙන්ම මා දැන් නිදහස් වෙලයි ඉන්නේ. මා ලැබූ අත්දැකීම් ගැන ඔබට විස්තර වශයෙන් පවසන්නට මට තේරෙන්නේ නැහැ. නමුත් යම් දෙයක් මට කියන්නට පුළුවනි. මා තුළ වචනයෙන් කිව නොහැකි අමුතු අලෞකික සතුටක් තියෙනවා. ඒ තුළ කිසි ඇලීමක් ගැටීමක් නැහැ. රැවටීමකුත් නැහැ. හැම දෙයින්ම නිදහස් වූ බවක් මං අත්විඳිනවා."

"මහරජ්ජුරුවන් වහන්ස, හරි අසිරිමත්! ඔබවහන්සේගේ මුවින් පිටවන්නේ රජ කෙනෙකුගේ කතාවක් නම් නොවෙයි. පච්චේකබුද්ධ නම් වූ ශ්‍රමණයන් වහන්සේලා ගැන අපි අසා තිබෙනවා. උන්වහන්සේලා කරුණු විස්තර කරන්නේ ඔය ආකාරයෙනුයි. ඉතින් ඔබවහන්සේ තුළ එවැනි පරිවර්තනයක් ඇතිවූයේ

කෙසේද? තවම ඔබවහන්සේ රජ කෙනෙක්! ඔබවහන්සේ කෙස් රැවුල් බා ගත්, කසාවත් පොරවා ගත්, ශ්‍රමණයෙක් නොවෙයි."

එතකොට රාජවේශයෙන් සිටි එතුමා හිස අතගා බැලුවා. වස්ත්‍ර දෙස බැලුවා. එසැණින්ම ඒ කෙස් රැවුල් නොපෙනී ගියා. රාජකීය වස්ත්‍ර වෙනුවට කසාවත් ඇඟ දැවටුණා. පාත්‍රයක් අතට ලැබුණා. එවිට ඇමතිවරු වැඳ වැටුණා.

"අනේ ඔබවහන්සේ අප අත්හැර වඩිනා සේක්ද?"

එවිට පසේබුදුවරයන් වහන්සේ මෙම ගාථාව වදාළා.

චාතුද්දිසෝ අප්පටිඝෝ ච හෝති
සන්තුස්සමානෝ ඉතරීතරේන
පරිස්සයානං සහිතා අඡම්හී
ඒකෝ චරේ ඛග්ගවිසාණ කප්පෝ

"සතර දිශාවටම මා මෙත් සිත පතුරුවන නිසා කිසිම ගැටීමක් කොහෙන්වත් ඇතිවන්නේ නෑ. මා තුළ මෙත් සිත පැතිරවීම නිසා හටගත් විරාගී සතුටක් තියෙනවා. මට ලැබෙන ඕනෑම දේකින් යැපෙන්න පුළුවනි. මගේ සිත කය වචනය යන තිදොරින් භයක් හටගන්නේ නෑ. තැති ගැනීමක් හටගන්නෙ නෑ. බාහිර අරමුණු තුළිනුත් දැන් මා තුළ භයක්, තැතිගැනීමක් හටගන්නෙ නෑ. ඇත්තෙන්ම මං හැසිරෙන්නේ හුදෙකලාවේමයි. කඟවේනෙකුගේ හිස මත තියෙන තනි අඟක් වගෙයි."

සාදු! සාදු!! සාදු!!!

9.

අසිරිමත් පසේබුදු පෙළහර

දුෂ්කරය සලකන්නට - සමහර පැවිද්දන් හට
එලෙසය ඇතැම් ගිහියොත් - ගෙවල්වල ගත කරනා
අනුන්ගේ දරුවන් ගැන - තම හිතට බර නොම ගෙන
හුදෙකලාවෙම දිවි ගෙවයි හේ
තනි අඟකින් යුතු කඟවේණෙකු සේ ....

අපගේ ශාස්තෘන් වහන්සේ අනඳ මහතෙරුන් වහන්සේට පසේබුදුවරයන් වහන්සේලා ගැන වදාළ තොරතුරුවලදී මෙකරුණ සඳහන්ව තිබෙන්නේ ඛග්ගවිසාණ සූත්‍රයෙහි නව වෙනි ගාථාව ලෙසයි. සම්මා සම්බුදුවරුන් පරිද්දෙන් අන් අයට චතුරාර්ය සත්‍යය අවබෝධ වන ආකාරයෙන් විවිධ විචිත්‍ර වූ මධුර මනෝහර දම්දෙසුම් පැවැත්වීමේ හැකියාවක් පසේබුදුවරුන්ට නැත. නමුත් උන්වහන්සේලා හුදෙකලාවේම ආර්ය සත්‍ය අවබෝධ කරන සේක. අමා නිවන් සුව අත්විඳින සේක.

පසේබුදුවරුන්ගේ යුගයේදී සිය ගණන් පසේබුදුවරු පහළ වන බව ඉසිගිලි සූත්‍රය දෙස බැලීමෙන් පැහැදිලි වේ. බොහෝ විට බරණැස් නුවර ඇසුරු කොට පසේබුදුවරු පහළ වෙන බවකුයි දේශනා තුළින් පෙනෙන්නේ. බරණැස

සමීපයෙහි වූ ඉසිපතනය යන නාමය පවා පසේබුදුවරුන් පිළිබඳ කිසියම් ඉඟියක් කරයි. ඉසිපතනය මිගදායකි. එනම් මුවන්ගේ අභය භූමියකි. එම භූමිය තුළ සතුන් දඩයම් කිරීම සපුරා තහනම්ය. එනිසා මිගදාය යැයි කියනු ලැබේ. ඉසිපතන යනු ඍෂිවරුන් අහසින් එම භූමියට පැමිණෙන තැනයි. මෙහිලා ඍෂිවරුන් යනුවෙන් අදහස් කෙරෙන්නේ පසේබුදුවරයන් වහන්සේලා ගැනය. ඍෂි යන වචනය ජම්බුද්වීපයට අලුත් වචනයක් නොවේ. ඉසිගිලි සූත්‍රයෙහිදී බුදුරජාණන් වහන්සේ වදාළේ එම පර්වතයට ඉසිගිලි යන නාමය ලැබුණේ අන්වර්ථ ලෙසිනි. එනම් ඍෂිවරුන් අහසින් පැමිණ පර්වතයට වඩින බවත්, එසේ වඩින ඍෂිවරු පෙරළා ආපසු වැඩීමක් දක්නට නොලැබෙන බවත් හේතුවෙන් මිනිසුන් එම පර්වතය 'ඍෂිවරුන් ගිලින්නේය' යන අර්ථයෙන් ඉසිගිලි යන නාමය ලද බවත්ය.

බුදුරජාණන් වහන්සේට ද ඍෂි යන නම භාවිත කොට තිබේ. 'ඉසිසත්තම' හෙවත් සත්වන ඍෂිවරයාණන් ලෙස උන්වහන්සේව හඳුන්වා තිබේ. එනම් සියයක් කල්ප ඇතුළත පහළ වූ සම්බුදුවරයන් වහන්සේලා සත් නමටම ඍෂි යන නාමය භාවිත කොට තිබේ.

බොහෝ පසේබුදුවරයන් වහන්සේලා ඉසිපතන මිගදායෙහි වැඩවාසය කොට තිබේ. බරණැස රාජ පරම්පරාව තුළ බොහෝ පසේබුදුවරුන් බිහි වී තිබේ. මෙම කථාවෙහි සඳහන් පසේබුදුවරයන් වහන්සේ ද බරණැසෙහි රජකම් කළ කෙනෙකි.

මෙම බරණැස් රජතුමාගේ අග්‍ර මහේෂිකාව කළුරිය කළාය. අගබිසව කළුරිය කිරීම නිසා රජයෙන් පණවන ලද ශෝකාකුල කාලපරිච්ඡේදය ඉක්මගිය විට ඇමතිවරු

රැස්වුණා. ඔවුන් රජතුමාට මේ අයුරින් කරුණු පහදා දුන්නා.

"මහරජතුමනි, අගමෙහෙසියක් නොමැතිව රාජකෘත්‍ය කිරීම අසීරුයි. නොයෙකුත් කටයුතුවලදී කරුණු කාරණා පිළිබඳව දක්ෂ වූ අගමෙහෙසියක් සමඟ සාකච්ඡා කිරීම රජවරුන්ගේ සිරිතයි. එනිසා ඔබවහන්සේට සහාය පිණිස අග්‍ර මහේෂිකාවක් පත්කර ගන්නා සේක්වා!"

"ඇමතිවරුනි, ඔබ එසේ සළකනවා නම්, මහේෂිකාවක් පත්කර ගැනීම ගැන මාගේ අසතුටක් නැත. එසේ නම් එයට සුදුසු වූ කාන්තාවක් සෙව්ව මනාය."

ඇමතිවරු තම රජතුමා හට ගැලපෙන අගමෙහෙසියක් සෙවීමේ කටයුත්තෙහි නියැලුණා. ප්‍රාදේශීය රජෙක් මියගිය බවත්, ඔහුට ඉතා ගුණවත් සුරූපී බිසවක් සිටි බවත්, ඇමතිවරුන්ට සැළවුණා. ඇමතිවරු ඒ බිසව සොයාගෙන ගියා. ඇත්ත! ඇය රූපවත්. ගුණවත්. නමුත් ඇය ගර්භනී මාතාවක්.

ඇමතිවරු ගොස් ඇය කෙරෙහි ඇමතිවරුන් පහන්ව සිටින බවත්, බරණැස් රජුගේ අගමෙහෙසිය බවට පත්වන්නට ඇයගේ කැමැත්ත දැනගන්නට අවශ්‍ය බවත් සැළකර සිටියා. එවිට ඇය මෙසේ කරුණු පහදා දුන්නා.

"පින්වත් අමාත්‍යවරුනි, ස්ත්‍රිය ගර්භනී වූ කල්හි ඇතැම් පුරුෂයෙකුගේ සිත සතුටු නොකරන්නී වේ. ස්ත්‍රිය ඇවැතුම් පැවැතුම් තුළින් පුරුෂයෙකුගේ මන නොබඳින්නී නම් එය නොමැනවි. යම් හෙයකින් මා කුසේ සිටිනා දරුවා වදනා තාක් මෙකී යෝජනාව කල් දමන්නට හැකි නම්, මම ද එයට සතුටු වෙමි. එසේ අකමැති වන්නේ නම් ඔබ කැමති තැනකින්, කැමති කුලයකින්, කැමති ස්ත්‍රියක්

රැගෙන යත්වා!"

එම බිසවගේ කතාවට ඇමතිවරු බොහෝ සේ සතුටු වුණා. සියලු කරුණු රජතුමාට පහදා දුන්නා. එවිට රජතුමා සතුටු වූයේ එම බිසවටමයි. එම ගර්භනී බිසව රාජමාළිගාවට කැඳවා අගබිසෝ තනතුර ලබා දුන්නා. ඒ සඳහා ලැබෙන සියලු සත්කාර සම්මාන ලබා දුන්නා. ඇයගේ පිරිවර සේනාව ද, නෑ හිත මිතුරන් ද රජ මාළිග ාවට කැඳවා ගත්තා. ඔවුන්ට ද සත්කාර සම්මාන ලැබුණා.

සුදුසු කාලයේදී ඇය පුත්කුමරෙක් බිහි කළා. රජතුමාට හරි සතුටුයි. තමාට දාව ලද පුතෙකුට පරිද්දෙන් මෙකී කුමරාට සැලකුවා. හැම තිස්සේම රජතුමා අර පුංචි කුමාරයාව උකුලෙහි තබාගෙන සුරතල් කරමින් සිටියා. නමුත් බිසවගේ නෑ හිතමිතුරන්ට මේ කුමාරයාට ඇති අධික ස්නේහය ගැන බියක් ඇතිවුණා.

"රජවරු විශ්වාස නෑ. මේ පහදිනවා. මේ උදහස් වෙනවා. මේ සත්කාර සම්මාන දෙනවා. මේ දඬුවම් දෙනවා. බැරිවෙලාවත් අපේ කුමාරයා කෙරෙහි උදහස් වුණොත් මොනවා වේවිද දන්නෙ නෑ. රජ්ජුරුවෝ කුමාරායාගේ පියා නොවන නිසා රජතුමාගේ සිත වෙනස් වෙන්න වැඩිකල් යන එකක් නෑ."

නෑ පිරිස මේ සඳහා උපක්‍රමයක් කළා. පුංචි කුමාරයාට කරුණු කිව්වා. ඒ වනවිට කුමාරයත් රජතුමා කෙරෙහි අධික ස්නේහයකිනුයි හිටියේ. කුමාරයාගේ සිත වෙනස් කරන්නට ඔවුන් උත්සාහ කළා.

"පුංචි කුමාරයාණෙනි, ඔයා දන්නෙ නෑ. ඔය රජ්ජුරුවෝ ඔයාගේ අප්පච්චි නොවෙයි. ඔයාගේ අප්පච්චි අභාවයට පත්වෙලා. මැරිලා ගියා. අපි මේ

ඉන්නේ අනුන්ගේ මාළිගාවකයි. ඔයාගේ අම්මා අගබිසව කරගත්තේ මේ රජ්ජුරුවන්ගේ බිසවුන් වහන්සේ මියගිය නිසයි. ඉතින් පුංචි කුමාරයාණෙනි, මේ රජ්ජුරුවෝ ඔයාගේ අප්පච්චි නොවෙයිනේ. ඇතැම් විට පිය රජවරු පවා පුත්කුමාරවරුන්ව මරලා දානවා. ඒ නිසා ඔයා වුණත් කල්පනාවෙන් ඉන්න. අපිට ඔයා ගැන හරි හයයි."

මේ සිඟිත්තා හොඳටම භය වුණා. රජ්ජුරුවෝ දකිද්දී තැති ගත්තා. පපුව ගැහෙන්න පටන් ගත්තා. රජ්ජුරුවෝ ආදරයෙන් අඬ ගැහුවා.

"කෝ....? ඉතින් මෙහෙ එන්න. මගෙ පුංචි පැටියෝ..."

රජ්ජුරුවෝ අතින් ඇද්දා. කුමාරයා පොඩ්ඩක් වත් කැමති නැහැ. අඬන්න පටන් ගත්තා. ළඟට යන්න බැහැ කියනවා. භය වෙනවා. රජ්ජුරුවෝ කුමාරයාව තුරුළු කරගන්න යනවා. කුමාරයා රජතුමාව තල්ලු කරලා දුවනවා. මෙය රජතුමාට මහත් ප්‍රහේලිකාවක් වුණා. රජතුමා කරුණු සොයා බැලුවා. මෙතරම් සංග්‍රහ කරද්දී, සත්කාර සම්මාන කරද්දී අගමෙහෙසියගේ නෑදෑයින් විසින් කුමාරයාව නොමඟ යවා ඇති බව රජතුමාට දැනගන්න ලැබුණා. රජතුමා හොඳටම කළකිරුණා. රජකම වෙන කෙනෙකුට පැවරුවා. රජතුමා පැවිදි වෙන්න ගියා.

රජතුමා පැවිදි වූ කරුණ ඇමතිවරුන්ට සිත් වේදනාවට හේතුවක් වුණා. ඇමතිවරු රජතුමාට ඉතාමත් ආදරය කළ නිසා බොහෝ දෙනෙක් රජතුමා අනුව ගොස් පැවිදි වුණා. රජතුමාගේ පිරිවර සෙනඟටත් මෙය දැනගන්න ලැබුණා. ඔවුනුත් කළකිරුණා. ඔවුනුත් පැවිදි වුණා.

දැන් මේ ශ්‍රමණයන් වහන්සේලා පිඬු සිඟා වඩිද්දී මිනිසුන් නොයෙක් අයුරින් ප්‍රණීත, රස මසවුළු වලින් පිරි ආහාරපාන පූජා කළා. මේ සියලු පූජාවන් ලැබුණේ රාජ ඉර්ෂීන් වහන්සේටයි. රාජ ඉර්ෂීන් වහන්සේ ඒ ප්‍රණීත ආහාරපාන ආදිය වැඩිමහළු පිළිවෙලින් බෙදා දුන්නා. ඇතැම් ශ්‍රමණවරුන්ට ප්‍රණීත දේ ලැබුණා. එතකොට ඔවුන් ඒ ගැන ගොඩාක් සතුටු වුණා. ඇතැම් ශ්‍රමණවරුන්ට නීරස දේ ලැබුණා. ඔවුන් දොස් කියන්න පටන් ගත්තා.

"මේක හරි වැඩක් නෙව. අපි තමයි මිදුල අමදින්නේ. අපි තමයි සක්මන් මළු අමදින්නේ. අපි තමයි භාජනවලට පැන් පුරවන්නේ. අපි තමයි ගිනිහල් ගේ සකසන්නේ. නමුත් අපටමයි කටුක දේ ලැබෙන්නේ. ප්‍රණීත දේ ලැබෙන්නේ වෙනත් උදවියටයි" කියමින් ගෝරනාඩු කරන්න පටන් ගත්තා.

රාජඉර්ෂීන් වහන්සේ මේ පැවිද්දන් ගැන හොඳටෝම කළකිරුණා.

"මට ලැබෙන දේවල් මං වැඩිමහළු පිළිවෙලින් බෙදලා දුන්නේ. කොච්චර දුන්නත් මුන්දැලාට පිරිමසන්නේ නෑ නෙව. දුන්නත් බනිනවා. නොදුන්නත් බනිනවා. ප්‍රණීත දේ දුන්නත් බණිනවා. මේ පිරිසත් සමඟ ඉන්න එකේ තේරුම මොකක්ද? කවදාවත් මෙයාලව නම් සලකලා සතුටු කරන්න බෑ."

රාජඉර්ෂීන් වහන්සේ කිසිවෙකුටත් නොකියාම පාත්‍ර සිවුරු ගෙන හුදෙකලාවේ පිටත් වුණා. මහා වනය ඇතුළට ගියා. තනියම ජීවත් වෙන්න පටන් ගත්තා. තනියම භාවනා කරන්න පටන් ගත්තා. පිරිසෙන් වෙන්වී හුදෙකලාව වාසය කිරීම නිසා රාජ ඉර්ෂීන් වහන්සේට මහත් සැනසිල්ලක්

ඇතිවුණා. සැපයක් ඇතිවුණා. භාවනාවට වඩ වඩාත් යොමු වුණා. කෙමෙන් කෙමෙන් පංච නීවරණ සංසිඳී ගියා. සමාධිය දියුණු වුණා. ධ්‍යාන ලැබුණා. රාජඍර්ෂීන් වහන්සේ පැවිද්දන් තුළත්, ගිහියන් තුළත් ඇති තෘප්තියට පත් නොවන ස්වභාවය විමසන්න පටන් ගත්තා. තෘෂ්ණාව හේතු කොට ගෙන මනස තුළ ඇතිවෙන විකෘතිය හඳුනා ගන්නට උන්වහන්සේ සමත් වුණා. තෘෂ්ණාව හටගන්නේ වින්දනය තුළින් බවත්, වින්දනය හටගන්නේ ස්පර්ශය තුළින් බවත්, ස්පර්ශය හටගන්නේ ආයතන හය තුළින් බවත්, එයට නාමරූප ප්‍රත්‍ය වන බවත්, නාමරූපයට විඥ්ඥාණය ප්‍රත්‍ය වන බවත්, විඥ්ඥාණයට සංස්කාර ප්‍රත්‍යය වන බවත්, මේ සියල්ලටම අවිද්‍යාව ප්‍රත්‍ය වන බවත් අවබෝධ වුණා. ආර්ය සත්‍යාවබෝධය නම් විද්‍යාව පහළ වීමෙන් අවිද්‍යාව ප්‍රහාණය වුණා. විද්‍යා විමුක්ති ඇතිවුණා. නිකෙලෙස් වුණා. අරහත්වයට පත්වුණා. පසේබුදුරජාණන් වහන්සේ නමක් බවට පත්වුණා.

ඒ පසේබුදුරජාණන් වහන්සේ නන්දමූලක නම් පර්වතයේ ඇති ගල්ලෙනට වැඩම කළා. සමාපත්ති සුවයෙන් වැඩසිටි පසේබුදුවරයන් වහන්සේලා මේ නවක පසේ බුදුවරයන් වහන්සේගේ අත්දැකීම් විමසුවා. ඒ පසේ බුදුවරයන් වහන්සේ මෙය වදාළා.

දුස්සංගහා පබ්බජිතාපි ඒකේ
අථෝ ගහට්ඨා ඝරමාවසන්තා
අප්පෝස්සුක්කෝ පරපුත්තේසු හුත්වා
ඒකෝ චරේ ඛග්ගවිසාණ කප්පෝ

"කොටින්ම සමහර පැවිද්දන්ට නම් කොයිතරම් සැළකුවත් සංග්‍රහ කොට සතුටු කරන්න බැහැ. ඇතැම් ගිහියොත් ඒ වගේමයි. මොනතරම් සැළකුවත් සෑහීමකට

පත්වෙන්නෙ නෑ. අනුන්ගේ දරුවන් ගැන ඕනෑවට වඩා සෙනෙහෙ ඇති කරගෙන හිතට බර ගැනිල්ල වැඩකට නැති දෙයක්. ඇත්තෙන්ම මං හැසිරෙන්නේ හුදෙකලාවේමයි. කඟවේනෙකුගේ හිස මත තියෙන තනි අඟක් වගෙයි."

සාදු! සාදු!! සාදු!!!

10.

අසිරිමත් පසේබුදු පෙළහර

හැර දමා ගිහි වෙස - සැරසිලි බැහැර කරමින
ගිලිහුන පතින් යුතු - කොබෝලීල රුක ලෙස
විරියෙන් යුතු කෙනා - සිඳ දමා ගිහි බන්ධන
හුදෙකලාවෙම දිවි ගෙවයි හේ
තනි අඟකින් යුතු කඟවේණෙකු සේ ....

අපගේ ශාස්තෘන් වහන්සේ පසේබුදුවරයන් වහන්සේලා ගැන කරන විග්‍රහය අතිශයින් සුන්දරය. කෙනෙකුගේ ජීවිතයක් තුළ නුවණින් විමසීමේ හැකියාව පිහිටා ඇත්නම්, ඇතැම් විට එය ක්‍රියාත්මක වන්නේ ඔහුටත් නොදැනීමයි. එහෙත් සමහර කෙනෙක් කොතරම් දුක් දොම්නස් වින්දත් එය ජීවිතය අවබෝධ කරගැනීම පිණිස උපකාරී වන්නේ නෑ. එයට හේතුව විය හැක්කේ ඔහු තුළ නුවණින් විමසීමේ හැකියාව නොවැඩී තිබීමයි. ජීවිතාවබෝධය පිණිස කෙනෙක් දුක් විඳිය යුතු බවට ධර්මයේ සඳහන් වන්නේ නැහැ. සැබැවින්ම ඔහු කළ යුත්තේ ප්‍රඥාව දියුණු කිරීමමය. ප්‍රඥාව දියුණු කිරීම යනු දුක් විඳීමක් නොව යථාර්ථය විනිවිද දැකීමය.

පසේබුදුවරයන් වහන්සේලා බොහෝ විට ඉපදී

සිටින්නේ රජකුලවලය. එමෙන්ම විමුක්තිය උදෙසා යෑම පිණිස ඔවුන් කළකිරුණු කරුණු දෙස බලද්දී ඒවා සාමාන්‍ය ජනතාව කිසිසේත් ගණන් නොගන්නා කරුණුය. එයට වඩා අතිශයින්ම බලවත් වූ, හෘදය දෘඪතර ලෙස කම්පා වන කරුණුවලදී පවා බොහෝ දෙනෙක් හඬා වැටෙමින් සිට පසුව එය අමතක කොට කෙළි දෙලෙන් කල් යවන අයුරු නිතර දකින්නට පුළුවනි. නමුත් පසේබුදුවරයන් වීම පිණිස පින සකස් වූ පුණ්‍යවන්තයන්ගේ ජීවිත එයට හාත්පසින්ම වෙනස්ය. ඔවුහු කම්පා වෙති. සංවේදී මනෝභාවයන් ගෙන් යුතු වෙති. එමෙන්ම නුවණින් මෙහෙයවා එම කරුණු යළි හට නොගැනීම පිණිස ප්‍රඥාව දියුණු කොට එයින් එතෙර වෙති.

මෙම පසේබුදුවරයන් වහන්සේගේ තොරතුර සඳහන් වන්නේ ඛග්ගවිසාණ සූත්‍රයෙහි දසවන ගාථාව ලෙසය. බරණැස් නුවර චතුමාසික නමින් රජෙක් විය. ඇතැම්විට ඔහුට මේ නම වැටෙන්නට ඇත්තේ ඒ ඒ ඍතුවට අයත් මාස හතරේ ඔහු උයන් කෙළියට යන නිසා වෙන්න ඇති.

ඉතින් මේ රජතුමා ගිම්හාන ඍතුවේ ප්‍රථම මාසයෙහි උයන් කෙළියට ගියා. ඒ උද්‍යානයෙහි ඝන නීල පත්‍රයන්ගෙන් සුසැදි කොබෝලීල රුකක් දැක්කා. රජතුමා මේ වෘක්ෂය දුටු වේලෙහි මහත් සතුටට පත්වුණා.

"එම්බා අමාත්‍යවරුනි, අර කොබෝලීල රුක දෙස බලන්න. හරි අපූරු වෘක්ෂයක්. තද නිල් පාට පත්‍රවලින් යුක්තයි. සුදුපාට කඳින් යුක්තයි. හැබෑම ලස්සනයි. ඔව්. මං කැමතියි හවස් වරුවේ මේ කොබෝලීල වෘක්ෂය සෙවණේ විවේක සුවයෙන් ඉන්න. එනිසා මට යහන පැණවිය යුත්තේ අන්න අතනයි."

රජතුමා උද්‍යාන ක්‍රීඩාවට ගියා. ඉතා සතුටින් කල් ගෙව්වා. හවස් වරුවේ කොබෝලීල වෘක්ෂය සෙවණේ පණවන ලද අසුනෙහි සැතපුණා. හරි සතුටින් එම වෘක්ෂය දිහා බලාගෙන හිටියා.

ගිම්හාන ඍතුවෙහි මධ්‍යම මාසය පැමිණුනා. දූන් තරමක් රස්නෙයි. රජතුමා උයන් කෙළියට ආවා. කොබෝලීල වෘක්ෂය මලින් පිරී තියෙනවා. අලංකාර පුෂ්පයන්ගෙන් ගැවසී ගත් එම වෘක්ෂය දකිද්දී රජතුමා මහත් සතුටට පත්වුණා.

"ෂා! හරිම අපූරුයි. හැබෑම ලස්සනයි.... ඔව්. අද සවස් යාමයෙහි විවේක ගැනීම පිණිස මගේ යහන පැණවිය යුත්තේ අන්න අර සුපිපුණු මලින් යුතු කොබෝලීල වෘක්ෂය සෙවණේ."

රජතුමා ක්‍රීඩා කළා. පොකුණට බැස පීනුවා. මල් පැළැඳ ගත්තා. මධුවිත පානය කළා. සුරූපී ලඳුන් පිරිවරා කොබෝලීල රුක් සෙවණට ආවා. මල් පිපීගිය වෘක්ෂය දෙස බලමින් මහත් සතුටට පත්වුණා.

ගිම්හානයේ දුෂ්කරම කාලය පැමිණුනා. ඉතාමත්ම රස්නෙයි. රජතුමා ඒ අධික රස්නෙ දවසක උද්‍යාන ක්‍රීඩාවට ගියා. එදා රජතුමා රස්නෙ වැඩි නිසා කෙළින්ම පොකුණට ගියා. යන අතරේ ඇමතිවරුන්ට පවසා සිටියේ අර කලින් කොබෝලීල රුක් සෙවණේම යහන පණවන්න කියලයි. ඇමතිවරු එතෙන්ට ගියා. කොබෝලීල වෘක්ෂය දුටු වේලෙහි පුදුමයට පත්වුණා.

"හරි වැඩේ! මේ ගසේ එක කොළයක් වත් නෑ. එක මලක්වත් නෑ. නිකම් දඬු ටිකක් විතරයි තියෙන්නේ. රජතුමාට යහන පණවන්න තියෙන්නේ මෙතනමයි. අපට

රාජ අණ ඉක්මවා යන්නත් බෑ. මෙතන යහන පණවන්නත් බෑ. කමක් නෑ. වෙන කරන්න දෙයක් නෑ. රජ අණට කීකරු වෙමු" කියලා ඇමතිවරු යහන පැණෙව්වා.

රජතුමා ඇති පදම් වතුර නෑවා. මල් පැළැන්දා. රස්නෙ අඩුවක් නැහැ. හවස් වෙද්දී රස්නෙ ගතිය අඩුවුණා. කොබෝලීල වෘක්ෂය ළඟට ආවා. දුටු පමණින් රජතුමාගේ සිතට මහත් සංවේගයක් හටගත්තා. රජතුමා යහනේ වැතිරී වෘක්ෂය දෙස බලා සිටියා.

"හරිම පුදුමයි... ගසකට ගිය කලෙක්! එක් කාලයක් ආවා. මේ ගස හිතන්න බැරි තරම් ලස්සනයි. සෑම පත්‍රයක්ම මැණික්වලින් කළා වගේ අමුතු දිස්නයක් දුන්නා. අමුතු අලංකාරයක් දුන්නා. ඇත්තෙන්ම කොළ දළුවලින් විසිතුරු වූ කොබෝලීල ගස නම් මට සිහිනෙනුත් පේනවා.

තව කාලයක් ආවා. මල් පිපිලා... අමුතු සිරියාවක් තිබුණා. හැබෑම ලස්සනක් තිබුණා. පබුලු කැට වගේ දිළිසුණා. මේ වැලි අතුල පොළොවේ මල් පෙති වැටිලා තිබුණේ රත් කම්බිලියක් ඇතිරෙව්වා වගෙයි. අහෝ! ඒ කොබෝලීල ගස කෝ...? ඒ නීල වර්ණ පත්‍ර කෝ...? ඒ සොඳුරු පුෂ්පයන් කෝ....? අහෝ! ඒ සියල්ල ගිලිහී ගොස් කොබෝලීල වෘක්ෂය කාලයේ පහර කෑමට ලක්වුණා. ජරාවට පත්වුණා. මේක තමයි ලෝක ස්වභාවය! හටගන්නවාද යමක් එය වැනසී යාම එහි ස්වභාවයයි."

ඇඳේ වැතිර සිටි රජතුමා දඬු පමණක් ඉතිරි වූ කොබෝලීල ගස දෙස බලමින් සිතන්නට පටන් ගත්තා. රජතුමාගේ ප්‍රඥාව අවධි වෙන්නට එම වෘක්ෂය හොඳ අරමුණක් වුණා. ජීවිතය ගැන විමසා බලන්නට කැඩපතක් වුණා. කොබෝලීල රුක දෙස බලා සිටිද්දී ඉපිද මැරී යන

ජීවිතයේ ඇත්තේ ද මෙවැනි ස්වභාවයක්ය යන කරුණ පැහැදිලි වුණා. රජතුමාගේ සිත මැනැවින් එකඟ වුණා. සමාධිය වැඩී ගියා. එසේ සැතැපී සිටිද්දීම ප්‍රඥාව ද වැඩී ගියා. ආදීනව ඤාණය ඇතිවුණා. කළකිරීම ඇතිවුණා. විරාගය ඇතිවුණා. ඒ රජුගේ සිත සියලු කෙලෙසුන් ගෙන් නිදහස් වුණා. ඒ නිදා සිටි ඉරියව්වෙන්ම දකුණු පසට හැරෙද්දී පසේබුදුවරයෙක් බවට පත්වුණා.

ඇමතිවරුන් පැමිණ කාලය දැනුම් දුන්නා.

"පින්වත් රජ්ජුරුවන් වහන්ස, දැන් රෑ බෝ වීගෙන එනවා. අපට පිටත් වෙන්නට කාලයයි."

එතුමා නැගිට්ටා. යහනේ පළඟක් බැඳ වාඩි වුණා. ඇමතිවරු ඇමතුවා.

"පින්වත්නි, මං දැන් රජකෙනෙක් නෙවෙයි. මට යථාර්ථය පෙන්වා දෙන්න පහළ වූ වෘක්ෂය ළඟයි මං දැන් ඉන්නේ. ජීවිතාවබෝධය කරන කැඩපත ලෙසින් මා ඉදිරියේ දිස්වූයේ මේ කොබෝලීල වෘක්ෂයයි. ජීවිතය කියන්නෙත් වෙනස් වන දෙයක් බව මට පසක් කරදුන්නේ මේ කොබෝලීල වෘක්ෂයයි.

මාළිගාව යනු මට කැප දෙයක් නොවෙයි. මට කැප දෙය හැටියට තියෙන්නේ හුදෙකලාවේ වාසය කිරීමයි."

ඇමතිවරු පුදුමයට පත්වුණා. ඔවුන්ට මෙය අදහා ගන්නට බැහැ. සුළු වේලාවකට කලින් පොකුණෙහි දිය නාමින්, මල් පැළැඳගනිමින්, කෙළිදෙලෙන් සිටි රජතුමා ද මේ? රාජ සැපයට ලොල්ව සුරූපී ළඳුන් පිරිවරා කාමරතියෙන් කල් ගෙවූ රජතුමා ද මේ? රස මසවුළු කෙරෙහි ලොල්ව, මධුවිත තොලගාමින් අභිරමණයෙහි යෙදුණු රජතුමා ද මේ? ඇමතිවරුන්ට මෙය සිහිනයක්

වැනි දෙයක් වුණා.

"රජ්ජුරුවන් වහන්ස, ඔබවහන්සේගේ මේ වෙනස අපට තේරෙන්නෙ නෑ. ඔබවහන්සේට කුමක්ද වුණේ? අද ටිකක් රස්නෙ තමා. රස්නෙ පිට පැන්පහසු වීමෙන් පිත කිපුණා වත්ද?"

"පින්වත්ති, මා ලද අවබෝධය කුමක්ද කියා විග්‍රහ කිරීමට මට පුළුවන්කමක් නැහැ. එක දෙයක් පැහැදිලි කරදෙන්න පුළුවනි. මං දැන් නිදහස් කෙනෙක්. මා නිදහස් වී සිටින්නේ රාගයෙන්, ද්වේෂයෙන්, මෝහයෙන් බව මට වැටහෙනවා. කලින් නොතේරුණු දෙයක් තමයි මා දැන් පවසන්නේ. කලින් මා සතුටු වුණේ නිදහස් වීමෙන් නොව බැඳීයාමෙනුයි. දැන් මා සතුටු වන්නේ නිදහස් වීමෙනුයි. මේ නිදහස පිණිස මා කල්පනා කළ ආකාරය උදව් වුණා. නමුත් තව කෙනෙකුට තෝරා දෙන්න මට පුළුවන්කමක් නැහැ. මට හිතෙන්නේ මේ අලෞකික විරාගී සැපය ශ්‍රමණයන්ගේ අත්දැකීමක් බවයි."

"රජ්ජුරුවන් වහන්ස, විරාගී සැපයට පත් වූ පච්චේකබුද්ධ නම් ශ්‍රමණ කොටසක් ගැන අප අසා තිබෙනවා. හැබැයි උන්වහන්සේලාගේ අදහසට ඔබවහන්සේගේ අදහස ගැලපෙනවා. නමුත් එක ගැටළුවක් තියෙනවා. ඒ සියලු දෙනාම ශ්‍රමණයන් වහන්සේලා මිසක් ගිහි උදවිය නොවෙයි. කෙස් රැවුල් බහා, කසා වත් දරා සිටින උන්වහන්සේලා පිඬුසිඟා යෑමෙනුයි ජීවත් වෙන්නේ. ඉතින් ඔබවහන්සේ එහෙම කෙනෙක් නොවෙයිනේ."

එතකොට එතුමා හිස අතගෑවා. තම සිරුර දෙස බැලුවා. සැණෙකින් කෙස් රැවුල් නොපෙනී ගියා. කසාවතක් ගත දැවටී ගියා. පාත්‍රයක් අත රැඳුණා. විස්මයට

පත් ඇමතිවරු පසේබුදුරජාණන්වහන්සේට වන්දනා කළා. උන්වහන්සේ මෙම ගාථාව ප්‍රකාශ කොට වැඩම කළා.

ඕරෝපයිත්වා ගිහිව්‍යංජනානි
සංසීනපත්තෝ යථා කෝවිලාරෝ
ඡෙත්වාන වීරෝ ගිහිබන්ධනානි
ඒකෝ චරේ ඛග්ගවිසාණ කප්පෝ

"ගිහි ජීවිතයක ඇති ආටෝප සාටෝප සාඩම්බර සාලංකාරී ගති ඉවත් වූ විට මේ කොළ හැලිච්ච කොබෝලීල රුක වගේමයි. වීරියවන්ත පුද්ගලයා ගිහි බන්ධන සිඳ බිඳ දමා විමුක්තිය කරා යනවා. ඊට පස්සේ ඔහු නිදහස්. ඇත්තෙන්ම මං හැසිරෙන්නේ හුදෙකලාවේමයි. කඟවේනෙකුගේ හිස මත තියෙන තනි අඟක් වගෙයි."

සාදු! සාදු!! සාදු!!!

11.

අසිරිමත් පසේබුදු පෙළහර

දිවිමග ගෙවන්නට සැනසුම ලැබෙන ලෙසින්
ගුණ නැණ පිරුණ මිතුරෙකු නොලැබේ ද ඉතින්
දිනූ රට හැර යන - රජ කෙනෙකුගේ විලසින
හුදෙකලාවෙම දිවි ගෙවයි හේ
තනි අඟකින් යුතු කඟවේණෙකු සේ ....

අපගේ ශාස්තෲන් වහන්සේ වන ගෞතම නම් වූ අරහත් සම්මා සම්බුදුරජාණන් වහන්සේ විසින් ලොව කිසිවෙකුට දැක ගත නොහැකි අතීත සිදුවීම් විස්තර කරන අයුරු ඉතා මනහර ය. කොටින්ම කලින් කලට ලොව බුදුවරයන් වහන්සේලා පහළ වන බව දේශනා කොට වදාළේ අප බුදුරජුන් ය. දීඝ නිකායෙහි සඳහන් මහා පදාන සූත්‍රයේදී කල්ප සියයක් ඇතුළත පහළ වී වදාළ සම්බුදුවරයන් වහන්සේලා ගැන දේශනා නොකරන්නට අපට එය දැනගත හැකි ක්‍රමයක් නැත. කල්ප සියයක් ඇතුළත විපස්සී, සිඛී, වෙස්සභූ, කකුසඳ, කෝණාගමණ, කාශ්‍යප යන බුදුවරුන්ගේ පහළ වීමත්, එකල ඒ ඒ අවස්ථාවන්හීදී මිනිසුන්ගේ ආයු ප්‍රමාණයත්, අගසව්වන් පිළිබඳවත්, තව නොයෙක් තොරතුරුත් එම සූත්‍රයෙහි ඇතුළත් වේ.

චක්කවත්ති සීහනාද සූත්‍රයෙහිදී බුදුරජුන් වදාළේ මිනිස් ආයුෂ අවුරුදු අසූ දහසක්ව පවතින කාලයේදී අනාගත මෛත්‍රී බුදුරජුන් පහළ වන බවයි. එය ද අප දැනගත්තේ අපගේ ශාස්තෲන් වහන්සේගෙනි. මේ අයුරින් අතීතයෙහි වැඩසිටි බුදුවරුන් ගැනත්, අනාගතයෙහි පහළ වන බුදුවරුන් ගැනත් අපට දැනගැනීමට වාසනාව උදාවිය.

පසේබුදු නමින් පහළ වන විශේෂ බුදුවරයන් වහන්සේලා පිළිබඳව ද සඳහන්ව ඇත්තේ බුද්ධ දේශනාවල ය. ඒ පසේබුදුවරුන් පහළ වී සිටි අවදියේ උන්වහන්සේලාගේ ස්වභාවය හඳුනාගත නොහැකිව උන්වහන්සේලාට හිරිහැර කොට අපාගත වූ පිරිස් ගැන ද අප බුදුරජාණන් වහන්සේ පෙන්වා දුන්හ.

එක්තරා අවස්ථාවක ගිජ්ජකූළු පව්වෙන් පහළට වඩින මුගලන් මහතෙරුන් වහන්සේට ඇටසැකිළි ප්‍රේතයෙකුව දකින්නට ලැබුණා. ඒ ඇටසැකිළි ප්‍රේතයාගේ හිස මතට කුළුගෙඩි දහස් ගණනකින් පහර වදිද්දී ඔහු බැගෑ හඬින් වැළපෙමින් දුක් විඳිමින් සිටි අයුරු බුදුරජාණන් වහන්සේට පවසා සිටියා. එවේලෙහි බුදුරජුන් වදාළේ උන්වහන්සේටත් බෝධිමූලයේ සිටියදී එම ඇටසැකිළි ප්‍රේතයාව දකින්නට ලැබුණු බවත්, ඔහු ඒ කර්ම විපාකය විඳින්නේ එක්තරා පසේබුදුවරයන් වහන්සේ නමකට හිංසා කොට, අපවත් කිරීමේ පාපයේ ඉතිරි කොටසක් හැටියට බවත් ය.

බුද්ධ දේශනාවල පසේබුදුවරයන් ගැන තොරතුරු මතුවෙන මෙවැනි අවස්ථාවන් වරින් වර දැනගන්නට ලැබේ. පසේ බුදුවරුන්ගේ ස්වභාවය නම් අන් අයට දහම් දෙසීමට නොහැකි බවයි. තමන් විසින් හුදෙකලාවේම අවබෝධ කරගන්නා ධර්මය තුළින් තමාට පමණක් පිළිසරණ ලබාගෙන උන්වහන්සේලා පිරිනිවී යති. නමුත්

ඒ පසේ බුදුවරයන් වහන්සේලා ගැන පවා සිත පහදවා ගෙන වන්දනා කිරීම සුදුසු බව ඉසිගිලි සූත්‍රයෙහි අවසාන ගාථාව තුළින් අපට පෙන්වා වදාළේ බුදුරජුන් ම ය.

මෙම කථාවෙහි ද පසේ බුදුවරයන් වහන්සේලා දෙනමක් ගැන සඳහන් වේ. උන්වහන්සේලා තම තමන්ගේ අත්දැකීම් ප්‍රකාශ කරන ලද ගාථා දෙකක් මෙහි ඇතුළත් ය. සුත්ත නිපාතයේ ඛග්ගවිසාණ සූත්‍රයෙහි එකොළොස් වෙනි හා දොළොස් වෙනි ගාථා දෙක හැටියට සඳහන් වන මෙහි පසුබිම් කථාව මෙයයි.

කාශ්‍යප බුදුරජාණන් වහන්සේගේ ශාසනයෙහි තරුණ කුමාරවරු දෙදෙනෙක් පැවිදි වුණා. ඔවුන් ඉතාමත් ශ්‍රද්ධාවෙන්, සතුටින් මහණදම් පිරුවා. නිතරම උත්සාහ කළේ භාවනා අරමුණෙහි සිත රඳවා ගන්නටයි. ඒ වෙනුවෙන් මේ පැවිදි උතුම් දෙනම පුරුදු කරන ලද්දේ 'ගතපච්චාගත' වතයි. 'ගතපච්චාගත' යනු පිඬු සිඟා වඩිද්දී කුටියෙන් එළියට පියවර තබන විට සිතට ගන්නා භාවනා කමටහන නැවත ආපසු කුටියට පිවිසෙන තෙක්ම සිතෙහි රඳවාගෙන සිටීමයි. ඇත්තෙන්ම එය ලෙහෙසි කටයුත්තක් නොවේ. කෙනෙක් කුටියෙන් එළියට වඩිද්දී භාවනා අරමුණ සිතට ගත්තත් ටික දුරක් යනවිට අමතක වෙන්න ඉඩ තියෙනවා. ඇතැම් විට ඇසට පෙනෙන, කණට ඇසෙන බාහිර අරමුණු නිසාත් අමතක වෙන්න ඉඩ තියෙනවා. දායකයින් අසන ප්‍රශ්නවලට පිළිතුරු දෙන්න යාමෙනුත් කමටහන අමතක වෙන්න ඉඩ තියෙනවා. එබඳු කිසිම කරුණකදී ඒ කමටහන අත්නොහැර දිගටම පවත්වාගැනීමට පුරුදු වූ විට ගතපච්චාගත වත පුරන්නට පුළුවනි.

ඉතින්, විසිදහසක් අවුරුදු කසුප් බුදු සසුනෙහි

ගතපච්චාගත වත පිරූ ඒ තරුණ ශ්‍රමණයන් වහන්සේලා දෙනම විසින් අපේක්ෂා කරන ලද්දේ ඒ බුදු සසුනේ නිවන් අවබෝධ කිරීමටයි. නිවන් අවබෝධ වීම පිණිස අවංකව පිළිවෙත් පිරූ විට එය කිසිදා අපතේ නොයයි. අලාභයක් නොව, ලාභයක්ම උපදවයි. යහපතක්ම උපදවයි. අර භික්ෂූන් දෙනමට ඒ කාශ්‍යප බුදු සසුනෙහි නිවන් අවබෝධ කරගැනීමට නොහැකි වුවත් ගෞතම බුදු සසුනට පෙරාතුව පසේබුදුවරුන් වහන්සේලා හැටියට නිවන් අවබෝධ කරගැනීමට වාසනාව උදා වුණා.

කාශ්‍යප බුදුරජුන්ගේ සසුනෙහි පිළිවෙත් පිරූ ඒ දෙනම අපවත් වීමෙන් පසු දිව්‍ය ලෝකයෙහි ඉපදුණා. පසේබුදුවරුන්ගේ යුගය පහළ වන තුරුම දිව්‍ය ලෝකයෙහි රැඳී සිටියා. පසේබුදුවරුන්ගේ යුගයෙහිදී දිව්‍ය ලෝකයෙන් චුත වුණා. ඉන් වැඩිමහළු තැනැත්තා බරණැස් රජමාළිග යෙහි උපන්නා. බාල තැනැත්තා පුරෝහිත බ්‍රාහ්මණයාගේ පවුලෙහි උපන්නා. මේ දෙදෙනා එකම දිනයෙහි උපත ලැබුවා. කුඩා කල පටන් එකට ඇති දැඩි වුණා.

දිනක් පුරෝහිත පුත්‍රයා අර රජකුමරාට මෙහෙම කිව්වා.

"ප්‍රිය මිත්‍රය, පිය රජුගේ ඇවෑමෙන් රජකම හිමි වන්නේ ඔබටයි. අනාගතයේ පුරෝහිත තනතුර ලැබෙන්නේ මටයි. අපි දෙදෙනා ඉතා හොඳින් ශිල්ප ශාස්ත්‍ර ඉගෙන ගත්තොත් අපට ධාර්මික ලෙස, යහපත් ලෙස රාජ්‍ය විචාරීම කළ හැකියි. එනිසා ඒ වෙනුවෙන් අපි සෑම ශිල්පයක්ම ඉගෙන ගනිමු."

ඉතින් මේ කුමාරවරු දෙදෙනා ශිල්ප හැදෑරීම පිණිස ඈත පළාතකට පිටත් වුණා. ඒ පළාතේ එක්තරා

විශේෂත්වයක් දැනගන්නට ලැබුණා. එනම් ඒ ගමට විශේෂ අමුත්තන් කිහිප දෙනෙක් පැමිණෙන බවත්, ඔවුන්ව පිළිගැනීමට මුළු ගම ම සූදානම්ව සිටින බවත්ය. කුමාරවරු දෙදෙනාත් මේ අමුත්තන් බැහැදකීමට උනන්දු වුණා. ඔවුන් වෙන කවුරුවත් නොවේ. පසේබුදුවරයන් වහන්සේලාය.

"ප්‍රිය මිත්‍රය, දැන් බලන්න. මේ ශ්‍රමණයන් වහන්සේලාට මිනිස්සු හොඳින් සළකනවා. ආසන පණවනවා. ප්‍රණීත ආහාරපාන පිළිගන්වනවා. ගරු බුහුමන් දක්වනවා. මෙයට යම්කිසි විශේෂ හේතුවක් තිබිය යුතුයි. මුන්වහන්සේලා කිසියම් විශේෂ ශිල්පයක් දන්නා උදවිය හැඩයි. අපිත් මුන්වහන්සේලා ඇසුරේ සිට ඒ ශිල්පය ඉගෙන ගත්තොත් එය අනාගතය පිණිස අපට උපකාරී වේවි."

මේ කුමාරවරු දෙදෙනා ද පසේබුදුවරයන් වහන්සේලාට උපස්ථාන කරන්න පෙළඹුණා. මුන්වහන්සේලාගේ හැසිරීම් රටාවේ කිසියම් විශේෂත්වයක් තිබෙන බව මොවුන් සොයාගත්තා. බාහිර ලෝකයට නොඇලුණු, හුදෙකලාවට ඇලුණු ස්වභාවය දුටු මෙම දෙදෙනා ඒ පසේබුදුවරුන්ගෙන් ශිල්ප ඉල්ලා සිටියා.

"පින්වත් කුමාරවරුනි, අපේ ජීවිතයත් එක්තරා ශිල්පයක ඵලයක් තමයි. හැබැයි, ගිහියන් වශයෙන් මේ ශිල්පයෙහි ප්‍රතිඵල ලැබිය හැකි බවක් අප දකින්නේ නැහැ. අප මෙන් ශ්‍රමණයන් බවට පත්වුවහොත් ඔබටත් මේ ශිල්පය කුමක්දැයි වැටහෙන්නට ඉඩ තිබේ."

"අනේ පින්වත් ස්වාමීනී, එසේ නම් අපිත් කැමතියි ඒ ශිල්පය ඉගෙන ගන්නට. අනාගතයට අපට එය බොහෝ ප්‍රයෝජනවත් වේවි. එනිසා අප කෙරෙහි අනුකම්පා කොට

අපව පැවිදි කළ මැනැව."

"පින්වත් දරුවෙනි, එසේ නම් ඔබ කෙස් රැවුල් බා, ගිහි වත් ඉවත් කොට, මේ සිවුරු ගෙන අප මෙන් පොරවා ගන්න. මේ අයුරින් පාත්‍ර පරිහරණය කරන්න. මේ අයුරින් වත් පිළිවෙත් කරන්න."

ඉතින් මේ කුමාරවරු දෙදෙනා ද ශ්‍රමණයන් වහන්සේලා බවට පත්වුණා. සිවුරු පොරවන්නටත්, පාත්‍ර පරිහරණයටත් පුරුදු වුණා. සක්මන් මළු ඇමදීම, කුටි ඇමදීම, පැන් පෙරා තැබීම ආදී කුඩු මහත් වත්පිළිවෙත් ඉගෙන ගත්තා. ටික දිනක් ගෙවුණා. මේ දෙනම අර පසේබුදුවරයන් වහන්සේලා ළඟට ගොස් ශිල්ප ඉල්ලා සිටියා.

"පින්වත් ශ්‍රමණවරුනි, ශිල්පය නම් මෙයයි. එනම් හුදෙකලාව සිටීමයි."

"පින්වත් ස්වාමීනී, හුදෙකලාවේ සිටීම යනු කුමක්ද?"

"හුදෙකලාවේ සිටින කෙනා සක්මන් කළ යුත්තේ ද හුදෙකලාවේමයි. භාවනා කළ යුත්තේ ද හුදෙකලාවේමයි. සැතැපිය යුත්තේ ද හුදෙකලාවේමයි. හුදෙකලාව යනු ඔහුය. ඔහු යනු හුදෙකලාවය."

මේ අවවාද ලැබූ නවක ශ්‍රමණයන් වහන්සේලා දෙනම දෙපැත්තට වෙන් වුණා. හුදෙකලා වුණා. පුරෝහිත පුත්‍රව සිටි ශ්‍රමණයන් වහන්සේ හුදෙකලාවේ ගොස් කුටියෙහි භාවනා කොට නොබෝ වේලාවකින් සිත සමාධිමත් කරගන්නට පුළුවන් වුණා. නමුත් රාජපුත්‍රව සිටි ශ්‍රමණයන් වහන්සේට එය නොහැකි වුණා. උන්වහන්සේගේ සිතෙහි අරතිය හටගත්තා. මොහොතකින්

භාවනාවෙහි නොඇලී ගියා. සිත විසිරුණා. කලබල වුණා. ඔහුට තම මිත්‍ර ශ්‍රමණයන් වහන්සේව මතක් වුණා. උන්වහන්සේව සොයාගෙන පැමිණුනා.

"අනේ හිමියනි, මට අමාරුයි. හිත විසිරෙනවා. අරතිය ඇතිවෙනවා. මං මොකද කරන්නේ?"

"එහෙනම් ඔබත් පසෙකින් වාඩිවෙන්න."

වාඩි වී ස්වල්ප වේලාවක් ගත වූ විට ඔහුගේ සිත සංසිඳුණා.

"පින්වත් හිමියනි, මේ ශිල්පයෙහි අවසානය කුමක්දැයි කියා ඔබ දන්නවාද?"

"නැත, හිමියනි. නමුත් අප මේ ශිල්පයේ අවසානය දකිනා තුරුම හුදෙකලාවේ සිටිය යුතුයි."

එතකොට රාජපුත්‍රව සිටි ශ්‍රමණයන් වහන්සේ ආයෙමත් තම කුටියට පිටත් වුණා. හුදෙකලා වුණා. සුළු කලෙකින් සිත විසිරෙන්නට පටන් ගත්තා. අරතිය ඇති වුණා. භාවනාවේ නොඇලී ගියා. හුදෙකලා බව එපා වුණා. කළකිරුණා. නැවතත් යහළු ශ්‍රමණයන් වහන්සේව සොයාගෙන ආවා.

පුරෝහිතපුත්‍රව සිටි ශ්‍රමණයන් වහන්සේ යළිත් මොහුව උනන්දු කෙරෙව්වා. හුදෙකලා බවට පිටත් කළා. තුන්වන වතාවෙත් මොහු අරතියෙන් පීඩා විඳින්නට පටන් ගත්තා. සිත විසිරෙන්න පටන් ගත්තා. භාවනාව එපා වුණා. නැවතත් දුවගෙන ආවා. පුරෝහිතපුත්‍රව සිටි ශ්‍රමණයන් වහන්සේ මොහුව යළි යළිත් උනන්දු කෙරෙව්වා. හුදෙකලාවටම ආශා කෙරෙව්වා. අන්තිමේදී උන්වහන්සේ මෙහෙම කල්පනා කළා.

'රාජපුත්‍රව සිටි මේ ශ්‍රමණයන් වහන්සේ ශිල්ප හැදෑරීමට කොතරම් ආසා වුණත් හුදෙකලාවේ සිටීමේ ශිල්පය නම් හදාරණ පාටක් නෑ. තමන්ගේ හුදෙකලාවත් වනසා ගන්නවා. මගේ හුදෙකලාවටත් හානි කරනවා. ඒ නිසා මම ඈතට යන්න ඕන.'

උන්වහන්සේ ඈත වනයට පිටත් වුණා. එදාත් රාජපුත්‍රව සිටි ශ්‍රමණයන් වහන්සේට අරතිය ඇතිවුණා. කළකිරුණා. පැවිද්දට සිත නොඇලී ගියා. වත් පිළිවෙත්වලට නොඇලී ගියා. එතකොට තම යහළු ශ්‍රමණයන් වහන්සේව මතක් වුණා. උන්වහන්සේව සොයාගෙන ආවා. ආරාමය ඉදිරිපිටට පැමිණ උගුර පෑදුවා. කවුරුවත් පේන්න නැති හැඩයි. හිමිහිට දොර හැර බැලුවා. කවුරුවත් නෑ. වතුර කළය බැලුවා. එය හිස්. ඒ ආරාමය අවට පාළුවෙලා. මොහු කල්පනා කරන්න පටන් ගත්තා.

'ඉස්සර මං රාජකුමාරයෙක්ව සිටිද්දී මිනිසුන් තෑගි බෝග අරගෙන මාව දකින්නට එනවා. ඒත් මාව දකින්නට ලැබෙන්නේ නෑ. හිස් අතින් හැරිලා යනවා. නමුත් මොහුව හොයන්නට මා එද්දී මට මොහුව දකින්නට ඉඩ නොදී පිටත්ව ගිහින්.

එම්බා සිත! නුඹට ලැජ්ජා නැද්ද? භාවනාවට රැඳවිය යුතු සිත එහි නොඅලවා, අරතියට යටකොට මාව පෙළන්නේ නුඹ නොවේද?

එම්බා සිත! දැන් මා සිව් වතාවක්ම මෙතනට කැරකී ආවා. මේ ඇවිදිල්ලට මාව යොමු කළේ නුඹයි.

එම්බා සිත! ආයෙ කවදාවත් නුඹ කියන දේ කරන්න මම ලෑස්ති නෑ. නුඹ දැන් සිටින්නට ඕන මට ඕන හැටියටයි. නුඹ කැමති වුණත්, අකමැති වුණත් මා

කැමති හුදෙකලාවටයි. එනිසා අද පටන් නුඹ සිටිය යුත්තේ හුදෙකලාවට අවනතවයි.'

ඉතින්, ඒ රාජපුත්‍රව සිටි ශ්‍රමණයන් වහන්සේත් හුදෙකලා වුණා. අරතිය පහව ගියා. සිත සමාධිමත් වුණා. දැහැන්ගත වුණා. ක්‍රමක්‍රමයෙන් චතුරාර්ය සත්‍යය වෙත සිත යොමු වුණා. පසේබුදුවරයන් වහන්සේ නමක් බවට පත්වුණා. ඉර්ධිබලයෙන් හිමාලවනයෙහි නන්දමූලක පර්වතයෙහි ගිරිගුහාවට වැඩම කළා.

පුරෝහිතපුත්‍රව සිටි ශ්‍රමණයන් වහන්සේත් චිත්ත සමාධිය දියුණු කළා. විදර්ශනා ප්‍රඥාව දියුණු කළා. හුදෙකලාවේ ම ආර්ය සත්‍යය අවබෝධ කළා. පසේබුදුවරයන් වහන්සේ නමක් බවට පත්වුණා. ඉර්ධියෙන් නන්දමූලක පර්වතයෙහි ගුහාවට වැඩම කළා.

දිනක් මේ පසේබුදුවරයන් වහන්සේලා දෙනම රත්හිරියල් ගල් තලාවෙහි වැඩහිඳ තමන්ගේ ජීවිතාවබෝධයට උපකාරී වූ අත්දැකීම් ගැන කතාබස් කරමින් සිටි වේලෙහි මේ උදාන පහළ කළා. යට දැක්වෙන ගාථාව වදාරණ ලද්දේ රාජපුත්‍රව සිටි ශ්‍රමණයන් වහන්සේ විසිනුයි.

සචේ ලභේථ නිපකං සහායං
සද්ධිං චරං සාධු විහාරි ධීරං
අභිභුය්‍ය සබ්බානි පරිස්සයානි
චරෙය්‍ය තේනත්තමනෝ සතීමා

"ඉදින් කෙනෙකුට අවස්ථාවෝචිත ප්‍රඥාවෙන් හෙබි යහළුවෙක් මුණ ගැහෙනවා නම්, නුවණැති කෙනා ඔහු සමඟ වාසය කරන්න ඕන. හැබැයි හැම කරදරයක්ම මැඬ ගෙන වීරියෙන් යුක්තව, සතුටින් යුක්තව, සිහියෙන්

යුක්තවයි ඔහු හැසිරිය යුත්තේ.”

එතකොට අනිත් පසේබුදුවරයන් වහන්සේ මේ ගාථාව වදාළා.

නෝචේ ලභේථ නිපකං සහායං
සද්ධිං චරං සාධු විහාරි ධීරං
රාජා'ව රට්ඨං විජිතං පහාය
ඒකෝ චරේ ඛග්ගවිසාණ කප්පෝ

“ඉදින් කෙනෙකුට අවස්ථාවෝචිත ප්‍රඥාවෙන් යුක්ත, වීරියවන්ත යහළුවෙක් තමන්ගේ ආශ්‍රයට සුදුසු ආකාරයට ලැබෙන්නේ නැත්නම්, ඔහු කළ යුත්තේ මෙයයි. දිනපු රට අත්හැර යන රජෙක් වගේ හැසිරිය යුත්තේ හුදෙකලාවේමයි. කඟවේනෙකුගේ හිස මත තියෙන තනි අඟක් වගෙයි.”

සාදු! සාදු!! සාදු!!!

12.

අසිරිමත් පසේබුදු පෙළහර

පසසමු මිතුරු සම්පත අපි සැබැවින්ම
උසස් හෝ සම අය - සොයා ගත යුතු සුමිතුරන් ලෙස
නොලැබෙන විටදී ඒ අය - දැහැමින් බොජුන් ලැබගෙන
හුදෙකලාවෙම දිවි ගෙවයි හේ
තනි අඟකින් යුතු කඟවේණෙකු සේ ....

අපගේ ශාස්තෲන් වහන්සේ විසින් ලෝකය පිළිබඳව අවබෝධ කරන ලද ධර්මය සැබැවින්ම පුදුම සහගතය. අතීතයෙහි වැඩසිටි බුදුවරයන් වහන්සේලා ගැන පමණක් නොව පසේ බුදුවරයන් වහන්සේලා ගැන ද ඉස්මතු කොට පෙන්වන අයුරු ඉතා මනහරය.

මේ සසරේ ස්වභාවය නම් ඇරඹුණු තැනක් දක්ක නොහැකි වීමයි. ආරම්භක මුල් ස්වභාවයක් නොපෙනීමයි. අසවල් දවසේ සිට සසර ගමන ඇරඹුනේය කියා කිසිදු සත්වයෙකුගේ සසර ගමන පිළිබඳව පැවැසිය නොහැකි බවයි බුදුරජුන් වදාළේ. එනිසාය භව ගමනක පැටලුණු සත්වයාගේ මූලාරම්භය සෙවීම වෙනුවට භව ගමනින් නිදහස් වීමට මඟක් සොයන්න යැයි අවධාරණ කරන ලද්දේ. ඇත්තෙන්ම අතීත බුදුවරුන් ගැන හෝ

පසේබුදුවරුන් ගැන හෝ බුදුරජාණන් වහන්සේ විසින් නොවදාරණ ලද්දාහු නම් අද අපි ඒ කිසිවක් නොදනිමු. උන්වහන්සේ විසින් කෙළවරක් දැක්ක නොහැකි අතීතයෙහි යම් යම් අවස්ථාවන්හීදී පහළ වූ මේ සුවිශේෂී උතුමන් පිළිබඳව වදාළේ ලොවෙහි පවතින එක්තරා විශේෂ ස්වභාවයක් පෙන්වා දීමටය. එනම් විමුක්තියක් උදෙසා කෙනෙකුන් විසින් අවංකව ගන්නා ලද වෑයම මල් ඵල ගන්නා අයුරු පෙන්වා දීමටයි.

එක්තරා අවස්ථාවක එක් භික්ෂුවක් බුදුරජාණන් වහන්සේගෙන් විමසා සිටියේ 'ගෙවී ගිය අතීතය කොතරම් වර්ෂ වලින් කිව හැකිද?' කියාය. එවිට බුදුරජාණන් වහන්සේ වදාළේ ගෙවී ගිය අතීතය කිසිසේත්ම වර්ෂ වලින් කිව නොහැකි බවයි. කල්ප වලින් ද කිව නොහැකි බවයි. උපමාවකින් වදාළේ මහා සාගර ජලයට වඩා වැඩි ප්‍රමාණයක කඳුලු එක් පුද්ගලයෙකු විසින් ගෙවන ලද සසරේ වගුරුවා ඇති බවයි. මෙවැනි උපමා ඔස්සේ බුදුරජුන් දහම් දෙසා වදාළේ සසරෙහි සැරිසරන සත්වයාට එහි ඇති අන්තාරායදායක ස්වභාවය ප්‍රකට කර දෙනු පිණිසය.

බුදුරජුන් විසින් වදාරණ ලද දේශනා විමසන විට පැහැදිලිවම කරුණු දෙකක් හඳුනාගත හැකිය. එනම් භව ගමනක පැටැලී සිටින සත්වයා එයින් මුදවා නිර්වාණාවබෝධයට යොමු කරවීම මූලික කරුණයි. දෙවන කරුණ සුගතියෙහි උපතක් කරා සත්වයාව යොමු කරවීමයි. මෙවැනි අදහසක තරව පිහිටා උන්වහන්සේ විසින් දහම් දෙසන ලද්දේ සසරෙහි පැටැලී ගිය සත්වයා සතර අපායට අභිමුඛව ගමන් ගන්නා බව පසක් කරගත් නිසාවෙනි. එසේ යන සත්වයන් අතුරින් බුදු බව ලැබිය

හැකි වන්නේ ඉතාමත් කලාතුරකින් කෙනෙකුට ය. එනිසා උන්වහන්සේ කිසිදු දේශනාවක බුදු පිණිස සත්වයන්ව උනන්දු කරවා නැත. හැමවිටම උන්වහන්සේ උනන්දු කරවන ලද්දේ ශ්‍රාවකත්වය ලබාගෙන සසරෙන් එතෙර වීමටයි. කොටින්ම පසේබුදු බව ලබාගැනීම පිණිසවත් තම ශ්‍රාවකයන්ව උනන්දු කළ අවස්ථාවක් ධර්මයෙහි සඳහන්ව නැත.

නමුත් යම් පින්වත් කෙනෙකු විසින් ආර්ය සත්‍යාවබෝධය පිණිස අවංකව වෙහෙසෙන්නේ නම් ඇතැම් විට කලාතුරකින් කෙනෙකුගේ ගමන පසේබුදු බව දක්වා වැඩීයන බව අටුවා කථා කියැවීමෙන් අපට තේරුම්ගත හැකිය. ඒ පසේබුදුවරුන්ගේ අවබෝධයට උපකාරී වී තිබෙන්නේ ධර්ම ශ්‍රවණය වැනි දෙයක් නොවේ. සාමාන්‍යයෙන් කෙනෙකුට ප්‍රඥාව ලබාගැනීම පිණිස කල්‍යාණමිත්‍ර සේවනය හා ධර්ම ශ්‍රවණය අනිවාර්යයෙන්ම උපකාරී විය යුතුය. යෝනිසෝ මනසිකාරයෙන් යුතු තැනැත්තා ප්‍රඥාව උපදවා ගන්නේ එම හේතුව නිසාය. නමුත් පසේබුදුවරුන්ගේ ජීවිතාවබෝධය සිදුවන්නේ බොහෝ විට අහඹු ලෙසය.

සුත්ත නිපාතයේ ඛග්ග විසාණ සූත්‍රයෙහි සඳහන් දොළොස්වෙනි ගාථාවට අයිති කථා වස්තුව මෙයයි.

මිනිස් ආයුෂ වසර විසි දහසක්ව තිබියදී කාශ්‍යප බුදු සසුන පහළ වුණා. මේ බුදු සසුනෙහි මහා පින්වන්තයින් තම තමන්ගේ නිවන් මඟ මුහුකුරාගන්නට නිසි පින් පුරා ගනු පිණිස පැවිදි වුණා. ඒ පැවිදි වූ පිරිසෙන් බොහෝ දෙනෙක් ඒ බුදු සසුනෙහිදීම පිරිනිවන් පෑවා. තවත් පිරිසක් මඟ ඵල නොලබා දෙව්ලොව උපන්නා. ගෞතම බුදුරජුන් පහළ වීමට පෙර එක්තරා යුගයක් එළැඹුණා. ඒ

පසේබුදුවරුන්ගේ යුගයයි. එම යුගයෙහිදී දෙව්ලොව ඉපිද සිටි අර පුණ්‍යවන්තයින් වරින් වර මිනිස් ලොවට පැමිණ පසේබුදුවරුන් බවට පත්ව සසරෙන් එතෙර වුණා.

කාශ්‍යප බුදුසසුනෙහි 'ගතපච්චාගත' වත පිරූ යහළු ශ්‍රමණයන් වහන්සේලා කිහිප නමක් දෙව්ලොව ඉපිද සිටියා. පසේබුදුවරුන්ගේ යුගයේදී ඔවුන් දඹදිව උපන්නා. වැඩිමහළු කෙනා බරණැස් රජු බවට පත් වී සිටියා. අනිත් පිරිස අවට ජනපදයන්හි රජ පවුල්වලත් උපන්නා. සසරෙහි පුරන ලද පුණ්‍යානුභාවයෙන් යහළුවන් බවට පත් වූ ඔවුන් පැවිදි වුණා. තම තමන්ට ආවේණික විමසීම් නුවණ හුරු කරගනිමින් පසේබුදුවරයන් වහන්සේලා බවට පත් වුණා.

දිනක් මේ පසේබුදුවරු නන්දමූලක පර්වත ගුහාවට වැඩම කොට තම තමන් මේ අත්විඳින්නේ කවර පුණ්‍ය විපාකයක් දැයි සොයා බැලුවා. එවිට බොහෝ වාර ගණනක් පැවිදිව ධර්මාවබෝධය පිණිස කැපවීමේ ප්‍රතිඵලය තමන් අත්විඳින බවත්, තමන් සමඟ එකට සිටි වැඩිමහල් තැනැත්තා දැනට බරණැස් නුවර රජ බවට පත් වී සිටින බවත් දැනගත්තා. ඔහු ද පසේබුදු බවට පත්වෙන කෙනෙක් බව නියත වශයෙන්ම දැනගත් මෙම පසේබුදුවරයන් වහන්සේලා දිනක් බරණැස් රජ මාළිගා මිදුලට අහසින් සැපත් වුණා. ආසනවල වාඩිනොවී අහසේම පළඟක් බැඳ වැඩසිටියා. සියලු සේනාවම මේ ආශ්චර්යය දැක ඒ දෙසම බලා සිටියා.

සසරෙහි පුරුදු සෙනෙහසින් යුතුව රජතුමා ද ශ්‍රමණයන් වහන්සේලාට වන්දනා කොට මෙසේ විමසුවා.

"පින්වත් ශ්‍රමණයන් වහන්ස, ඔබවහන්සේලා කවුද?"

"මහරජතුමනි, අපි වනාහී නිවැරදි අයුරින් ලැබෙන බොජුන් වළඳින 'අනවජ්ජ භෝජී' නම් අය වෙමු."

"අනේ.... ශ්‍රමණයන් වහන්ස, මට එහි අරුත වැටහෙන්නේ නැහැ."

"පින්වත් රජතුමනි, ලෝකයෙහි බොහෝ දෙනෙක් රස ආහාරයට ලොල් වෙනවා. කටුක ආහාරයට ගැටෙනවා. රස ආහාරය ලැබෙන තැන ඇලී වාසය කරනවා. කටුක ආහාරය ලැබුණ විට ගැටී බැහැරට යනවා. නමුත් රජතුමනි, අපට ලැබෙන ආහාරය කටුක වේවා, ප්‍රණීත වේවා එය අපට ප්‍රශ්නයක් නොවෙයි. එම ආහාරයට අප සිත තුළ ඇලීම් ගැටීම් කිසිවක් ඇති කිරීමට හැකියාවක් නැහැ."

රජතුමා පුදුමයට පත් වුණා. හිතන්න පටන් ගත්තා.

"හරිම පුදුමයි! අපට ආහාරයේ රස නැතුව ගියොත් කේන්ති යනවා. ආහාරය රසවත් වුණත් පෙනුමට සකස් කොට නැත්නම් ඒත් කේන්ති යනවා. පළතුරු හැඩයකට කපා නැත්නම් ඒත් කේන්ති යනවා. ආහාරයේ සුවඳක් නැත්නම් ඒත් කේන්ති යනවා. නමුත් මේ ශ්‍රමණයන් වහන්සේලාට ආහාරය පිළිබඳ කිසි ගැටළුවක් නැහැ. සැබැවින්ම මෙය විය හැකි දෙයක්ද? මා මෙය පිරික්සා බැලිය යුතුයි."

"අනේ ස්වාමීනී, 'අනවජ්ජ භෝජී' නම් වූ ශ්‍රමණයන් වහන්සේලාව මං මේ දැක්කාමයි. මා කොතෙකුත් ශ්‍රමණ බ්‍රාහ්මණයින්ට ආහාර පුදා තියෙනවා. මිහිරි ආහාරය ඔවුන් සතුටින් වළඳනවා. අමිහිරි ආහාරය ඔවුන් පිළිකුල් කරනවා. නමුත් ඔබවහන්සේලා එය ඉක්මවා ගිහින් ඉන්නේ. එසේ නම් හෙට දවසේ මාළිගයේ දානය පිණිස

වඩින සේක්වා!"

ඉතින් අර පසේබුදුවරයන් වහන්සේලා දානයට වැඩියා. රජතුමා සූදානම් කොට තිබුණේ කුඩු සහලින් සැකසූ බතක් සහ කාඩි හොද්දක් පමණයි. රජතුමාට වුවමනා වී තිබුණේ මේ ශ්‍රමණයන් වහන්සේලා ආහාරයට ඇලෙන ගැටෙන අයුරු විමසා බැලීමටයි. උන්වහන්සේලා නිසි කලට වැඩම කළා. ආහාරපාන පිළිගැන්නුවා. ඒ පිළිගත් දානය උන්වහන්සේලා ඉතාමත්ම සතුටින් වැළඳුවා. හැම ඉරියව්වක්ම ප්‍රසන්නයි. කිසිදු වෙනසක් නැහැ. ඉතාමත්ම කරුණාවෙන් රජතුමාට සෙත් පැතුවා. රජතුමා නැවතත් ආරාධනා කළා.

"අනේ ස්වාමීනී, හෙට දවසේත් දානයට වඩින සේක්වා!"

අර පසේබුදුවරයන් වහන්සේ ඒ ඇරයුම පිළිගත්තා. පසුවදාත් කාඩි හොදියි, කුඩු සහලින් කළ බතකුයි පිළියෙල කොට තිබුණා. එදාත් ඒ පසේබුදුවරුන් වැඩි වේලෙහි රජතුමා එය පිළිගැන්නුවා. හරි පුදුමයි! කිසි වෙනසක් නැහැ. උන්වහන්සේලාගේ ශාන්ත ස්වභාවය වෙනස් වෙන්නේ නැහැ. ඇලුණු බවක් හෝ, ගැටුණු බවක් හෝ රජතුමාට පෙනෙන්න තිබුණෙ නැහැ. රජතුමාට වෙනදා මෙන් කරුණාවෙන් සෙත් පැතුවා. රජතුමා පසුවදා දානයටත් ආරාධනා කළා. ඒ පසේබුදුවරුන් එම ඇරයුමත් පිළිගත්තා.

අරක්කැමියා ඇමතූ රජතුමා මෙහෙම කිව්වා.

"එම්බා සගය, හෙට ශ්‍රමණයන් වහන්සේලාට දානය පිණිස ඉතාම ප්‍රණීත අයුරින් රාජ භෝජන පිළියෙල කළ යුතුයි. එහි මිහිරි සුගන්ධය සිව් දිශාවේ පැතිර යන

පරිද්දෙන් පිළියෙල කළ යුතුයි."

දැන් රජතුමා කල්පනා කළේ කටුක ආහාරයට නොගැටුණත්, ප්‍රණීත ආහාරයට ඇලිය හැකි බවයි. සුදුසු වේලාවෙහි පසේ බුදුවරයන් වහන්සේලා වැඩම කළා. රජතුමා දානය පූජා කරන විට ප්‍රණීත රාජ භෝජනයක මිහිරි සුවඳ මාළිඟය පුරා පැතිර ගියා.

නමුත් මේ පසේබුදුවරයන් වහන්සේලාට එහි කිසි අමුත්තක් දැනුනේ නැහැ. පෙර පරිද්දෙන්ම සතුටින් වැළඳුවා. පෙර පරිද්දෙන්ම රජතුමාට සෙත් පැතුවා. නික්ම ගියා.

රජතුමා කල්පනා කරන්න පටන් ගත්තා.

"ඇත්ත! ආහාරයට නොඇලී ඉන්නත් පුළුවන්. නොගැටී ඉන්නත් පුළුවන්. දැන් මේ ශ්‍රමණයන් වහන්සේලා ඉන්නෙ. ඉතින් ඒ විදිහට මටත් පුළුවන් වෙන්න ඕන."

රජතුමා රජකම අත්හැරියා. පැවිදි වුණා. හුදෙකලා වුණා. නිදහසේ භාවනා කළා. රජතුමාගේ සිතත් ඉක්මනින්ම සමාධිමත් වුණා. විදර්ශනාවට යොමු වුණා. ආර්ය සත්‍යය අවබෝධයට පත්වුණා. ආහාරයට නොඇලෙන, නොග ැටෙන කෙනෙක් බවට පත්වුණා. පසේබුදුවරයන් වහන්සේ නමක් බවට පත්වුණා. ඉර්ධි බලයෙන් නන්දමූලක පර්වත ගුහාවට වැඩම කළා.

එහිදී මංජූසක රැක් සෙවණෙහි වැඩසිටි පසේ බුදුවරුන් මැද මේ නවක පසේබුදුවරයන් වහන්සේ මෙම උදානය වදාළා.

අද්ධා පසංසාම සහාය සම්පදං
සෙට්ඨා සමාසේවිතබ්බා සහායා

ඒතේ අලද්ධා අනවජ්ජ භෝජී
ඒකෝ චරේ ඛග්ගවිසාණ කප්පෝ

"ඇත්තෙන්ම යහපත් මිතුරන්ගේ ඇසුරමයි අපි ප්‍රශංසා කරන්නේ. යහළුවන් ඇසුරු කිරීමේදී එක්කො තමන්ට වඩා ශ්‍රේෂ්ඨ උදවිය විය යුතුයි. එක්කො තමා හා සමාන උදවිය විය යුතුයි. එවැනි යහළුවන් ඇසුරට නොලැබෙන විට වළඳන ආහාරයේ පවා නොඇලෙමින්, නොගැටෙමින් වැළඳිය යුතුයි. එතකොට ඔහු හැසිරෙන්නේ හුදෙකලාවේමයි. කඟවේනෙකුගේ හිස මත තියෙන තනි අඟක් වගෙයි."

සාදු! සාදු!! සාදු!!!

13.

අසිරිමත් පසේබුදු පෙළහර

රන්කරු තැනූ මැනැවින් - දිලෙස රන් වළලු යුගලක්
අතෙහි ලා ගත් විට - එකිනෙක ගැටෙනු දකිමින
හුදෙකලාවෙම දිවි ගෙවයි හේ
තනි අඟකින් යුතු කඟවේණෙකු සේ ....

අපගේ ශාස්තෲන් වහන්සේ විසින් පෙන්වා දුන් පසේබුදුවරුන්ගේ අසිරිමත් චරිතාපදානයන් ගැන ඉගෙන ගනිද්දී සැබැවින්ම පුදුම සහගතයි. නිවන් අවබෝධය පිණිස හුදෙකලාවේම මෝරා ගිය සිත් ඇති මහා පුණ්‍යවන්තයින් පසේබුදුවරුන්ගේ යුගයේදී ලොවට පහළ වෙනවා. ඒ පසේබුදුවරුන් පවා උපදින්නේ ජම්බුද්වීපයෙහි පමණක් බව අප අමතක නොකළ යුතුයි. කොටින්ම බුදු බව ලබන්නට පෙරුම් දම් පුරමින් සිටි අප මහා බෝසතාණන් වහන්සේ පවා ජම්බුද්වීපයෙන් බැහැර වූ රටක උපත ලැබූ බවක් සඳහන් වන්නේ නැහැ. මෙනිසා සියලු බුදුවරුන් හට, පසේබුදුවරුන් හට වාසභූමිය වූ ජම්බුද්වීපයෙහි බොහෝ විට මුනිවරුන්ගෙන් හිස් වීමක් නැහැ.

මෙහි සඳහන් වන්නේ එක්තරා පසේබුදුවරයන් වහන්සේ නමක් පහළ වූ ආකාරයයි. එනම් කාශ්‍යප බුද්ධ ශාසනයෙහි පැවිදි වූ එක්තරා භික්ෂුවක් 'ගතපච්චාගත' වත පුරමින් ආර්ය සත්‍යාවබෝධය මුල් කොට ඉතාමත් ශ්‍රද්ධාවෙන් මහණදම් පිරුවා. උන්වහන්සේට එම සසුන තුළදී මාර්ගඵලාවබෝධයක් ඇති කරගන්නට බැරිවුණා. අපවත් වීමෙන් පසු දෙව්ලොව උපත ලැබුවා. පසේබුදුවරුන්ගේ යුගයෙහිදී බරණැස් රාජ්‍යයෙහි රජු ලෙස මනු ලොවට පැමිණ සිටියා.

දිනක් මේ රජතුමා උද්‍යාන ක්‍රීඩාවට ගියා. ඒ ග්‍රීෂ්ම කාලයයි. රජතුමා රුක් සෙවණේ සැතැපී සිටියා. රජු අසල ම එක්තරා ස්ත්‍රියක් සඳුන් කල්ක පිණිස සඳුන් කුඩු කරමින් සිටියා. එසේ සඳුන් කුඩු කරමින් සිටිද්දී එම දාසියගේ අත්දෙක නිතර සෙළවුණා. හාන්සි වී සිටි රජතුමාගේ දෙනෙත් අර දාසියගේ දෑත වෙත යොමු වුණා. එක අතක තනි වළල්ලක් දමා සිටියා. අනිත් අතේ රන් වළලු දෙකක් දමා සිටියා. තනි වළල්ල ඇති අත කොපමණ සෙළවුණත් කිසි හඬක් නැගුණේ නෑ. නමුත් වළලු දෙකක් දමා සිටි අත සෙළවෙන සෑම වාරයකදීම හඬ නැගුණා. රජතුමා ඒ දෙස අවධානයෙන් බලා සිටියා.

'හරි පුදුමයි! මේ තනි වළල්ල සෙළවෙනවා. නමුත් හඬක් නැගෙන්නේ නෑ. හුදෙකලා බවක් තියෙනවා. වළලු දෙක දැමූ අත සෙළවෙන වාරයක් පාසා නද දෙනවා. මට හිතෙන්නේ ජීවිතයත් මේ වගේ කියලයි. පිරිසක් එක්ක එකතු වුණොත් තමයි මේ සිතට හැම අර්බුදයක්ම හටගන්නේ. නමුත් හුදෙකලාව සිටිද්දී එයාට ලැබෙන සැප, දුක සතුටින් විඳ දරාගෙන අවුලක් නැතුව ඉන්නවා.'

එතකොට රජ බිසව සියලු ආභරණ වලින් සැරසී

රජු අසළම වාඩි වී සිටියා. බිසවට අමුත්තක් තේරුණා.

"ම්...! මොකද මේ... රජ්ජුරුවන් වහන්සේ මේ කාන්තාව දෙස ඇසිපිය නොහෙලා බලා සිටින්නේ.....? මෑ ගැන සිතක් පහළ වෙලා වත් ද....? මැට සිත ගියෝතින් මගේ සැප සම්පත් වලින් කොටසක් මැට දෙන්න වේවි! මං දැන් සැහෙන වෙලාවක් බලාගෙන සිටියා. රජතුමා වශී වෙලා වගේ.... එහෙම වෙන්න දෙන්න බෑ...!"

ඉතින් බිසව අර ස්ත්‍රියට මෙහෙම කිව්වා.

"අනේ.... ඔයාට හරි මහන්සි හැඩයි. සඳුන් කල්ක හදන්නට සඳුන් කුඩු කිරීම ලෙහෙසි නෑ තමයි. නමුත් මාත් හරී ආසයි සඳුන් කුඩු කරන්න. එනිසා මේ ඔයා සඳුන් කුඩු කළා ඇති. කෝ දෙන්න මට...."

ඉතින් දාසිය නැගිටුවා ඇයගේ තැනින් වාඩි වුණා. සඳුන් කුඩු කරන්න පටන් ගත්තා. රජතුමා එවරත් ඇසිපිය නොහෙලා බිසවුන් වහන්සේ සඳුන් කුඩු කරන අයුරු බලා සිටියා.

'ඔව්! අර අත්දෙකෙයි මේ අත්දෙකෙයි ලොකු වෙනසක් තියෙනවා... කලින් තනි වළල්ලක අතක් තිබුණා. වළලු දෙකක අතක් තිබුණා. තනි වළල්ල හඬ නැගුවේ නෑ. වළලු දෙක ඝෝෂා කළා.... දැන් මේ අත් දෙක ඊට වෙනස්. මේ අත් දෙකේම රන් වළලු පුරෝලා තියෙනවා. මේ වළලු ගැටෙද්දී මහා ඝෝරණාඩුවක් ඇහෙනවා..... හුදෙකලාවමයි හොඳ! හුදෙකලාවමයි හොඳ!'

රජතුමා අනිත් පැත්ත හැරුණා. ඒ ගැන හිතන්න පටන් ගත්තා. හුදෙකලා බවෙහි අරුත විමසන්න පටන් ගත්තා. පසේබුදුවරයන් වහන්සේ නමක් බවට පත්වුණා. සංසුන් සිතින් වැතිර සිටි ඒ පසේබුදුවරයන් වහන්සේ

ළඟට බිසොවුන් වහන්සේ පැමිණියා.

"ස්වාමීනී, මේ බලන්න.... හරි සුවඳයි. මං මගේ අතින්මයි මේ සඳුන් කල්ක හැදුවේ.... ඔබතුමාගේ නළලත මං සඳුන් තිලකයක් තබන්නද....?"

පසේබුදුවරයන් වහන්සේ සැණෙකින් නැගිට්ටා.

"පින්වත් නැගණිය, ඉවත් වෙන්න! සඳුන් කල්කයෙන් මට කම් නැත."

ඕ පුදුමයට පත්වුණාය. දල්වා ගත් දෑසින් යුතුව රජතුමාගෙන් විමසා සිටියාය.

"මා ප්‍රියාදර ස්වාමීනී, ඔබවහන්සේට කිසියම් සිත් තැවුලක් ඇතිවුණාද? ප්‍රිය රජ්ජුරුවන් වහන්ස, පවසන සේක්වා...!"

"නැත. මම දැන් රජෙක් නොවෙමි. සියලු දෙයින්ම නිදහස් වූ යම්කිසි අපූර්වත්වයක් මට දැනෙනවා..."

රජතුමාගේ මේ වෙනස ලැව් ගින්නක් සේ පැතිරුණා. ඇමතිවරුන් හනිකට පැමිණුනා.

"පින්වත් රජ්ජුරුවන් වහන්ස, ඔබවහන්සේට මේ මොකද වුණේ?"

"දරුවෙනි, මා දැන් රජෙක් නොවෙයි. නිදහස් පුද්ගලයෙක්. ඔව්! ඒ නිදහස එක්තරා හුදෙකලා බවක්. ඇලෙන, ගැටෙන ලෝකයට අයිති නැති බවක්, ශාන්ත බවක්."

"ඒ කියන්නේ ඔබවහන්සේ පසේබුදු බවට පත්වුණාද? පසේබුදුවරයන් වහන්සේලා රාජකීය වස්ත්‍රාභරණ වලින් සැරසිලා නෑ. උන්වහන්සේලා ඉන්නේ කෙස් රැවුල් බාලා,

සිවුරු පාත්‍රා අරගෙනයි. නමුත් ඔබවහන්සේගේ හිසෙහි කෙස් තියෙනවා. ගතෙහි සළු පිළි තියෙනවා."

එතකොට රජතුමා හිස අතගෑවා. සැණෙකින් කෙස් රැවුල් ඉවත් වී, සළු පිළි වෙනුවට සිවුරු පොරවා ගත් උපශාන්ත ශ්‍රමණ රුවක් දිස්වුණා. උන්වහන්සේ අහස් තලයෙන් නන්දමූලක පර්වතයට වැඩම කළා. පසේබුදුවරයන් වහන්සේලා සමඟ වැඩසිටිද්දී තමන් වහන්සේට අවබෝධයට උපකාරී වූ අත්දැකීම පවසා සිටියා.

දිස්වා සුවණ්ණස්ස පභස්සරාණි
කම්මාරපුත්තේන සුනිට්ඨිතානි
සංඝට්ටමානානි දුවේ භුජස්මිං
ඒකෝ චරේ ඛග්ගවිසාණ කප්පෝ

"රන්කරු පුත්‍රයෙක් විසින් ඉතාමත් ලස්සනට කැටයම් කළ ප්‍රභාෂ්වර රන් වළලු මට දකින්නට ලැබුණා. අත්දෙක සෙළවෙද්දී ඒ වළලු එකිනෙකට ගැටුණා. ජීවිතයත් ඒ වගෙයි කියා මට සිතුණා. මං හුදෙකලා වුණා. දැන් මං හැසිරෙන්නේ තනිවම හුදෙකලාවේමයි. කඟවේනෙකුගේ හිස මත තියෙන තනි අඟක් වගෙයි."

සාදු! සාදු!! සාදු!!!

14.

අසිරිමත් පසේබුදු පෙළහර

මෙලෙසින් දෙවැන්නෙකු හා - වසන්නට සිදු වූවොත්
දොඩමින් නිසරු දේවල් - ඇලෙන්නට සිදුවන්නේ
මේ අනාගත භය - මනා නුවණින් දකිමින්
හුදෙකලාවෙම දිවි ගෙවයි හේ
තනි අඟකින් යුතු කඟවේණෙකු සේ ....

අපගේ ශාස්තෘන් වහන්සේ ඉසිගිලි පර්වතයේදී පසේබුදුවරුන් ගැන වදාළ ඉතා රමණීය දෙසුමක් ගැන ඔබ අසා ඇති. බාහිර උපදෙස් නොලබා තමා තුළ ක්ෂණිකව ඇතිවන අවබෝධයක් තුළින් නිවන් දැකීම පසේබුදුවරුන්ගේ ස්වභාවයයි. බොහෝ විට උන්වහන්සේලා පසේබුද්ධත්වයට පත්වන තුරු තමන්ගේ මේ ජීවිතය මේ සකස් වෙමින් යන්නේ පසේබුදුබවට බව දන්නා බවක් නොපෙනේ. එහෙත් ජීවිතාවබෝධය පිණිස උන්වහන්සේලා තුළ ඇති නොසන්සිඳෙන ආශාව විසිනුයි උන්වහන්සේලාව ඒ තත්වය කරා ගෙන යන්නේ. එමෙන්ම බොහෝ පසේබුදුවරුන් උපත ලබා තිබෙන්නේ රජ පවුල්වලයි. රජකම හැරදා අභිනික්මන් කොට විමුක්ති ගවේෂණයේ යෙදීම උන්වහන්සේලාගේ ස්වභාවයයි.

පසේබුදුවරුන්ගේ යුගයේදී බාහිරින් ශ්‍රවණය කළ යුතු චතුරාර්ය සත්‍යය ධර්මයක් අසන්නට නොලැබේ. නමුත් අභ්‍යන්තර කුසලතාව වන යෝනිසෝ මනසිකාරයෙහි තියුණු ලෙස යෙදීම ඒ උතුමන්ගේ ස්වභාවයයි. තම තමන් මුහුණ දෙන අත්දැකීම් ඇසුරෙනුයි ජීවිතාවබෝධය පිණිස සිත සකස් වෙන්නේ.

දැන් ඔබ ඉගෙන ගන්නේ ද එබඳු පසේබුදුවරයන් වහන්සේ නමක් පිළිබඳවයි. සසරෙහි පුරන ලද පින් ඇති දරුවෙක් බරණැස රජ පවුලෙහි ඉපදුණා. ඔහුට තරුණ වියෙහිදීම රජකම ලැබුණා. නමුත් රාජකීය ජීවිතයට මේ යොවුන් රජතුමාගේ සිත ඇලුණේ නැහැ. තම බිසව කෙරෙහි වත් සිත ඇලුණේ නැහැ. දිනක් ඔහු ඇමති මඬුල්ල රැස් කළා.

"ප්‍රිය ඇමතිවරුනි, මට ජීවිතාවබෝධය ලබන්න ආසයි. අපි වගේ රජකරපු අයගේ නොගිණිය හැකි ඉතිහාසයක් මේ අතීතයේ තියෙනවා. ඒ රජකළ හැමෝම තම තමන් කළ දේ රැගෙන ගියා. හැබැයි ජීවිතාවබෝධය පිණිස වෙහෙසුණු රජවරු නම් තම ජීවිතයට යම්කිසි වටිනාකමක් ලබාගන්න ඇති කියලයි මට හිතෙන්නේ. මේ දඹදිව ඉතිහාසය බලද්දී අභිනික්මන් කළ රජවරුන්ගෙනුත් අඩුවක් නැහැ. ඇත්තෙන්ම මට මේ කිසි දෙයක් ගැන දැන් ආශාවක් නැහැ. මං කැමැතියි විමුක්තිය සොයාගෙන යන්න."

ඇමතිවරු කලබල වුණා. "අහෝ! මහරජතුමනි, අපේ රට විනාශ වේවි. ඔබතුමාගේ රාජකාලය තුළ රට සුඛිත මුදිත වුණා. ජනයා සැප සේ වාසය කරනවා. සැප සම්පතින් දැන් අපි ආඪ්‍යව ඉන්නවා. සාමන්ත රජවරුන් අපේ රාජ්‍යයට ඇස් හෙලාගෙනයි ඉන්නේ. ඔබතුමා වැනි

උතුම් නායකයෙක් අපට නැතිවුණොත් මුළු රාජ්‍යයම අනතුරේ.”

රජතුමා කල්පනා කළා. බිසව රජතුමා අසළ සිටිමින් හඬ හඬා මෙහෙම කිව්වා.

“මා ප්‍රිය දේවයන් වහන්ස, ඔබවහන්සේ නැතුව මා ඉන්නේ කොහොමද? මේ රජපරපුර වඳ වෙන්නට නොදී ඉදිරියට ගෙන යාම අපගේ යුතුකමයි. ඉතින් ස්වාමීනී, අඩු ගණනේ රජ පරපුර පැවැත්වීම පිණිස අපි දරු සම්පතක්වත් ලබාගත යුතුයි.”

රජතුමා අනුකම්පාවෙන් එයට එකඟ වුණා. “ඒකත් ඇත්ත. පුත් කුමරෙක් සිටියොත් මගේ බන්ධන වලින් මට නිදහසක් ලැබේවි. එතකොට මට පෙර ඍෂිවරු විමුක්තිය සොයා ගිය පරිද්දෙන් අභිනික්මන් කරන්නට පුළුවන්” කියා කල්පනා කොට නිශ්ශබ්ද වුණා.

ටික දවසකින් දේවියට දරු සම්පතක් ලැබෙන ලකුණු පහළ වුණා. ඇමැතිවරු රැස්කළ රජතුමා මෙහෙම කිව්වා.

“ප්‍රිය ඇමැතිවරුනි, දැන් බිසවුන් වහන්සේට දරු ගැබක් පිහිටා තිබෙනවා. පුතෙකු උපන්නොත් ඔහුට ඔටුණු පළඳවා රාජ්‍ය විචාරන්න. මා පැවිදි වෙන්න යනවා.”

“අනේ මහරජතුමනි, එහෙම කරන්න එපා....! බිසවුන් වහන්සේට ලැබෙන්නේ දුවක් ද පුතෙක් ද කියා අපට තාමත් කියන්න අමාරුයි. දරුවා ලැබෙන කම් ඉවසන සේක්වා...!”

රජතුමා නිශ්ශබ්ද වුණා. බිසව පින්වත් පුත් රුවනක් බිහි කළා. ඇමතිවරු රැස් වී රජතුමාට බොහෝ කරුණු

කිව්වා.

"භවත් මහරජාණෙනි, කුමරු තාම ළදරුයි. තාම දන්නේ සිනහසීමත්, හැඬීමත් පමණයි. එනිසා කුමරුට සුදුසුකල් එළැඹෙන තෙක් ඔබවහන්සේගේ ජනයා රැකගන්නා සේක්වා!"

රජතුමා නිශ්ශබ්ද වුණා. කුමරුට සුදුසු කල් පැමිණුනා. ඇමතිවරුන් රැස් කළ රජතුමා මෙහෙම කිව්වා.

"ප්‍රිය ඇමතිවරුනි, දැන් මට නවතින්න කලක් නැහැ. ජනතාවට ඇති අනුකම්පාව නිසයි මං මෙතෙක් කල් ඉවසා සිටියේ. කුමාරයාට ඔටුණු පළඳවන්න. මා රාජ්‍ය කළ ආකාරයෙන්ම කරගෙන යන්න. මා තවදුරටත් රාජ්‍යකරණයෙහි යෙදෙන්නෙ නෑ. මට සත්‍යාවබෝධය අවශ්‍යයි."

රජතුමා කරණවෑමියන් ලවා කෙස් රැවුල් බා ගත්තා. ශ්‍රමණ පරිෂ්කාර ගෙන්වා ගෙන ගිහි වස්ත්‍ර ඉවත් කොට හැඳපොරොවා ගත්තා. මහාජනක රජු අභිනික්මන් කළා සේ මේ යොවුන් රජතුමා ද මාළිගාවෙන් නික්ම මහමගට බැස්සා. සියලු පිරිවර ජනයා මහත් සේ කම්පා වුණා. මුළු රාජධානිය ම කැළඹුණා. විමුක්තිය සොයමින් හුදෙකලාවේ වනඅසපුවකට පියමං කරන රජතුමා දකින්නට ජනයා රැස් කකා පැමිණුනා. ඔවුන් හඬා වැළපුණා. ළයෙහි අත්පැහැර සෝෂා කළා. රජතුමා නිශ්ශබ්දව පිටත් වුණා. ඔවුන් පසුපස්සේ ඒමේ නිමාවක් නෑ. රජතුමා බැරිම තැන සැරයටියෙන් පාර හරහට ඉරක් ඇන්දා.

"ඔන්න මං රේඛාවක් ඇන්දා. මෙතනින් එයාට කවුරුවත් එන්න එපා!"

මහාජනයා එම රේඛාව මත හිස තබා සිඹිමින් බිම

වැතිරී හඬන්න ගත්තා. පුංචි කුමාරයාට හඬ නගා කිව්වා,

"අනේ රත්තරං කුමරුනේ... ඔබගේ පියාණන් වහන්සේගේ රජ අණ නිසා අපට මේ රේඛාවෙන් ඔබ්බට යන්න වරම් නැහැ. එහෙත් කුමාරයාණෙනි, ඔබට නම් තම පියාණන් ළඟට යා හැකියි නේද?"

එතකොට කුමාරයා 'පියාණනේ.... පියාණනේ.... මාත් එනවා'යි කියමින් රේඛාව මැඩගෙන ගොස් රජතුමා වැළඳගත්තා. රජු මෙහෙම කල්පනා කළා.

'මං මේ තාක්කල් මුළු මහා ජනකායම මගේ දරුවන් වගේ ආදරයෙන් රැකගත්තා. එහෙම එකේ මේ එක දරුවෙක් ආරක්ෂා කිරීම මට එච්චර ප්‍රශ්නයක් නැහැ.'

ඉතින් රාජඍර්ෂීන් වහන්සේ තම පුතාත් සමඟ කෙමෙන් කෙමෙන් ශ්‍රමණයන් වහන්සේලා වැඩසිටින වනයට පැමිණුනා. එහි හුදෙකලා කුටි තියෙනවා. මැටියෙන් තැනූ පිල් තියෙනවා. සක්මන් මළු තියෙනවා. හැබැයි රජමාළිගාවේ ඇති වටිනා සුඛෝපභෝගී ආසන කිසිවක් නැහැ. පුත් කුමරා මහත් අසීරුවකට පත්වුණා. සීතල හමන විට 'පියාණෙනි, සීතලයි' කියා හඬනවා. අව් රශ්නය වැඩි විට 'පියාණෙනි, අව්ව සැරයි' කියා හඬනවා. මදුරුවන් කන විට 'පියාණෙනි, මාව මදුරුවන් කනවා' කියා හඬනවා. බඩගිනි, පිපාස දැනුන විට 'පියාණෙනි, මට බඩගිනියි. පියාණෙනි, මට පිපාසයි' කියා හඬනවා.

රාජඍර්ෂීන් වහන්සේට අභිනික්මන් කළ අරුත සපයාගන්න නොහැකි වුණා. මහත් කරුණාවෙන් යුතුව දරුවාට ඇප උපස්ථාන කළා. ඒ වෙනුවෙන් මුළු රැයත්, දවාලත් ගත වුණා. දරුවාව සනසා ගමට පිඬු සිඟා වඩිනවා. ගමෙන් ලැබෙන්නේ රජ බොජුන් නොවෙයි.

තණ හාල්, කඩල, මුල් ඇට ආදිය මිශ්‍ර කළ ආහාරයයි. කුමාරයා 'පියාණෙනි, මේවා මට වළඳන්න අමාරුයි' කිය කියා ස්වල්පය බැගින් අනුභව කරද්දී කෙමෙන් කෙමෙන් සිරුර මැළැවී ගියා. අව්වෙහි කපා දැමූ නෙළුමක් මෙන් මැලවුණා. රාජඉර්ෂීන් වහන්සේට මේ දරුවා ගැන මහත් අනුකම්පාවක් ඇතිවුණා.

"පුතේ... එහෙනම් අපි ටික දවසකට නගරයට යමුද? එතකොට ඔයාට රසවත් ආහාර ටිකක් ලැබේවි."

"අනේ පියාණෙනි, එහෙනම් අපි යමු."

රාජ ඉර්ෂීන් වහන්සේ මේ දරුවාත් සමඟ පැමිණ සැරයටියෙන් රේඛාව ඇන්ද තැන නැවතුණා. ඒ වන විට බිසවුන් වහන්සේ ඇමතියන්ට මෙහෙම කියා තිබුණා.

"කුමාරයාට වනාන්තරයේ ජීවත් වෙන්න අමාරුයි. කීප දිනකින්ම ආපහු හැරී එන්න පුළුවන්. එහෙම ආවොත් නැවත මාළිගාවට කැඳවාගෙන එන්න ඕන" කියලා සේනාව රඳවලා තිබුණා.

රාජඉර්ෂීන් වහන්සේ එතැනට වැඩි වග බිසවට සැළවුණා. පුරාංගනාවන් පිරිවැරූ බිසව එතැනට පැමිණෙද්දී රාජඉර්ෂීන් වහන්සේ කුමරාට මෙහෙම කිව්වා.

"පුතේ, අන්න ඔබ මෑණියන් ඉන්නවා. පුතා එතනට යන්න. පුතාට කිසි හිරිහැරයක් නොවේවා!"

කුමරා දුවගොස් මෑණියන් වැළඳගත්තා. රාජඉර්ෂීන් වහන්සේ ආපසු හැරී පසේබුදුවරුන් වසන වනයට පැමිණියා. උන්වහන්සේට අමුතු නිදහසක් දැණුනා. සීතලයි, රස්නෙයි, බඩගිනියි කියා හඬන්නට දැන් කවුරුත් නැහැ. එකල තම දරුවා නිසා සිතෙහි හටගත් බැඳීමෙන් සිරවී

සිටි අයුරු උන්වහන්සේට වැටහුණා. දැන් ඒ සියල්ලෙන් නිදහස්ව හුදෙකලාවේ සිටීමෙන් ලැබෙන සැපය ටිකෙන් ටික තේරුම් ගනිද්දී සිත සමාධිමත් වුණා. ජීවිතාවබෝධය පිණිස සකස් වුණා. සියලු කෙලෙසුන්ගෙන් නිදහස් වුණා. පසේබුදුවරයෙක් බවට පත්වුණා.

හිමාලයේ ගන්ධමාන පර්වතයෙහි මංජූසක රුක් සෙවණේ දී අනෙත් පසේබුදුවරයන් වහන්සේලා මෙතුමාගෙන් තම ජීවිතාවබෝධයට පාදක වූ කරුණු ඇසුවා. එවිට මේ පසේබුදුවරයන් වහන්සේ මෙම ගාථාව වදාළා.

ඒවං දුතියේන සහා මමස්ස
වාචාභිලාපෝ අභිසජ්ජනා වා
ඒතං භයං ආයතිං පෙක්ඛමානෝ
ඒකෝ චරේ ඛග්ගවිසාණ කප්පෝ

"මට දෙවැන්නෙක් සමඟ මේ විදිහට ජීවත් වෙන්නට සිදු වූ නිසා නිසරු වචන කිය කියා ඉන්න සිදුවුණා. අනිත් කෙනාට ඇලී ඉන්නත් සිදුවුණා. ඇත්තෙන්ම මේ තුළින් ඇතිවන අනාගත ප්‍රමාදය ගැන මට භයක් ඇතිවෙනවා. දැන් මං හැසිරෙන්නේ තනිවම හුදෙකලාවේමයි. කඟවේනෙකුගේ හිස මත තියෙන තනි අඟක් වගෙයි."

සාදු! සාදු!! සාදු!!!

15.

අසිරිමත් පසේබුදු පෙළහර

ලෙඩ දුක - තුවාලය - උවදුර යන නම ද
රෝගය - යහුළ - භය යයි පවසති මෙයට
කාම ගුණවල ඇති - මේ භය හොඳින් දැනගෙන
හුදෙකලාවෙම දිවි ගෙවයි හේ
තනි අඟකින් යුතු කඟවේණෙකු සේ ....

අපගේ ශාස්තෘන් වහන්සේ පසේබුදුවරුන් ගැන කරන විස්තරයේදී වදාරණ ලද්දේ ගාථාවන් පමණි. ඒ ඒ ගාථාවන්හි ඇති තේරුම් බොහෝ විට ඒ පසේබුදුවරුන්ගේ ජීවිත අත්දැකීම්ය. උන්වහන්සේලා ද සාමාන්‍ය මනුෂ්‍යයන් මෙන් විවිධාකාර අත්දැකීම්වලට මුහුණ දෙති. රෝග පීඩා ආදිය ඇතිවන විට කලකිරීමට පත්වෙති. දරුවන්ට ආදරය කරති. කාමයට හසුවෙති. එතුළින්ම ඔවුන් ලබන අවබෝධය හේතුවෙන් සත්‍යය කරා යොමු වෙති.

නුවණ මුහුකුරා නොගිය සාමාන්‍ය මනුෂ්‍යයා තමා මුහුණ දෙන නොයෙකුත් කරදර කම්කටොලු වලදී එහි බැසගෙන ඒ තුළින් හටගන්නා දුකට මැදි වී වාසය කරන නමුත් පසේ බුදු බවට පින් ඇති පුරුෂයින් ඒ දුකින් එතෙර වෙති. සාමාන්‍ය ලෝකයා හට සිතාගත නොහැකි අපූර්ව වූ කල්පනාවකින් හෙබි මේ විශේෂ මනුෂ්‍යයින්ගේ ජීවිත

කථාවන් තුළින් අපට ඉගෙන ගත හැක්කේ සසරෙහි ප්‍රගුණ කරන ලද පින් ඇති කෙනාගේ අභ්‍යන්තර චිත්ත සන්තානය තමාටත් නොදැනීම විමුක්තිය පිණිස සකස් වන බවයි.

එනිසා සසරෙහි ගමන් කරන අපට මිනිස් ලොව ගත කරන ජීවිතය විමුක්තිය පිණිස තීරණාත්මක සාධකයක් කරගත හැකි බව මෙබඳු කථාවලින් තේරුම් ගත හැකිය. සත්‍යාවබෝධයට ආශා කිරීම, ඒ සඳහා නුවණ මෙහෙයවීම, ඉඳුරන් දමනය කොට පුරුදු කිරීම, ඉවසීම ඇති කරගැනීම, අත්හැරීම පුරුදු කිරීම වැනි සුවිශේෂ කුසලතා මෙයට උපකාරී වේ.

මෙම කථාවේ සඳහන් වන්නේද ජීවිතය කළකිරුණු රජ කෙනෙකු පසේබුදුවරයෙකු බවට පත් වූ ආකාරයයි. බරණැස් නුවර ඉතා දැහැමි රජෙක් වාසය කළා. කලක් යන විට ඔහුගේ සිරුරෙහි මහත් වේදනා දෙන ගෙඩියක් හටගත්තා. නොයෙක් අයුරින් පිළියම් කළා. එහෙත් ගෙඩිය සුව වුණේ නැහැ. වෛද්‍යවරු පවසා සිටියේ සැත්කමක් කොට ගෙඩිය ඉවත් කළ යුතු බවයි. මේ හේතුවෙන් බොහෝ කල් දුක් විඳි රජතුමා වෛද්‍යවරු කැඳෙව්වා.

"අනේ පින්වත් වෛද්‍යවරුනි, වෙන රජවරු ගැන කල්පනා කරන විදිහට මං ගැන හිතන්න එපා. සැත්කම කොට සුව වුණේ නැතත් මං ඔබට හානියක් කරන්නේ නෑ. එනිසා ඉක්මනින් සැත්කම කරන්න. මා පොරොන්දු වෙනවා, ඔබට අභය දානය දෙන බවට. අනේ මට මේ වේදනාව ඉවසගන්න බෑ..."

"දේවයන් වහන්ස, ඇත්තෙන්ම බොහෝ වෛද්‍යවරු රජවරුන්ට වෙදකම් කරන්නට ගොස් මැරුම් කෑවා. එයට

භයෙන්මයි අපි රජවරුන්ට සැත්කම් නොකරන්නේ. නමුත් ඔබවහන්සේගේ කාරුණික ඉවසීම නිසා අපි සැත්කම කරන්නම්."

වෛද්‍යවරු ගෙඩිය පැලුවා. සැරව ඉවත් කළා. තුවාලයට බෙහෙත් ගල්වා වෙලුම් පටිවලින් වෙලුවා. සත්පාය ආහාරපාන නියම කළා. ටික කලක් යන විට ගෙඩිය සුවපත් වුණා. නමුත් රජතුමාට ගැලපෙන ආහාර නැති නිසා ශරීරය කෘශ වුණා. දුර්වල වුණා. එනිසා යළිත් රජතුමා හිතුමනාපයට ආහාර ගන්න පටන් ගත්තා. නැවතත් එතනින්ම ගෙඩියක් මතුවුණා. මහත් වේදනාවට පත් වූ රජතුමා වෛද්‍යවරුන් ලවා ආයෙමත් සැත්කම කරවා ගත්තා. රජතුමා නැවතත් කෙට්ටු වුණා. ශරීරය දුබල වුණා. කලක් ගත වන විට තමන් අනුභව කරන ලද රසවත් ආහාර පාන මතක් වෙන්න පටන් ගත්තා.

"මේ අසනීපයක් නිසා නිදහසේ කෑම ටිකක්වත් කන්න නෑ. වෛද්‍යවරු ඇවිදින් ආහාර නියම කරනවා. හැමදාමත් මේවා කන්න පුළුවන්ද? දැන් මට සනීපයි. එක වතාවක් ගෙඩිය කපලා ඉවත් කළා. කටට රහට රජබොජුන් වළඳලා වැඩි දවසක් ගියේ නෑ. ආයෙමත් ගෙඩියක් ආවා නෙව. දැන් ඒකත් ඉවත් කළා. දැන් ඉතින් මට ලෙඩක් හැදෙන එකක් නෑ. සෑහෙන දවසක් කෑමක් නැතිව දුක් වින්දා.

මේක මොන වදයක්ද...? දැන් මං කරන්නෙ මෙච්චරයි. ඕන දෙයක් වුණාවේ කියලා මට හිතෙන දේවල් ආහාරයට ගන්නවා."

ඉතින් රජතුමා ආයෙමත් හිතුමනාපෙට ආහාර පාන ගන්න පටන් ගත්තා. ටික දවසක් යද්දී කලින්ටත්

වඩා දරුණු විදිහට ගෙඩිය මතුවුණා. රජතුමා ආයෙමත් වෛද්‍යවරුන්ව කැඳෙව්වා.

"අනේ දේවයන් වහන්ස, ඔබවහන්සේ අපගේ අවවාදයට අනුව හික්මෙන්නෙ නැහැ නෙව. දැන් දෙපාරක්ම සුවපත් කළා. හැබැයි මේ වතාවෙ නම් ගෙඩිය හැදිලා තියෙන්නේ සුව කරන්න බැරි විදිහටයි. සත්පාය ආහාරපාන ලැබෙනකම් විතරයි ගෙඩිය සුවපත් වුණේ. දැන් තියෙන තත්වය අනුව ආයෙමත් සැත්කමක් කළොත් බේරගන්න බැරිවේවි. එනිසා අපට ජීවිත දානය දෙන සේක්වා! ඔබවහන්සේ බේරාගන්න අපට පුළුවන්කමක් නෑ."

වෛද්‍යවරුන් විසින් තමන්ව අත්හැර දැමීම ගැන රජතුමා මහත් කම්පාවකට පත්වුණා. තනියම කල්පනා කරන්නට පටන් ගත්තා.

"ඔව්... මේ හැම දේකටම මුල තෘෂ්ණාවමයි. මේ රස තෘෂ්ණාව නිසා මම පෝෂණය කළේ කුණු ශරීරයක්. විනාශ වී යන දෙයක්. එතකොට මේ ශරීරය තුළිනුයි මං ආශ්වාදයක් හොයන්න පෙළඹෙන්නේ. මේ ශරීරයයි මං එයට යොදවන්නේ. ඒ ශරීරයෙන්මයි මට වද දෙන්නෙත්. මගේ රජකමට ගෙඩිය සනීප කරන්න පුළුවන්කමක් නෑ. වෛද්‍යවරු මාව අත්හැරියා. දැන් මම කොහොමත් මැරෙනවා. නමුත් මාව නැවත නැවත දුකට පත් කරවන මේ තෘෂ්ණාවත් සමඟ නම් මට තවත් ගණුදෙනු කරන්න ඕන නෑ. තෘෂ්ණාව නැතිවෙන මඟක් හොයන්න ඕන. මේ රජකම කරමින් කරන්න බෑ."

රජතුමා හොඳටම කළකිරුණා. ඇමතිවරු රැස්කළා. රජකම භාරදුන්නා. රෝගය සුවපත් නොවී තියෙද්දීම පැවිදි

වුණා. හුදෙකලාවේම බරණැස ඉසිපතනයට පිටත් වුණා. ඒ දිනවල ඉසිපතන මිගදායෙහි පසේබුදුවරයන් වහන්සේලා වැඩසිටිනවා. මේ අලුත් ශ්‍රමණයන් වහන්සේ ඉසිපතන වනයේ පාළු කුටියකට ගියා. ගෙඩිය මෝදු වී ඇදුම්කද්දී මේ ශ්‍රමණයන් වහන්සේ පුදුම විදිහට ඉවසුවා. සිත දමනය කරගත්තා. සිත සමාධිමත් කරගත්තා. නුවණින් විමසන්න පටන් ගත්තා. සත්‍යාවබෝධය පිණිස ප්‍රඥාව වැඩී ගියා. තෘෂ්ණාව ක්ෂය වුණා. පසේබුදුවරයන් වහන්සේ නමක් බවට පත්වුණා. ඉර්ධියෙන් අහසට නැගී හිමාලයේ ගන්ධමාන පර්වතයේ මංජූසක රැක් සෙවනට පැමිණුනා.

අලුත පැමිණි මේ පසේබුදුවරයන් වහන්සේගේ ජීවිත අත්දැකීම කුමක්දැයි විමසූ විට උන්වහන්සේ මේ ගාථාව වදාළා.

ඊති ච ගණ්ඩෝ ච උපද්දවෝ ච
රෝගෝ ච සල්ලං ච භයං ච මේතං
ඒතං භයං කාමගුණේසු දිස්වා
ඒකෝ චරේ ඛග්ගවිසාණ කප්පෝ

"මේ ශරීරය නම් කෙමෙන් කෙමෙන් විනාශය කරාම යන දෙයක්. සැරව පිරුණු ගෙඩියක්. මහා වධයක්. රෝගයක්. රිදුම් දෙන හුලක්. ඔනෑම මොහාතක භය ඇතිකරවන දෙයක්. මේ හැම දෙයක්ම ඇතිවෙන්නේ රූප, ශබ්ද, ගන්ධ, රස, ස්පර්ශ යන කාම සැපය නිසා. මං මේකෙ ආදීනව දැක්කා. ඒ නිසා දැන් මං හැසිරෙන්නේ තනිවම හුදෙකලාවේමයි. කඟවේනෙකුගේ හිස මත තියෙන තනි අඟක් වගෙයි."

සාදු! සාදු!! සාදු!!!

16.

අසිරිමත් පසේබුදු පෙළහර

පිරිසත් සමඟ ඇලෙමින් නිති කල් ගෙවන
කෙනෙකුට නොමැති සැනසුම දහමක රැඳුන
මුනිවරුන් පැවසූ මෙය - අසාගෙන සිත සතුටින
හුදෙකලාවෙම දිවි ගෙවයි හේ
තනි අඟකින් යුතු කඟවේණෙකු සේ ....

අපගේ ශාස්තෘන් වහන්සේ පසේබුදුවරයන් වහන්සේලා විසින් වදාරණ ලද ගාථාවන් මතු කොට පෙන්වීම නිසා අපට මේ විස්මිත මුනිවරුන් ගැන ඉගෙන ගැනීමේ අවස්ථාව ලැබුණා. සසරෙහි කරන ලද පුණ්‍යානුභාවයෙන් යුතුව උපදින මේ මහා පුරුෂයින් හට නිසි කල පැමිණෙන විට පසේබුදුවරුන්ගෙන්ම උපකාර ලැබේ. එය බොහෝ පසේබුදුවරුන් කෙරෙහි දක්නට ලැබෙන දෙයකි.

අප ද අපට උපකාර කරන, කරදරයේදී පිහිට වෙන, යහපත් අරමුණු උදෙසා මඟපෙන්වන උතුමන්ව හඳුන්වා දෙන්නේ ඉෂ්ට දේවතාවුන් නමිනි. පසේබුදු බවට පින් ඇති මේ උදාර මනුෂ්‍යයින්ට ද පසේබුදුවරයන් පිහිටවන්නේ ඉෂ්ට දේවතාවුන් පරිද්දෙනි. මෙහි සඳහන් වන්නේ එවැනි

කථාවකි.

මහා පින් ඇති කෙනෙක් බරණැස් රජුගේ පුතෙකුව උපන්නේය. මේ කුමරා කුඩා අවදියෙහිම කෙලි සෙල්ලම් අත්හැරියා. දඩයම් අත්හැරියා. විනෝදය අත්හැරියා. අමුතුම ජීවිතයක් ගෙව්වා. මෙය හැමෝටම ප්‍රශ්නයක් වුණා. සියලු සැප සම්පත් තියෙද්දී මේ දරුවා කල්පනා කරන්නේ ජීවිතාවබෝධයක් ගැනයි. රජ බිසව මහත් සේ කම්පා වුණා.

"අනේ මගේ පුංචි පුතේ.... ඔයා උද්‍යාන ක්‍රීඩාවට ගියත් සෙල්ලම් කරන්නේ නෑ. කල්පනා කරනවා. රසවත් කෑම හදලා දෙන්නේ අපි කොයිතරම් ආශාවෙන්ද? ඒවා කන්නෙත් නෑ. දැන් බලන්න.... ඊයේ රාත්‍රියේ නාටිකාංගනාවන් මොනතරම් ලස්සනට ගී ගැයුවද? මොනතරම් ලස්සනට නැටුවද? ඇයි ඔයා සතුටු නොවෙන්නේ? ඔයාට අසනීපයක් වත්ද? අනේ පුතේ, සඟවා නොගෙන කියන්න. ඔයා වෙනුවෙන් ඕනම දෙයක් කරන්න මං සූදානම්."

"නෑ... පින්වත් මෑණියනි, මං රාජාභරණවලට ආශා නෑ. මං මේ උද්‍යාන ක්‍රීඩාවට ආසා නෑ. දඩයමේ යන්න ආසත් නෑ. මේ නාටිකාංගනාවන් මට පෙනෙන්නේ සෙවණැලි වගෙයි. මෑණියනි, මට හිතෙන්නේ මෙහෙම දෙයක්. මං අහලා තියෙනවා ශ්‍රමණවරු ගැන. ශ්‍රමණවරු ඉන්නේ මඩෙන් ගොඩට නැගී පිපුණු නෙළුම් වගේලු. නෙළුම් පතක නොරඳින දිය බිඳු වගේලු. දැලකට හසු නොවෙන සුළඟක් වගේලු. එක්තැන නොරැඳී ගලා යන ගඟුලක් වගේලු. හිමාල මුදුනෙහි තිබෙන ගැඹුරු විලක් වගේලු. අනේ මෑණියනි, මටත් එහෙම කෙනෙක් වෙන්න ඕන."

"පින්වත් පුතේ, ඔයා මොනවද මේ කියන්නේ? කවුද ඔයාට මේවා කිව්වේ? ජීවිතය කියන්නේ හරි ආනුභාව ඇති දෙයක්. ඔයාට උපස්ථාන කරන්න ඔයාගේ පිය රජතුමා විසිදාහක් නාටිකාංගනාවන් පිළියෙල කළා. ඔයා නැතුව අපි ජීවත් වෙන්නෙ කොහොමද?"

"නෑ... පින්වත් මෑණියනි, මං ශ්‍රමණ කෙනෙක් වෙනවාමයි. මගේ ගමන වළක්වන්න එපා! මේ හැම දෙයක්ම මං කැමති නෑ."

ඉතින් බිසවුන් වහන්සේ මොනතරම් කරුණු කිව්වත් පුත් කුමරයාගේ සිත වෙනස් කරන්න බැරිවුණා. රජතුමා නොයෙක් අයුරින් කුමරාට කරුණු කිව්වා. කාගෙවත් කීම අහන්නෙ නෑ. අන්තිමේදී කුමරාගේ අදහසට එකඟ වෙන්න සිදුවුණා. එතකොට බිසව රජතුමාට මෙහෙම කිව්වා.

"දේවයන් වහන්ස, අපගේ පුත් කුමරාගෙන් වෙන් වී අපි ඉන්නෙ කොහොමද? නමුත් මේ පුත් කුමරා පැවිදි වුණොතින් අපට කවදාවත් දකින්න ලැබෙන එකක් නෑ. මොනතරම් කරුණු කිව්වත් මේ දරුවාගේ සිත වෙනස් වෙන්නෙ නැහැ නෙව. ක්‍රීඩාවලට, දඩයමට, සංගීතයට, නැටුමට සිත අලවන්න මං මොනතරම් මහන්සි ගත්තාද? සුරූපී නළඟනන් තාලයට නටද්දී අපගේ පුතුට පෙණුනේ සෙවණැලි වගේලු.

ප්‍රිය දේවයන් වහන්ස, අපි මෙහෙම දෙයක් කරමු. දැන් මෙයා පැවිදි වෙන්න ඕනම කියනවානේ... හරි... අපේ උද්‍යානයේ කුටියක් කරවමු. පැවිදි වූ පසු ඒ කුටියේ පමණක් සිටිනවා නම් එයට අවසර දෙමු. ටිකෙන් ටික හිත වෙනස් වේවි."

අන්තිමේදී පුත් කුමරාට අවසර ලැබුණේ රජුගේ උයනෙහි වාසය කිරීම පිණිස එකඟ වෙන්නට සිදුවුණාට පසුවයි. බිසව මැදිහත් වී කුමරුට කසාවත් පෙරෙව්වා. උද්‍යානයට එක්කගෙන ගියා. විසිදහසක් සුරූපී නළඟනන්ට මේ ශ්‍රමණයන් වහන්සේව භාරදුන්නා.

"ප්‍රිය වනිතාවෙනි, නුඹලාට මාගේ මේ ශ්‍රමණ පුතුන් භාරයි. නුඹලා විසින් මේ පුතුට ප්‍රණීත රසමසවුළු වලින් දන් පැන් පූජා කළ යුතුයි. ඇප උපස්ථාන කළ යුතුයි. පියකරු වචනයෙන් කතා කළ යුතුයි. මේ පුතුගේ ඇති දොම්නස දුරු කළ යුතුයි. මා හෝ රජතුමා පැමිණ අපගේ ශ්‍රමණ පුතුන්ට දානය වළඳවනු ඇති."

දිවා රාත්‍රී මේ කුමර පැවිද්දාට රැකවල් දැම්මේය. දිනක් බිසව පැමිණ පුතුගෙන් කරුණු විමසා සිටියා.

"මගේ පුංචි ශ්‍රමණයන් වහන්ස, දැන් ඔයා ඉන්නේ සතුටින් නේද? ඔයාට පැවිදි වෙන්න ඕන කිව්වා.... ඔන්න අපි පැවිදි කළා.... අපේ උයනෙ විතරක් ඉන්නවා කිව්වා. ඒවත් පිළියෙල කළා. මාළිගාවේ ඉන්න බැහැ කිව්වා. ඔන්න අපි කුටියකුත් හදලා දුන්නා.... දැන් ඔයාට සතුටුයි නේද?"

මේ පුංචි ශ්‍රමණයන් වහන්සේ නිශ්ශබ්ද වුණා. නාටිකාංගනාවන් පැමිණ පවන් සලන්න පටන් ගත්තා. ශ්‍රමණයන් වහන්සේගේ සිත සතුටු කිරීමට ගීත ගයන්නට පටන් ගත්තා. මේ සියල්ල මැද අසරණ වූ මේ ළදරු පැවිද්දා කිසිවක් කර කියා ගත නොහැකි තත්වයට පත්වුණා.

මෙකල ආදිච්චබන්ධු නම් පසේබුදුවරයන් වහන්සේ නමක් හිමාලයෙහි නන්දමූලක ගිරි ගුහාවෙහි

වාසය කරනවා. අලුතෙන් පසේබුදුවරයෙක් බිහිවෙන්න ළඟයි. මංජූසක වෘක්ෂයෙහි රන්මලක් පීදීගෙන එනවා. ඒ පසේබුදුවරයන් පහළ වෙන්නේ කොහෙන්දැයි දිවැසින් විමසා බැලුවා.

"අහෝ! පසේබුදුබව පිණිස පුරන ලද පින් ඇති කෙනා උයනක සිර වී සිටිනවා. ජීවිතාවබෝධය පිණිස උදව් විය හැකි කිසි අරමුණක් නැහැ. ඔය විදිහට ගියොත් බොහෝ කාලයක් ගත වේවි."

මෙසේ සිතූ ඒ ආදිච්චබන්ධු පසේබුදුවරයන් වහන්සේ රජුගේ උයනට වැඩම කළා. සේවකයන් මේ පැවිද්දා දැක රජතුමාට දැනුම් දුන්නා.

"භවත් මහරජාණෙනි, පුත් කුමරා දකින්නට ආශා ඇති ආකාරයේ ශාන්ත ඉරියව් ඇති ශ්‍රමණයන් වහන්සේ නමක් උයනෙහි වැඩඉන්නවා. උන්වහන්සේ හඳුන්වන්නේ 'පච්චේකබුද්ධ' යන නමිනුයි."

මෙය ඇසූ රජතුමා මහත් සතුටට පත්වුණා. වහා ගොස් ඒ පසේබුදුන්ව බැහැදැක්කා. උයනෙහි වැඩසිටින්නට ඇරයුම් කළා. බිසවට කතා කොට මෙහෙම කිව්වා.

"ප්‍රිය භවතී, අපගේ පුත් කුමරාගේ වාසනාවට ශාන්ත ඉරියව් ඇති ශ්‍රමණයන් වහන්සේ නමක් උයනෙහි වැඩඉන්නවා. දැන් ඉතින් උන්වහන්සේගේ ඇසුරේ අපගේ පුතු කළකිරීමක් නැතුව සිටීවි. එතකොට වත් අපගේ පුතුව සතුටින් සිටීමට අප කරන වෑයම සාර්ථක වේවි."

ඉතින් රජතුමා පසේබුදුරජුන්ට කුටියක් තනා දුන්නා. සක්මන් මළු කෙරෙව්වා. පසේබුදුරජුන්ට එහි වඩින්නට ඇරයුම් කළා. නාටිකාංගනාවන් පිරිවරාගත් මේ ළදරු ශ්‍රමණයා පසේබුදුරජුන් ළඟට පැමිණ වන්දනා

කළා.

"ආ... කවුද මේ? ලස්සනට හිස පීරලා, සුවඳ තෙල් ගාලා, හිසේ මල් පළඳලා, පඬු පැහැ ගත් සිවුරක් පොරවලා, රන් මිරිවැඩි පයලා, රන් සැරයටියක් ගෙන සිටින මේ කුඩා තැනැත්තා කවුද?"

"ශ්‍රමණයන් වහන්ස, මමත් ශ්‍රමණයෙක්..."

"නෑ... නෑ... ශ්‍රමණවරු කවරදාකවත් ඔය විදිහට කෙස් වවලා පීරන්නෙ නෑ. හිසේ මල් පළඳින්නේ නෑ. රන් මිරිවැඩි දමන්නේ නෑ. රන් සැරයටි නෑ. ඔය පඬු පැහැ ගත් සිවුර පවා කසී සළුවක් නේද? ඔයා ශ්‍රමණයෙක් නෙවෙයි."

ඒ කීමත් සමඟම මේ ළදරු ශ්‍රමණයා මහත් කම්පාවට පත්වුණා. වටපිට බැලුවා. තමන් දෙස ඇස් කොණින් බලා මඳ සිනහවෙන් සිටින නාටිකාංගනාවන් දෙස රවා බැලුවා. ඔවුන් හොඳටම භය වුණා. ටිකෙන් ටික පස්සට ගියා. ළදරු ශ්‍රමණයා තනි වුණා. අලුත් ශ්‍රමණයන් වහන්සේගෙන් ප්‍රශ්න කරන්නට පටන් ගත්තා.

"අනේ ස්වාමීනී, මට මේ කිසිවක් තේරෙන්නේ නෑ. මට ඕන හැබෑම ශ්‍රමණයෙක් වෙන්නයි. මං ඒකයි මාළිගාව අත්හැරියේ. මට මේ නාටිකාංගනාවන්ගෙන් කිසි වැඩක් නෑ. මං මෙතන හිරවෙලා ඉන්නේ. මං හරි ආසයි නෙළුම් කොළයේ නොරැඳෙන දිය බිඳක් වගේ වෙන්න. අනේ මං මොකක්ද කරන්න ඕන?"

"පින්වත් දරුව, උදෑසන කාලයම නළඟනන්ටත්, මෑණියන්ටත් වෙන් වුණා නේද? සවස් කාලයම ඇමැත්තන් පිරිවරාගත් පියාණන්ට වෙන් වුණා නේද? රාත්‍රියේ කාලයේම ඔබට හුදෙකලා බවක් නොතබා දොඩමින් සිටින

මිනිසෙකුට වෙන්වුණා නේද? නෑ... ඔන්න දැන් දෑස පියාගන්න. සිත එකඟ කරන්න. දැන් බලන්න.... ඔබට හිමාලය පෙනේවි."

"ස්වාමීනී, ෂා....! හිම කඳු ඇති ලස්සන කඳු වලල්ලක් පේනවා."

"ඔව්! දැන් බලන්න... දැන් ඔබට පෙනේවි සුවිශාල වෘක්ෂයන් තියෙන මහා වනයක්. ඒ මහා වනයේ දකුණු පස ඇති පර්වතය දෙස බලන්න. ඒ පර්වත බෑවුමේ ගල් ලෙන් රාශියක් තියෙනවා. දැන් බලන්න දරුව, ඔබට පෙනෙනවාද එහි කවුද ඉන්නෙ කියලා...?"

"අනේ ස්වාමීනී,... ඇත්තමයි! ඔබවහන්සේ වගේම ලොකු පිරිසක් එහි ඉන්නවා. හැමෝම කෙස් බාලා ඉන්නේ. හැමෝම කඩ කැපූ සිවුරු පොරවලයි ඉන්නේ. සමහරු ශාන්තව සක්මන් කරනවා. සමහරු භාවනා කරනවා. කවුරුවත් සෙරප්පු පාවිච්චි කරන්නේ නෑ. ඒ අය ගාව තියෙන්නේ ලී හැරමිටි."

මේ ළදරු ශ්‍රමණයා ඇස් ඇරියා. පුදුමයට පත්වුණා. තමා සමීපයේ සිටින ඉර්ධිබල සම්පන්න ශ්‍රමණයන් වහන්ස්ගේ ආනුභාවයට වසඟ වුණා. උයනෙහි සිටීමේ ආශාව නැතිවුණා. හිමාල වනයේ ගල් ලෙන්වල වාසය කරන ශාන්ත ශ්‍රමණවරුන් සමඟ ඉන්න ආසාව ඇතිවුණා.

"අනේ ස්වාමීනී, මට මෙතනින් නිදහස් වෙන්න ඕන. මට මේ කිසිම දෙයක් එපා."

"පින්වත් දරුව, පැවිද්දා හංසයෙක් වගේ. හංසයා පොකුණෙහි වාසය කරන්නේ එය අයිති කරගන්නට නොවෙයි. ඉන්න වෙලාවට පමණයි. හංසයාට රිසි රිසි වෙලාවට ඒ පොකුණ අත්හැර නිදහසේ පියාඹා යනවා.

ඔබත් හංසයෙක් වෙන්න. ඔබ සොයන නිදහස කරා යන්න ඔබට පුළුවන්. ඇත්තෙන්ම ඉපදෙන මැරෙන ලෝකයෙන් නිදහස් වෙන්න ඔබට පුළුවන්."

මෙසේ පැවසූ ආදිච්චබන්ධු පසේබුදුවරයන් වහන්සේ කුමරු බලාසිටිද්දී අහසට පැන නැංගා. මේ දහම් පද දෙක පැවසුවා.

"පිරිසත් සමඟ ඇලෙමින් නිති කල් ගෙවන
කෙනෙකුට නොමැත සැනසුම දහමක රැඳුන"

මෙය පැවසූ ඒ පසේ බුදුවරයන් වහන්සේ නොපෙනී ගියා. කුමාරයා අලුතෙන් ඉපදුණා වගේ ඔහු කිසිදා නොසිතූ නොපැතූ අලුත්ම ලෝකයක් තමා ඉදිරියේ දිස්වී ගියා. ඒ පසේ බුදුන් පැවසූ දහම් කරුණ කුමරුගේ සිතෙහි රැව් දුන්නා. කුමරු කුටියට පිවිසුණා. මල් ගලවා වීසි කළා. රන් මිරිවැඩි පසෙකට දැම්මා. රන් සැරයටිය පසෙකට දැම්මා. නිදාගත්තා.

කුමරුන්ව මුර කරන රැකවල්කරුවාට මේ වෙනස හොඳින් පෙනුණා. 'දැන් ඉතින් කුමරා කොහේ යන්නද? අද කිසි කතාබහකටවත් උනන්දුවක් නෑ. මාත් නිදා ගන්නවා' කියලා ඔහු නින්දට ගියා. කුමාරයා රාත්‍රී අවදිවුණා. රැකවල්කරුවා හොඳටම නිදි. සෙමෙන් සෙමෙන් පා සිවුරු ගෙන උයනින් පැන ගියා. මහා වනයට ඇතුළු වුණා. පසේබුදුවරයන් වහන්සේලා වැඩසිටින සෙනසුනක් හමුවුණා. එහි නැවතුණු කුමරා හුදෙකලාවේ බවුන් වඩන්නට පටන් ගත්තා. සිත සමාධිමත් වුණා. ප්‍රඥාව වැඩී ගියා. සියලු කෙලෙසුන්ගෙන් නිදහස් වූ පසේ බුදුවරයන් වහන්සේ නමක් බවට පත් වුණා.

ඉන්පසු මේ නවක පසේ බුදුවරයන් වහන්සේ එදා

ඉර්ධිබලයෙන් තමන්ට පෙන්නූ ගන්ධමූලක පර්වතය සොයාගෙන ඉර්ධියෙන් වැඩියා. තමන්ගේ ජීවිතයට පහළ වූ ඒ ඉෂ්ටදේවතාවුන් වහන්සේ වන 'ආදිච්චබන්ධු' පසේබුදුවරයන් වහන්සේ මංජූසක රුක් සෙවනේ වැඩසිටියා. තමන්ගේ ජීවිතාවබෝධයට හේතු වූ කරුණු විමසුවා. එවිට මේ යොවුන් පසේබුදුවරයන් වහන්සේ එදා ආදිච්චබන්ධු පසේබුදුන් වහන්සේ වදාළ දහම් පද එක්කොට ලස්සන ගාථාවකින් පිළිතුරු දුන්නා.

අට්ඨානතං සංගණිකාරතස්ස
යං ඵස්සයේ සාමයිකං විමුත්තිං
ඒතං ආදිච්චබන්ධුස්ස වචෝ නිසම්ම
ඒකෝ චරේ ඛග්ගවිසාණ කප්පෝ

"එදා ආදිච්චබන්ධු පසේබුදුවරයන් වහන්සේ වචනයක් වදාළා. පිරිසත් සමඟ නිතර ඇලෙන, ඔවුන් හා එක්වී කල්ගෙවන කෙනාට කවරදාකවත් නිකෙලෙස් බවින් ලබන විමුක්තිය ස්පර්ශ කරන්න බැහැ කියලා. ඒ නිසාමයි මං මේ ගමන ආවේ. ඒ නිසා දැන් මං හැසිරෙන්නේ තනිවම හුදෙකලාවේමයි. කඟවේනෙකුගේ හිස මත තියෙන තනි අඟක් වගෙයි."

සාදු! සාදු!! සාදු!!!

17.

අසිරිමත් පසේබුදු පෙළහර

යහපත නසන දිවි මග කරවන පාළු
දුරු කළ යුතුය නොමගක ගෙන යන යාළු
කාම සැපයෙහි පමා වී ගිය - කිසිවෙකු ඇසුරු නොකරන
හුදෙකලාවෙම දිවි ගෙවයි හේ
තනි අඟකින් යුතු කඟවේණෙකු සේ ....

අපගේ ශාස්තෘන් වහන්සේ විසින් කිසිවෙකු නොදන්නා අතීතයක පහළ වූ පච්චේක බුද්ධ නම් අපූර්ව මුනිවරයන් පිළිබඳව කථාව නොපවසන්නට ඒ පිළිබඳව කිසිවක්ම අපි නොදන්නෙමු. ඒ පසේබුදුවරුන්ගේ හුදෙකලාව ඔවුන්ටම ආවේණික වූ විශේෂත්වයකින් යුතු විය. එනම් හිමාලයේ වනගිරි දුදුළු අතරෙහි ගල්ලෙන්හි ඔවුන් වාසය කරන්නේ ද හුදෙකලාවේමය. කඟවේනාට ඇත්තේ එක අඟකි. මුන්වහන්සේලා ජීවත් වන්නේ ද තනි තනිවය. කිසිදා මිතුරු බවකින් හෝ යුගලයක් බවට පත් නොවන හෙයින් තම උදානයන්හි මතුකොට පෙන්වන්නේ ද කඟවේන අඟක් ලෙසිනි.

බොහෝ විට පසේබුද්ධත්වයට පත්වන්නේ රජවරුන් ය. නැතහොත් රජකුමාරවරුන්ය. මෙහි සඳහන්

වන කථාවෙහි ද ඒ පුණ්‍යවන්ත තැනැත්තා බරණැස් රජෙකුව උපන්නේය. මොහුගේ පින් බලයෙන් බරණැස බතින් බුලතින් සරු වුණා. අටුකොටු පිරී ගියා. රජුගේ ගබඩාව පවා පිරී ගියා. නමුත් රටවැසියන් බදු වශයෙන් ගෙවන අස්වනු කොටස වැඩිවීම නිසා ගබඩාවල තිබුණු ධාන්‍ය ඉවත් කරන්න සිදුවුණා. දිනක් විශාල වශයෙන් ධාන්‍ය ඉවත් කරනු දුටු රජතුමා මෙසේ විමසුවා.

"ප්‍රිය ඇමතිවරුනි, මොකද මේ ගබඩා හිස් කරන්නේ? මොකුත් ප්‍රශ්නයක්වත්ද?"

"දේවයන් වහන්ස, අලුත් අස්වැන්න ලැබෙනවා. මෙවර වගාව සරුයි. එනිසා පරණ ධාන්‍ය ඉවත් කරන්නයි මේ අදහස."

"එතකොට ඕවට මොකක්ද කරන්නේ?"

"දේවයන් වහන්ස, අපි මේවා එක්කො පුළුස්සනවා. නැත්නම් ගඟේ පා කොට හරිනවා."

"මොනවා....? ඇමතිවරුනේ.... ඔබට විශාල වැරදීමක් සිදු වී ඇති හැඩයි. මගේ ජනයා වෙහෙස මහන්සි වී උපයාගෙන රජයට ගෙවන ආදායම් බදු මෙසේ විනාශ කරන්නේ කොහොමද? එතකොට අන්තඃපුර නිවාසවල අඩුපාඩු සපුරලා ද තියෙන්නේ? බලසේනාවල අඩුපාඩු සපුරලා ද තියෙන්නේ? පාඨශාලාවල අඩුපාඩු සපුරලා ද තියෙන්නේ? ප්‍රත්‍යන්ත දේශයන්හි අඩුපාඩු සපුරලා ද තියෙන්නේ?"

"දේවයන් වහන්ස, රට සුඛිත මුදිතයි. කිසි ප්‍රශ්නයක් නැහැ. ජනයාගේ ආදායම් සරුයි. බදු වැඩිකිරීමක් කළත් ඔවුන්ට දැනෙන්නෙ නැහැ."

"නෑ! බදු අඩු කළ යුතුයි. රජයේ වියදම් පිණිස ජනයා තලා පෙලා බදු ගන්නට මා සූදානම් නැහැ. ඒ වගේම ඔය ධාන්‍යවලින් බිඳක්වත් විනාශ නොකළ යුතුයි. අඩු ගණනේ දන්සැල් පිළියෙල කොට දන් දිය යුතුයි."

එතකොට එක්තරා ඇමතියෙක් උගුර පාදමින් රජු ළඟට පැමිණියා. රජුට මෙහෙම කියන්න පටන් ගත්තා.

"භවත් දේවයන් වහන්ස, ඔබවහන්සේ මං ගැන දන්නවා නෙව. මං දානය ගැන සෑහෙන පරියේසනයක් කොළා. දන් දීම යනු නුවණැත්තන්ගේ වැඩක් නොවෙයි. අපි හැමෝටම තියෙන්නේ මරණින් මතු සොබාදහමට එක්වීමටයි. අපේ සිත පරිසරයට විසිරෙනවා. සිරුර මහපොළොව සරු කරනවා. ආශ්වාස ප්‍රශ්වාස සුළඟේ හමා යනවා. එතනින් අපේ කථාව සමාප්තයි. එනිසා දේවයිනි, දන් දීම යනු ලොවට ඇවැසි දෙයක් නොවේ."

රජතුමා මහත් සංවේගයට පත්වුණා. නිශ්ශබ්ද වුණා. තවමත් ගබඩාවල අස්වැන්න ඉවත්කරනවා. රජතුමා වෙන ඇමතියෙකුට කතා කළා.

"ප්‍රිය ඇමතිය, දූන් බලන්න... ගබඩාවල ධාන්‍ය ඉවත්කරනවා. දවස් ගණනක් තිස්සේ මේ කරන වැඩේ නවත්වන්න කියලා එක ඇමතියෙකුට කිව්වා. දන් දෙන්න කියලා කිව්වා. සතර දිශාවට දන් ශාලා හතරක් හදලා දන් දෙන්න කිව්වා. ඔහු කියන්නේ දන් දීම ඵලක් නැහැ කියලා."

"ඒක ඇත්ත දේවයන් වහන්ස. ඉස්සර රජවරු මොනතරම් දුන්නද? ඉතින් මොකද වුණේ? දන් දීමේදී එක දෙයක් නම් තිබේ. එනම් දෙන්නා ද පෙනේ. ගන්නා ද පෙනේ. එයින් එහා දෙයක් නැත. එනිසා අපි දන් දෙන්නට

පටන් ගත්තොත් ජනයා කම්මැලි වේවි. මා හිතන්නේ ද අපේ අර ඇමතිතුමා ගත් තීරණය හරි බවයි."

"ඈ බොල... නුඹලා කාවද මේ නොමඟ යවන්නේ...? පුළුස්සනවා, ගඟේ පා කරනවා කියමින් ධාන්‍ය ගබඩා හිස් කොට ඒවා රැගෙන යන්නේ නුඹලාගේ ගබඩාවලට නොවේද? දන් දීමටත්, ජනයා සුවපත් කිරීමටත්, ජනයාට අදරැති රජෙක් ලෙස මා ගන්නා වෑයම කඩාකප්පල් කරන්නේ මගෙන් යැපෙනා නුඹලා විසිනුයි."

රජතුමා හොඳටම කළකිරුණා. මැති ඇමැතිවරුන්ගේ ගසාකෑම නවත්වන්නට ක්‍රමයක් නැති වුණා. ළඟට පැමිණ ආදර බස් දොඩන මේ ඇමතිවරු පව්ටු පිරිසක් බව රජතුමාට අවබෝධ වුණා. රජතුමා බොහෝ කල්පනා කළා. දූෂිත ඇමතිවරුන්ට මැදි වී සිටින දැහැමි ඇමතිවරුන් සොයාගන්නට උපක්‍රමයක් කළා.

"ප්‍රිය ඇමතිවරුනි, මට ටික කලකට විවේකයක් අවශ්‍යයි. එතෙක් මහජනයා සුවපත් කිරීමේ රාජ්‍යකරණය ඇමති මඬුල්ලකට භාරදෙන්න මං කැමතියි. එතකොට ඒ සඳහා මා යම්කිසි ව්‍යවස්ථාවක් සකසනවා. මා නැති නිසා ඔබට පිහිට වන්නේ ඒ ව්‍යවස්ථාවයි. ඉතින් දැන් යන පිළිවෙල ද හොඳ, ව්‍යවස්ථාවට අනුව වැඩකිරීම ද හොඳ?"

දූෂිත ඇමතිවරු කලබල වුණා.

"අහෝ! දේවයන් වහන්ස, ව්‍යවස්ථාවක් පටන්ගත් විට එහි නායකත්වය දෙන්නේ නිලධාරීන්ටයි. ඇමතිවරුන් හැටියට අපට නිදහසේ කටයුතු කරන්නට ලැබෙන්නේ නැහැ. එනිසා දැන් මේ කරගෙන යන පිළිවෙලට අපි කරගෙන යන්නම්."

"නැත, ප්‍රිය ඇමතිවරුනි, ව්‍යවස්ථාවකදී නායකත්වය

ලැබෙන්නේ ව්‍යවස්ථාවටමයි. ඇමතිවරුත්, නිලධාරීනුත් කළ යුත්තේ ඒ ව්‍යවස්ථාව අනුගමනය කිරීමයි.”

දැහැමි ඇමතිවරු රජුට පිළිතුරු දුන්නා.

“පින්වත් දේවයන් වහන්ස, ව්‍යවස්ථාවකට අපි කැමතියි. ඔබවහන්සේගේ උතුම් අදහස් ඉෂ්ට කොට ජනයා සුවපත් කරන්න ව්‍යවස්ථාවට නායකත්වය ලැබෙනවාට අපි කැමතියි.”

මේ තුළින් රජතුමා ව්‍යවස්ථාවට බලය පැවරුවා. දූෂිත ඇමතිවරු අස් කළා. දැහැමි ඇමැතිවරුන්ට මුල් පෙළ දුන්නා. මේ සියලු දේ කළේ කලකිරීමෙනුයි. රජතුමා ආසා කළේ කිසිවෙකුට නොබැඳී ගිය ජීවිතයක්. රජතුමා රජකම අත්හැරියා. ශ්‍රමණ වෙස් ගෙන වනයට පියමං කළා. ඒ වනයෙහි පසේබුදුවරු වැඩඉන්නවා. මේ නවක ශ්‍රමණයන් වහන්සේ රුක් සෙවණකට බවුන් වඩන්නට පටන් ගත්තා. කෙමෙන් කෙමෙන් සිත සමාධිමත් වුණා. නුවණින් විමසන්නට පටන් ගත්තා. කෙමෙන් කෙමෙන් ප්‍රඥාව වැඩී ගියා. සියලු කෙලෙසුන්ගෙන් නිදහස් වුණා. පසේබුදුවරයෙක් බවට පත්වුණා.

පසේබුදුවරුන්ගේ ලෝකය වන හිමාලයෙහි මංජූසක රුක්සෙවණට ඉර්ධියෙන් වැඩම කළ විට අනෙත් පසේබුදුවරු උන්වහන්සේගේ අත්දැකීම විමසුවා. එයට පිළිතුරු වශයෙනුයි මේ ගාථාව වදාළේ.

පාපසහායං පරිවජ්ජයේථ
අනත්ථදස්සිං විසමේ නිවිට්ඨං
සයං න සේවේ පසුතං පමත්තං
ඒකෝ චරේ ඛග්ගවිසාණ කප්පෝ

“අයහපත් දේම හරි විදිහට දකින, වැරදි

වැඩපිළිවෙලකම සිටින පාපී පුද්ගලයන්ගේ සහයෝගය නම් දුරුකරන්නම ඕන. ඒ මිත්‍රත්වයෙන් ඵලක් නැහැ. ඔවුන් කාමයන්ට වසඟව සියලු කටයුතු ප්‍රමාද කොට වාසය කරන හෙයින් අත්හැර දැමිය යුතුමයි. ඒ නිසා දැන් මං හැසිරෙන්නේ තනිවම හුදෙකලාවේමයි. කඟවේනෙකුගේ හිස මත තියෙන තනි අඟක් වගෙයි.”

සාදු! සාදු!! සාදු!!!

18.

අසිරිමත් පසේබුදු පෙළහර

ඇසෙන කිසි ශබ්දයකට - නොම සැලෙන සිහ රජු ලෙස
වැදෙනා දැලෙහි නොරැඳෙන - සුළං රැල්ලක් විලසට
දිය හා මුසු නොවන - පිපුන පියුමක් විලසින
හුදෙකලාවෙම දිවි ගෙවයි හේ
තනි අඟකින් යුතු කඟවේණෙකු සේ ....

අපගේ ශාස්තෘන් වහන්සේ විසින් වදාරණ ලද පසේබුදුවරුන්ගේ ගාථාවලින් ඉස්මතු වන චරිතාපදානයන්හි දක්වෙන්නේ සාමාන්‍ය මිනිසා අභිබවා යන සුවිශේෂ මානසික හැකියාවකින් ඔවුන් සමන්විත වන බවයි. සුළු සිදුවීමක් ඔස්සේ ජීවිතය පිළිබඳව ගැඹුරින් අධ්‍යයනය කිරීම ඔවුන්ගේ ස්වභාවයයි. මේ කථාව දෙස බලන්න.

බරණැස් නුවර එක්තරා රජකෙනෙක් හිටියා. ඔහු දිනක් තනියම කල්පනා කරමින් සිටියා.

"දැන් මම ඔටුණු පළන් රජ කෙනෙක්. මාළිගාවට සතුරන්ට ළං විය නොහැකි පරිදි කිඹුලන් සිටින පළල් දිය අගලක් තනා තියෙනවා. ඉතා උස් වූ ප්‍රාකාරයක් තියෙනවා. ඒ ප්‍රාකාරය මත මුරකරුවන් ඉන්නවා. නගරය මධ්‍යයේ ඉන්ද්‍රඛීලයක් තියෙනවා. අතිශයින්ම නුවණැති දොරටුපාලයන් ඉන්නවා. මෙතරම් ආරක්ෂා සංවිධාන

තිබියදී පවා මං තැති ගන්නවා. බියට පත්වෙනවා. සැකය ඇතිවෙනවා. එතකොට ලෝකයෙහි බිය සැක ඇති නොවෙන කවුරුවත් නැද්ද?"

රජතුමා මෙම අදහස රාජසභාවට දැනුම් දුන්නා. පුරෝහිත බමුණා මෙවැනි පිළිතුරක් දුන්නා.

"භවත් රජතුමනි, මිනිසුන් අතරේ නම් බිය සැක, තැතිගැනීම්, කම්පා නොමැති අය සොයා ගැනීම අසීරුයි. එහෙත් මං අසා තියෙනවා, වනයේ සිටින මෘගරාජන් වන සිංහයා අහස පොළොව ගිගුම් දෙන හෙණ හඬට පවා කම්පා වෙන්නේ නැත කියා."

එසේ නම් පුරෝහිතය, අප මෙය සොයා බැලිය යුතුයි. සැබැවින්ම බිය සැක, තැති ගැනීම්, කම්පා නොවන කෙනෙක් දකින්න මං හරි ආසයි."

දිනක් රජතුමා ඇත පිහිටි උද්‍යානයකට යමින් සිටියා. අතරමගදී නිල්වන් දිය පිරි පස් පියුමින් සැදි පොකුණක් දකින්නට ලැබුණා. රජතුමාට හරි සතුටුයි. ඇතු පිටින් බැස ඒ පොකුණ වෙත ගොස් සිසිල් පැන් වැළඳුවා. එවේලෙහි සතෙක් පඳුරක් අස්සෙන් වේගයෙන් දිව ගියා. රජුගේ රැකවල් ලත් පිරිස කලබල වී සොයා බැලුවා. රජු පවා තැති ගත්තා.

"මහරජාණෙනි, සිංහ ධේනුවක් පැන දිව්වා. මහරජාණෙනි, මෙතනට වඩිනු මැනැව. ඉතා සොඳුරු සිංහ පෝතකයෙක් සුවසේ නිදා සිටිනවා."

ඉතා සතුටට පත් රජතුමා සිංහ පැටියා බලන්න ගියා.

"ෂා...! හරි අපූරුයි. අපි බලමු, මේ සිංහ පැටියාට බිය සැක ඇතිවෙනවාද කියා? ඔව්...! අපේ බෙර දවුල්

තම්මැට්ටං නළා පිරිස ගෙනැල්ලා දැන් ශබ්ද කළ යුතුයි. මේ පැටියා කැලේට දුවන අයුරු අපටත් බලන්න පුළුවනි."

ඉතින් සේනාව පැමිණ බෙර ගසන්න පටන් ගත්තා. නළා පිඹින්න පටන් ගත්තා. සිංහ පැටියා සුවසේ නිදි. ඌ නැගිට්ටෙ නෑ. ආයෙ වේගයෙන් ශබ්ද කළා. සිංහ පැටියා ඇහැරුණා. ඔළුව ඔසොවා බැලුවා. ආයෙමත් අත් දෙකෙන් මූණ වසාගෙන නිදාගත්තා. රජතුමාට හරි පුදුමයි. රජතුමා උයන් ක්‍රීඩාවට ගියේ නෑ. ආපසු හැරී මාළිගාවට යන්න පිටත් වුණා.

අතරමග යද්දී ධීවරයන් පිරිසක් මසුන් ඇල්ලීම පිණිස දැල දිගහැර ඈතට විසි කරනවා. එතකොට ඒ දැල සුළඟෙහි නොගැටී වේගයෙන් විහිද යනවා. බිය සැක තැති ගැනීම් රජතුමා දුටුවේ මසුන් ඇල්ලීමට එලූ දැලක් පරිද්දෙනි. රජතුමා ඒ ගැනත් සිතන්නට පටන් ගත්තා.

නැවත රජතුමා මාළිගයට පැමිණ රාජ උද්‍යානයෙහි පොකුණු තෙර වාඩිවී කල්පනා කරමින් සිටියා. වේගයෙන් සුළං හැමුවා. පොකුණේ පිපී ගිය නෙළුම් සුළඟට නැවී වතුරට පාත් වුණා. එහෙත් සුළං පහ වූ පසු පෙර පරිද්දෙන්ම දියෙහි නොතැවරී නැගී සිටියා. මෙය දුටු රජතුමා කල්පනා කළා.

"මමත් ආසයි සිංහයෙක් වගේ බිය තැතිගැනීම් නැතිව ඉන්න. මමත් ආසයි දැලකට හසුනොවන සුළඟක් වගේ ඉන්න. මමත් ආසයි දියෙහි නොතැවරී තිබෙන නෙළුමක් වගේ වෙන්න. එහෙත් මං කොහොමද ඒක කරන්නේ? මේ රජකම තුළින් නම් මට ඒක කරන්න බැහැ. මං අසා තිබෙනවා, මුනිවරු කියා පිරිසක් සිටිනවා කියලා. මේ ලෝකය අත්හැර නිදහස සොයා ගිය පිරිස අතරිනුයි ඔවුන් බිහිවෙන්නේ. එහෙම නම් මට කරන්න

තියෙන්නෙත් එච්චරයි.”

ඉතින් රජතුමා රජකම අත්හැරියා. ශ්‍රමණයන් වහන්සේ නමක් බවට පත්වුණා. වනගත අඩවි සොයා පිටත් වුණා. ඉසිපතන මිගදා වනයෙහි පසේබුදුවරයන් වහන්සේලාගේ කුටි තිබෙන පෙදෙසට පැමිණුනා. එක කුටියකට පිවිසුණා. එහි කවුරුවත් නෑ. මේ ශ්‍රමණයන් වහන්සේ වටපිට බැලුවා. වාඩිවෙන ආසන තියෙනවා. එක් ආසනයක වාඩි වුණා. දෑස පියා ගත්තා. සිත භාවනාවට යොමු කළා. සමාධිමත් වුණා. නුවණින් විමසුවා. ප්‍රඥාව වැඩුණා. නිකෙලෙස් බවට පත්වුණා. පසේබුදු කෙනෙක් බවට පත්වුණා.

ඉන්පසු ඉර්ධියෙන් මංජූසක රුක් සෙවණට වැඩියා. එහිදීත් අනෙක් පසේබුදුවරයන් වහන්සේලා මුන්වහන්සේගේ අත්දැකීම කුමක්දැයි විමසුවා. එවිට මේ උදාන ගාථාව පැවසුවා.

සීහෝ ව සද්දේසු අසන්තසන්තෝ
වාතෝ ව ජාලම්හි අසජ්ජමානෝ
පදුමං ව තෝයේන අලිප්පමානෝ
ඒකෝ චරේ ඛග්ගවිසාණ කප්පෝ

“අහස පොළොව කම්පාවෙන හෙණ හඬට පවා නොසැලී සිටින සිංහයෙක් වගේ, දැලට හසු නොවී පැනයන සුළඟක් වගේ, දියෙහි නොතැවරී තිබෙන නෙළුමක් වගේ ඉන්නයි මං කැමති. ඒ නිසා දැන් මං හැසිරෙන්නේ තනිවම හුදෙකලාවේමයි. කඟවේනෙකුගේ හිස මත තියෙන තනි අඟක් වගෙයි.”

සාදු! සාදු!! සාදු!!!

19.

අසිරිමත් පසේබුදු පෙළහර

සව්බල දතින් යුතු සිහරද වන පියසේ
මැඩලයි හැම සතුන් ජයගෙන රජ විලසේ
වාසය කරයි හැම කල - ඈත දුර වන සෙනසුන්වල
හුදෙකලාවෙම දිවි ගෙවයි හේ
තනි අඟකින් යුතු කඟවේණෙකු සේ ....

අපගේ ශාස්තෘන් වහන්සේ විසින් චතුරාර්ය සත්‍යය දේශනා කළ අතරේ අතීතයේ වැඩසිටි පසේබුදුවරු නම් වූ විශේෂ මුනිවරුන් වදාළ ගාථාවන් ගැනත් අපට කියා දුන්නා. එනිසාමයි අප පසේබුදුවරුන් ගැන තොරතුරු දන්නේ. ඒ පසේබුදුවරුන් කැමති දේ නැඹුරු වී පවතින්නේ විමුක්තියට උපකාරී වීමටයි. මෙහි සඳහන් වන්නෙත් එවැනි ප්‍රවෘත්තියක්.

බරණැස් නුවර පින්වත් රජෙක් වාසය කළා. ඒ රජතුමා ජනතාවට හරි ආදරෙයි. හැමවිටම පොදු ජනයාගේ සැපය පිණිස වෙහෙසුණා. රජතුමා වීථි සංචාරය කරද්දී ගුණ කියන ජනයා මග දෙපස සිටිමින් මල් ඉස්සා. එහෙත් රජතුමාගේ ආරක්ෂාව අඩුවක් කළේ නෑ. සේනාවේ අඩුවක් නෑ. බිය නැති ගැනීමේ අඩුවක්

නෑ. රජතුමා කල්පනා කළා,

"මං මොනතරම් දේවල් කළත් හැම තිස්සෙම භයෙන් ඉන්නේ. ආරක්ෂාව තර කරන්න කියලයි ඇමතිවරු කියන්නේ. මේ ජීවිතය රැක ගන්න මොනතරමක් මහන්සි ගන්නවද? බිය සැක තැති ගැනීම් නැති ජීවිතයක් අපට ඇති කරගන්න බැරිද?"

රජතුමා මේ ගැන විමසද්දී පුරෝහිත බමුණා පිළිතුරු දුන්නා.

"රජතුමනි, ඔබවහන්සේ මිනිසුන්ගේ රජු තමයි. නමුත් ඔබවහන්සේගේ ආරක්ෂාව බාහිරින් සපයා ගන්න බෑ. මේ ආරක්ෂාව නැති වූ ගමන් ඔබවහන්සේ සාමාන්‍ය මිනිසෙකුගේ මානසික ස්වභාවයෙන් යුතු වෙනවා. එනිසයි භය, තැති ගැනීම් ඇතිවන්නේ."

"එතකොට පුරෝහිතය, බාහිර ආරක්ෂා නැති අය නැද්ද?"

"ඉන්නවා රජතුමනි, ඒ තමයි මෘගරාජ වූ සිංහයා. උංට තිබෙන්නේ අභ්‍යන්තර ආරක්ෂාවක්. සිංහයා එළියට එනවා. ඇඟේ කේසර සොළවලා ඇඟපත ගසා දමා ඔළුව උඩට ඔසොවා සිංහනාද කරනවා. එය උගේ ආරක්ෂාවයි. ඒ නාදයට සියලු සතුන් පලා යනවා. සිංහයාගේ ශක්තිමත් දළ ඇති බව උගේ ආරක්ෂාවයි. සිංහයාගේ ශක්තිමත් සිරුර උගේ ආරක්ෂාවයි. එනිසා සිංහයා තමයි බිය තැති ගැනීම් නැති සතා."

රජතුමා මේ ගැන සිතන්න පටන් ගත්තා. බිය තැති නොගන්නා සිංහයාගේ ස්වභාවය කුමක්දැයි රජතුමාට දැකීමේ ආශාවක් ඇතිවුණා. දිනක් රජතුමා ඈත ප්‍රදේශයකට කැලෑ පාරකින් සේනාව සමඟ ගමන් ගත්තා.

ඒ අතර අව්ව තපිමින් සිටින සිංහ රාජයෙක් ගල් තලාවක් මත වැතිරී සිටින අයුරු දැකගත්තා.

"අන්න.... ඇමතිවරුනි, අර බලව්! අර ඉන්නෙ ගල්තලාව මත. අන්න සිංහයා.... ෂා...! ලෝකයෙහි බිය සැක තැති ගැනීම් නැති අපූරු සතා.... ඒයි, සේවකයිනි වරෙල්ලා.... බෙර, තම්මැට නාදකරපල්ලා.... සක් පිඹිව්.... අද අපි කම්පා නොවෙන සතා දෙස බලමු."

එතරම් ඝෝෂා කරද්දී ද සිංහයා ගණන් ගත්තේ නෑ. මේ පිරිස ද වැඩි වැඩියෙන් ඝෝෂා කළා. සිංහයාට මෙය මහා වධයක් වුණා. සිංහයා නැගිට්ටා. ඇඟපත සොළවා කේසර විසිරෙව්වා. ඔලුව උඩට හැරෙව්වා. සිංහනාදයක් කළා. මුළු වනාන්තරයම ගිගුම් දුන්නා. ඇතුන්, අසුන් හිස් ලූ ලූ අත පලා ගියා. සේනාව පඳුරු අස්සෙ හැංගුණා. රජතුමා හිටියේ ඇතු පිට නැගලයි. බෙටි හලමින් ඇත්රජා මහා වනයට දිව්වා. රජතුමාට බේරෙන්න විදිහක් නෑ. රජතුමා යාන්තම් ගසක අත්තක එල්ලී බේරුණා. හිමින් හිමින් ගහෙන් බිමට බැස්සා. රජතුමා හොඳටම භය වුණා. රජතුමාට මතක් වුණා.

"රජතුමනි, ආරක්ෂාව නැති වූ විට ඔබතුමා රජෙක් වුණත් සාමාන්‍ය මිනිසෙකුට වගේ භය තැතිගැනීම් හටගන්නවා."

"ඒක ඇත්ත! මට දැන් හොඳට තේරෙනවා. මේ දළ ඇත්තු බෙටි හලාගෙන දිව්වා. අශ්පයන් සී සීකඩ දිව්වා. නිර්භීත සේනාව පඳුරු අස්සේ හැංගුණා. දැන් මං මොකද කරන්නේ? මේ මහා වනයේ මට මොන කරදරයක් වේවිද?"

රජතුමා ජීවිතය රැකගැනීම පිණිස දුවන්න පටන්

ගත්තා. ටික දුරක් යද්දී කුටි ප්‍රදේශ තියෙන තැනකට පැමිණුනා. එහි ශ්‍රමණයන් වහන්සේ නමක් රජතුමා ඇමතුවා.

"පින්වත් රජතුමනි, ඇයි මේ තනිවම කලබලෙන් දුවන්නේ....? මෙහි භය වෙන්න කිසි දෙයක් නෑ. තැති ගැනීම් ඇතිකරගන්න කිසි දෙයක් නෑ. මෙතන බොහොම ශාන්ත තැනක්."

"අනේ ශ්‍රමණයන් වහන්ස, නුඹවහන්සේට මොකවත් සද්දයක් ඇහුණේ නැද්ද?"

"ඇහුණා... රජතුමනි, ඈතින් දිගටම බෙර හඬක් ඇහුණා. සක් පිඹින හඬ ඇහුණා. ඊට පස්සේ වනය දෙවනත් කරමින් මහා සිංහනාදයක් ඇහුණා."

"එතකොට ශ්‍රමණයන් වහන්ස, නුඹවහන්සේට බිය තැතිගැනීම් ඇතිවුණේ නැද්ද? මරණ භය ඇතිවුණේ නැද්ද?"

"පින්වත් රජතුමනි, බිය තැතිගැනීම යනු අපට සුවපත් වූ රෝගයක්. මරණ භය යනු අපට නොතේරෙන දෙයක්. බිය තැතිගැනීම්, ශෝකය, කම්පාව, වැළපීම, භයභේරව කිසිවක් අපේ ජීවිතය හා එක්වෙන්නෙ නෑ."

"එතකොට ශ්‍රමණයන් වහන්ස, සිංහයන් විතරක් නොවෙයි, බිය තැති නොගන්න මිනිසුනුත් ඉන්නවා කියල ද ඔබවහන්සේ කියන්නේ?"

"එසේය රජතුමනි, අපි අයිති වන්නේ බිය සැක නොමැති ලෝකයටයි. මේ බලන්න මෙහි ශ්‍රමණවරුන් සැහෙන්න ඉන්නවා. අපි හැමෝම සිංහයෝ වගෙයි. හැබැයි සිංහයාට වඩා අපි වෙනස් වෙන්නේ නිකෙලෙස් බව නිසයි."

රජතුමාට ඒ හැම වචනයක්ම ආශ්චර්යවත් වුණා. අද්භූත වුණා. රජතුමා රජකම අත්හැරියා. ශ්‍රමණයෙක් වුණා. එතන ම නැවතුණා. ටික කලක් යද්දී ඒ නවක ශ්‍රමණයන් වහන්සේ තුළ සීල, සමාධි, ප්‍රඥා වැඩී ගියා. පසේබුදුවරයන් වහන්සේ නමක් බවට පත්වුණා. බිය සැක තැතිගැනීම් නැති සුන්දර ජීවිතයක ආශ්වාදය විඳින්නට වාසනාව ලැබුණා. මේ පසේබුදුවරයන් වහන්සේ මංජූසක රුක් සෙවණට වැඩි විට අනෙක් පසේබුදුවරයන් ඇසූ පැණයට පිළිතුරු දුන්නේ මේ ගාථාවෙනුයි.

සීහෝ යථා දාඨබලී පසය්හ
රාජා මිගානං අභිභුය්‍යචාරී
සේවේථ පන්තානි සේනාසනානි
ඒකෝ චරේ ඛග්ගවිසාණ කප්පෝ

"තියුණු දළ බල ඇති මෘගරාජන් වූ සිංහයා තමන්ගේ සියලු සවියෙන් සියලු සතුන් මැඩගෙන බිය සැක රහිතව ඉන්නවා. අන්න ඒ වගේ ඈත හුදෙකලා සෙනසුන්වල වාසය කරමින් දූන් මං හැසිරෙන්නේ තනිවම හුදෙකලාවේමයි. කඟවේනෙකුගේ හිස මත තියෙන තනි අඟක් වගෙයි."

සාදු! සාදු!! සාදු!!!

20.

අසිරිමත් පසේබුදු පෙළහර

ලාභය අරුත කොට - බොහො දෙන වැටෙති ඇසුරට
ලාභයක් නොපතන - උතුම් මිතුරන් දුලබ වෙත් ම ය
වාසියට ම නුවණ යොදා - ඇත මිනිසුන් කිළුටු වෙලා
හුදෙකලාවෙම දිවි ගෙවයි හේ
තනි අඟකින් යුතු කඟවේණෙකු සේ ....

අපගේ ශාස්තෘන් වහන්සේගේ ශාසනය අංග නවයකින් යුක්තයි. එහි සූත්‍ර දේශනා සුත්ත නමින් ද, ගාථා සහිත දේශනා ගෙය්‍ය නමින් ද, ගාථා රහිත දේශනා වෙය්‍යාකරණ නමින් ද, ගාථාවන් පමණක් ඇති දේශනා ගාථා නමින් ද, ප්‍රසාද සංවේග වශයෙන් උත්සාහ රහිතව මතුවන දේශනා හා ගාථා උදාන නමින් ද, යම් යම් කරුණු ඉස්මතු කොට කරන දේශනා ඉතිවුත්තක නමින් ද, බෝසත් සිරිතේ අතීත භවයන් ගැන ඇති දේශනා ජාතක නමින් ද, බුදුසිරිතට පමණක් අදාල අසිරිමත් දේ ගැන ඇති දේශනා අබ්භූත ධම්ම නමින් ද, ප්‍රශ්නෝත්තර සාකච්ඡාවෙන් යුතු දේශනා වේදල්ල නමින් ද හැඳින්වෙයි. බුදුරජුන්ගේ ශාසනය මෙම අංග නවයෙන් යුතු නිසයි නවාංග ශාස්තෘ ශාසනය යැයි පවසන්නේ.

එයින් ගාථා කොටසටයි ඛග්ග විසාණ සූත්‍රය අයිති වන්නේ. එය ඇතුළත්ව තිබෙන්නේ සුත්ත නිපාතයටයි. එම ගාථාවන්ගේ අරුතත්, එයට අදාල කථා වස්තූත් අපට කියවන්නට ලැබෙන්නේ බුදුරජාණන් වහන්සේ නිසාමය. උන්වහන්සේ එය නොවදාරන්නට අපට දැනගැනීමට අවස්ථාවක් නැත. ඒ පසේබුදුවරුන් ගැන අප කියවන විට එහි තිබෙන්නේ උන්වහන්සේලාගේ අවසාන ආත්මභාවය දැක්වෙන විස්තරය. සාමාන්‍ය මිනිසුන් මෙන් ජීවත් වෙන ඔවුන් වේගයෙන් සත්‍යාවබෝධය කරා යන අයුරු දැක්ක හැකිය.

බරණැස් නුවර එක්තරා රජෙක් වාසය කළා. ඔහුගේ රාජධානිය සියලු සැපසම්පත් වලින් පිරී ඉතිරී තිබුණා. නමුත් ඔහුව වටකොට ගෙන සිටි ඇමතිවරුන් ඒ රජුව රවටා රටේ සම්පත් ගසාකෑවා. රජතුමාට බොරු ආදරයක් පෙන්නුවා. බොරු හිතවත්කමක් පෙන්නුවා.

කලක් යන විට රජතුමාට දරුණු ආබාධයක් හටගත්තා. ඇමතිවරුන් රජතුමාගේ යහන වටේ වැතිරී අඬන්න පටන් ගත්තා. රජතුමා නැතුව ඔවුන්ට ජීවත්විය නොහැකි බව පවසමින් චාටු බස් කිව්වා.

"අහෝ! පින්වත් රජතුමනි, ඔබතුමා වැනි ශ්‍රේෂ්ඨ නායකයෙක් නිසයි අපි පවා මෙතරම් සේවය කරන්න පුරුදු වුණේ. ඔබතුමාගේ නායකත්වයෙන් තොරව අපට මේ රාජධානිය ගොඩගන්න අමාරුයි. ඔබතුමා නැති ලෝකය හිරු නැති ලෝකෙටත් වඩා අඳුරුයි. ඔබතුමා නැති රාත්‍රිය සඳ නැති රාත්‍රියටත් වඩා මූසලයි. ඔබතුමාගේ ආලෝකය අපගේ ආලෝකයයි. ඒ නිසා රජතුමනි, ශතවර්ෂාධික කාලයක් නිදුක්ව නීරෝගීව රාජ්‍යානුශාසනා කරන සේක්වා!"

රජතුමාට බොහෝ අනුකම්පා හිතුණා. නොයෙක් අයුරින් කරුණු කියා ඔවුන්ව අස්වැසුවා. රාජකීය වෙදුන් පැමිණ කොතරම් උපස්ථාන කළත් සුව වුණේ නැහැ. ක්‍රමක්‍රමයෙන් අසාධ්‍ය වුණා. එතකොට ඇමතිවරු වෙනම රැස්වුණා. රහසේ සාකච්ඡා කළා.

"දැන් මෙයාගෙන් වැඩක් නෑ. මෙයා මැරිලා යාවි. අපේ පැවැත්මට උදව් කරන්න පුළුවන් ඊළඟ රජා කවුද? අපි එතනට යමු. අමාරුවෙන් ගොඩනගා ගත්තු අපේ පැවැත්ම අපි නැතිකරගත යුතු නෑ. දැනට භාණ්ඩාගාර යෙන් ගන්න දෙයක් ගනිමු."

"ඒක හරි! හැබැයි අපට අසවල් රජතුමා ළඟට ගියෝතින් නම් සෑහෙන්න තාන්න මාන්න ලැබේවි. පුද පඬුරු ලැබේවි. මං ඒ ගැන කතා කරලයි තියෙන්නේ. අපට නවාතැනට වෙනම මාළිගාවන් පවා දෙන්න සූදානම් වේවි."

ඇමතිවරු තොල කට ලෙව කෑවා. ඔවුන්ගේ ඇස් බැබලුණා. කට කොණින් සිනහවෙද්දී බුලත් හප විසිවුණා. ඔවුන් තමන්ගේ ආදරණීය රජුට නොකියාම අර රජු වෙත ගියා. ඒ රජතුමා ඔවුන්ට සාමාන්‍ය ගෙවල් දුන්නා. අඩු වැටුප් දුන්නා. ඔවුන් මහා දුකින් කල් ගෙව්වා.

ඔවුන්ගේ සැබෑම රජතුමා ඉතාම දුකසේ තම රෝග යට පිළියම් කරමින් සිටියා. කවුරුත් හිතුවේ ඉක්මනින් මියයාවි කියලයි. නමුත් සියලු දෙනා පුදුමයට පත් කරවමින් රජතුමා සුවපත් වුණා. සුවපත් වූ රජ රාජසභාව කැඳෙව්වා. එදා තමාගේ යහන වටේ වැතිරී හඬමින් සිටි ඇමතිවරු කවුරුවත් නෑ. රජතුමාට ගොඩාක් දුක හිතුණා.

"කෝ අර ඇමතිවරු? කෝ අසවල් අසවල් නම්

ඇති අය?"

"අනේ රජතුමනි, ඔවුන් ටිකෙන් ටික වෙනස් වුණා. තමන්ගේ කාර්යභාරය අත්හැරියා. දැන් අසවල් රටට ගිහින් අසවල් රජ්ජුරුවන්ගේ ඇමතිමණ්ඩලයේ සේවය කරනවා. රජතුමනි, ඔවුන්ගෙන් අද හසුනක් ලැබුණා. රජතුමාව බැහැදකින්න අවසර ඉල්ලනවා."

"හොඳයි. ඒ අයට එන්න කියන්න."

ඇමතිවරු ආයෙමත් පැමිණියා. රජතුමා ඉදිරියට පැමිණ බිම වැතිරී හඬන්න පටන් ගත්තා.

"අනේ දේවයන් වහන්ස, අපට හරී සතුටුයි. අපි කියාගත නොහැකි වේදනාවකින් හිටියේ. මේ මාළිගාවට පැමිණෙද්දී ඔබවහන්සේ ඇඳේ වැතිරී දරුණු ලෙඩින් පෙළෙමින් සිටි අයුරු අපට සිහිපත් වෙනවා. පින්වත් රජතුමනි, අපට හරි වේදනයි. ඉවසගන්න අමාරුයි. ඒ නිසයි අපි ඈත ගියේ."

එතකොට තව ඇමතිවරයෙක් මෙහෙම කිව්වා.

"අනේ දේවයන් වහන්ස, අපි එහෙ ගිය විට ඒ රජතුමා ගොඩාක් සතුටු වෙලා අපට මාළිගාවන් දෙන්න හැදුවා. එතකොට අපි කිව්වා 'අපට මාළිගාවන් එපා. අපට සාමාන්‍ය ගෙවල් දෙන්න. අපි මේ ආවේ දුක වැඩිකම නිසයි' කියලා. ඒ රජතුමා අපට වැඩි වැටුප් දෙන්න හැදුවා. එතකොට අපි කිව්වා 'අනේ රජතුමනි, අපේ රජතුමා අපට හොඳින් වැටුප් ගෙව්වා. ඒ නිසා අපට යන්තම් ජීවත් වෙන්න මොකුත් ලැබුණොත් ඇති' කියලා. ඇත්තෙන්ම අපගේ දේවයිනි, අපි එහේ සැප වින්දෙ නෑ. මේ පහසුකම් මොකුත් ලබාගත්තෙ නෑ. ඔබවහන්සේ ගැන සිහි කරකරයි අපි දුක් වින්දේ."

ඔවුන්ගේ කතාවෙහි ඇති කෛරාටික බව රජතුමාට වැටහුණා. රජතුමා ඒ ගැන නොහඟවා ඔවුන්ට කතා කළා.

"බොහොම හොඳයි. මං මෙවැනි ඇමති මඬුල්ලක් ලැබීම ගැන සතුටු වෙනවා. හැබැයි මේ අසනීපය නම් ස්ථිරව සනීප වෙන එකක් නෑ. ආයෙ අසනීප වේවි. එතකොටත් ආයෙමත් යනවාද?"

"අනේ රජතුමනි, ඔබවහන්සේව අත්හැර ගියේ අපේ හිතේ වේදනාවටයි. නමුත් මෙවර නම් අපි ඔබවහන්සේගේ සෙවණැල්ල වගේ ඉන්නවා. ඔබවහන්සේට අසනීප වුණොත් අපිමයි උපස්ථාන කරන්නේ."

ටික දවසක් ගත වූ විට මේ ඇමතිවරුන්ගේ ස්වභාවය හඳුනාගැනීමට රජතුමාට ආශාවක් ඇතිවුණා. රජතුමා ක්ලාන්ත වී ඇඳට වැටුණා. දැන් රජතුමා කෑම කන්නෙත් නෑ. මොකුත් පානය කරන්නෙත් නෑ. කෙඳිරි ගාමින් ඉන්නවා. කලින්ටත් වඩා අමාරුයි. ඇමතිවරු පැමිණුනා. පැමිණ බොරුවට හඬන්න පටන්ගත්තා. රජතුමා නොඇසුණාක් මෙන් කෙඳිරිගාමින් සිටියා. ඉතාමත් අසාධ්‍ය බවක් පෙන්නුවා. එතකොට ඒ ඇමතිවරු ආයෙමත් වෙන රජෙක් ළඟට ගියා.

මෙවැනි සම්‍යක්ප්‍රයෝග වලින් රජතුමාට ඇමැතිවරුන්ගේ සැබෑ තත්වය හඳුනාගන්න පුළුවන් වුණා. රජතුමා කල්පනා කළා.

"මේ උදවිය යැපෙන්නේ මගෙන්මයි. මමයි ඇමතිකම දුන්නේ. මමයි ආදායම් දුන්නේ. මමයි මොවුන්ගේ සමාජ තත්වය ලබාදුන්නේ. මොවුන්ගේ දරුවන්ට උගත්කම් ලබාදුන්නේ. බොහෝ දෙනා අකෘතඥයි. කෙලෙහිගුණ දන්නෙ නෑ. මෙවැනි ලෝකයක රජකම් කළ බොහෝ

දෙනා අසරණ වෙන්නේ කෙලෙහිගුණ නොදන්නා පිරිස වැඩි නිසයි. මේ රජකමින් බැහැර වූ වෙනත් යහපත් පැවැත්මක් නැද්ද?"

රජතුමා බොහෝ සෙයින් කල්පනා කළා. රජතුමාට වනාන්තරයේ වැඩසිටින ශ්‍රමණයන් වහන්සේලා මතක් වුණා. රජතුමා රජකම අත්හැරියා. ශ්‍රමණයන් වහන්සේ නමක් වුණා. මහා වනයට වැඩියා. හුදෙකලාවේ බණ භාවනා කළා. සුළු කලකින් පසේබුදුරජාණන් වහන්සේ නමක් බවට පත්වුණා. මංජූසක රුක් සෙවණේදී අනිත් පසේබුදුවරයන් වහන්සේ මෙය විමසද්දී මෙම උදාන ගාථාවෙන් පිළිතුරු දුන්නා.

**භජන්ති සේවන්ති ච කාරණත්ථා
නික්කාරණා දුල්ලභා අජ්ජ මිත්තා
අත්තට්ඨපඤ්ඤා අසුචි මනුස්සා
ඒකෝ චරේ ඛග්ගවිසාණ කප්පෝ**

"බොහෝ උදවිය තවත් කෙනෙකුන්ව ඇසුරු කරන්නේත්, සේවනය කරන්නේත් යම්කිසි ලාභ ප්‍රයෝජනයක් ලබාගැනීම වාසිය කරගෙනයි. ලාභ ප්‍රයෝජන අපේක්ෂාවෙන් තොරව සිටින යහපත් මිතුරන් ලැබීම අද කාලෙ දුර්ලභයි. තමන්ගේ යහපතට තියෙන ප්‍රඥාව අයුතු විදිහට වාසියට යොදවන්න ගිහින් මිනිසුන් අපිරිසිදු වෙලයි ඉන්නේ. ඒ නිසා දැන් මං හැසිරෙන්නේ තනිවම හුදෙකලාවේමයි. කඟවේනෙකුගේ හිස මත තියෙන තනි අඟක් වගෙයි."

සාදු! සාදු!! සාදු!!!

ඛග්ගවිසාණ සූත්‍රය

තනි අඟකින් යුතු කඟවේනකු උපමා කොට වදාළ දෙසුම

01. සබ්බේසු භූතේසු නිධාය දණ්ඩං
අවිහේඨයං අඤ්ඤතරම්පි තේසං
න පුත්තමිච්ඡෙය්‍ය කුතෝ සහායං
ඒකෝ චරේ ඛග්ගවිසාණ කප්පෝ

සියලු සතුන් වෙත - නපුරක් නොකරන
කිසිවෙකු හට කිසි -වෙහෙසක් නොකරන
දරුවන් නොකැමැති හේ - කොයින් ලබන්ටද මිතුරන්!
හුදෙකලාවෙම දිවිගෙයි හේ
තනි අඟකින් යුතු කඟවේණෙකු සේ

02. සංසග්ග ජාතස්ස භවන්ති ස්නේහා
ස්නෙහන්වයං දුක්ඛමිදං පහෝති
ආදීනවං ස්නේහජං පෙක්ඛමානෝ
ඒකෝ චරේ ඛග්ගවිසාණ කප්පෝ

එක් වී වසන විට - හටගනී සිත සෙනෙහස
ඒ සෙනෙහසින්මය - මේ දුක ඇති කරන්නේ
සෙනෙහසින් උපදින - මේ විපත හඳුනාගෙන
හුදෙකලාවෙම දිවි ගෙවයි හේ
තනි අඟකින් යුතු කඟවේණෙකු සේ

03. මිත්තේ සුහජ්ජේ අනුකම්පමානෝ
හාපේති අත්ථං පටිබද්ධ චිත්තෝ
ඒතං භයං සන්ථවේ පෙක්ඛමානෝ

ඒකෝ චරේ ඛග්ගවිසාණ කප්පෝ

මිතුරන් සමඟ සුහදව අනුකම්පාවෙන්
සිටිනා විට බැඳී - යහපත යයි දුරු වී
එක ගොඩේ සිටින විට - තිබෙන භය හඳුනාගෙන
හුදෙකලාවෙම දිවි ගෙවයි හේ
තනි අඟකින් යුතු කඟවේණෙකු සේ

04. වංසෝ විසාලෝ ච යථා විසත්තෝ
පුත්තේසු දාරේසු ච යා අපේඛා
වංසකළීරෝ ච අසජ්ජමානෝ
ඒකෝ චරේ ඛග්ගවිසාණ කප්පෝ

එක අඳුරේ පැටලී ගිය - විශාල උණ ගසක් විලස
අඹුදරුවන් ගැනම තිබේ - සියළු පැතුම් හිතේ හැදෙන
එනිසා පඳුරෙන් වෙන් වී - තනි වූ උණ ගොබයක් ලෙස
හුදෙකලාවෙම දිවි ගෙවයි හේ
තනි අඟකින් යුතු කඟවේණෙකු සේ

05. මිගෝ අරඤ්ඤම්හි යථා අබද්ධෝ
යේනිච්ඡකං ගච්ඡති ගෝචරාය
විඤ්ඤූ නරෝ සේරිතං පෙක්ඛමානෝ
ඒකෝ චරේ ඛග්ගවිසාණ කප්පෝ

නොබැඳී කිසිවකට - වනයේ සිටින මුවා
රිසි ලෙස සැරිසරයි - ගොදුරුද සොයන නියා
නුවණැති කෙනා මෙලෙසින් - නිදහසේ අගය දකිමින්
හුදෙකලාවෙම දිවි ගෙවයි හේ
තනි අඟකින් යුතු කඟවේණෙකු සේ

06. ආමන්තනා හෝති සහාය මජ්ඣේ

වාසේ ඨානේ ගමනේ චාරිකාය
අනභිජ්ඣිතං සේරිතං පෙක්ඛමානෝ
ඒකෝ චරේ ඛග්ගවිසාණ කප්පෝ

ඇරයුම් ලැබෙයි සිටි විට මිතුරන් අතර
නවතින, හිඳින, යන එන හැම තැන නිතර
ඒ කෙරෙහි නොම ඇලෙමින් - නිදහසේ අගය දකිමින්
හුදෙකලාවෙම දිවි ගෙවයි හේ
තනි අඟකින් යුතු කඟවේණෙකු සේ

07. **ඛිඩ්ඩා රතී හෝති සහායමජ්ඣේ**
පුත්තේසු ච විපුලං හෝති පේමං
පියවිප්පයෝගඤ්ච ජිගුච්ඡමානෝ
ඒකෝ චරේ ඛග්ගවිසාණ කප්පෝ

මිතුරන් අතර සිටි විට - සෙල්ලමට ඇලේ
දරුවන් අතර සිටි විට - පෙම බලවත් වේ
ප්‍රියයන් කෙරෙන් වෙන්වන - දුකට පිළිකුල් කරමින
හුදෙකලාවෙම දිවි ගෙවයි හේ
තනි අඟකින් යුතු කඟවේණෙකු සේ

08. **චාතුද්දිසෝ අප්පටිඝෝ ච හෝති**
සන්තුස්සමානෝ ඉතරීතරේන
පරිස්සයානං සහිතා අඡම්භී
ඒකෝ චරේ ඛග්ගවිසාණ කප්පෝ

පතුරන සිව් දිසාවට මෙත් ගුණය නිතී
ලද යම් කිසිවකින් තුටුවන සිත පැවතී
සියලු කරදර මැද - තැති ගැනීමක් නැතිවම
හුදෙකලාවෙම දිවි ගෙවයි හේ
තනි අඟකින් යුතු කඟවේණෙකු සේ

09. දුස්සංගහා පබ්බජිතාපි ඒකේ
අථෝ ගහට්ඨා ඝරමාවසන්තා
අප්පෝස්සුක්කෝ පරපුත්තේසු හුත්වා
ඒකෝ චරේ ඛග්ගවිසාණ කප්පෝ

දුෂ්කරය සලකන්නට - සමහර පැවිද්දන් හට
එලෙසය ඇතැම් ගිහියොත් - ගෙවල්වල ගත කරනා
අනුන්ගේ දරුවන් ගැන - තම හිතට බර නොමගෙන
හුදෙකලාවෙම දිවි ගෙවයි හේ
තනි අඟකින් යුතු කඟවේණෙකු සේ

10. ඕරෝපයිත්වා ගිහී ව්‍යඤ්ජනානි
සංසීනපත්තෝ යථා කෝවිළාරෝ
ඡේත්වාන වීරෝ ගිහිබන්ධනානි
ඒකෝ චරේ ඛග්ගවිසාණ කප්පෝ

හැර දමා ගිහි වෙස - සැරසිලි බැහැර කරමින
ගිලිහුන පතින් යුතු - කොබෝලීල රුක ලෙස
වීරියෙන් යුතු කෙනා - සිඳ දමා ගිහි බන්ධන
හුදෙකලාවෙම දිවි ගෙවයි හේ
තනි අඟකින් යුතු කඟවේණෙකු සේ

11. සචේ ලභේථ නිපකං සහායං
සද්ධිං චරං සාධුවිහාරි ධීරං
අභිභුය්‍ය සබ්බානි පරිස්සයානි
චරෙය්‍ය තෙනත්තමනෝ සතීමා

ගුණ නැණ පිරුණ මිතුරෙකු ලද විට සතුටින්
දිව මග ගෙවිය හැක සැනසුම ලැබෙන ලෙසින්
පැමිණෙන කරදර ද මැඩගෙන වෙර වඩමින්
ගත කළ මැනව මේ දිවි මග සිහිනුවණින්

12. නෝ චේ ලභේථ නිපකං සහායං
සද්ධිං චරං සාධුවිහාරි ධීරං
රාජා'ව රට්ඨං විජිතං පහාය
ඒකෝ චරේ ඛග්ගවිසාණ කප්පෝ

දිවිමග ගෙවන්නට සැනසුම ලැබෙන ලෙසින්
ගුණ නැණ පිරුණ මිතුරකු නොලැබේද ඉතින්
දිනූ රට හැර යන - රජ කෙනෙකුගේ විලසින
හුදෙකලාවෙම දිවි ගෙවයි හේ
තනි අඟකින් යුතු කඟවේණෙකු සේ

13. අද්ධා පසංසාම සහාය සම්පදං
සෙට්ඨා සමාසේවිතබ්බා සහායා
එතේ අලද්ධා අනවජ්ජ භෝජී
ඒකෝ චරේ ඛග්ගවිසාණ කප්පෝ

පසසමු මිතුරු සම්පත අපි සැබැවින්ම
උසස් හෝ සම අය - සොයා ගත යුතු සුමිතුරන් ලෙස
නොලැබෙන විටදි ඒ අය - දැහැමින් බොජුන් ලැබගෙන
හුදෙකලාවෙම දිවි ගෙවයි හේ
තනි අඟකින් යුතු කඟවේණෙකු සේ

14. දිස්වා සුවණ්ණස්ස පභස්සරානි
කම්මාරපුත්තේන සුනිට්ඨිතානි
සංඝට්ටමානානි දුවේ භුජස්මිං
ඒකෝ චරේ ඛග්ගවිසාණ කප්පෝ

රන්කරු තැනූ මැනැවින් - දිළෙන රන් වළලු යුගලක්
අතෙහිලා ගත් විට - එකිනෙක ගැටෙනු දකිමින
හුදෙකලාවෙම දිවි ගෙවයි හේ
තනි අඟකින් යුතු කඟවේණෙකු සේ

15. ඒවං දුතියේන සහා මමස්ස
වාචාභිලාපෝ අභිසජ්ජනා වා
ඒතං භයං ආයතිං පෙක්ඛමානෝ
ඒකෝ චරේ ඛග්ගවිසාණ කප්පෝ

මෙලෙසින් දෙවැන්නෙකු හා - වසන්නට සිදුවූවොත්
දොඩමින් නිසරු දේවල් - ඇලෙන්නට සිදුවන්නේ
මේ අනාගත භය - මනා නුවණින් දකිමින්
හුදෙකලාවෙම දිවි ගෙවාලමි
තනි අඟකින් යුතු කඟවේණෙකු සේ

16. කාමා හි චිත්‍රා මධුරා මනෝරමා
විරූපරූපෙන මථෙන්ති චිත්තං
ආදීනවං කාමගුණේසු දිස්වා
ඒකෝ චරේ ඛග්ගවිසාණ කප්පෝ

විසිතුරු මියුරු කාමය සිත ඇදගන්නේ
එක එක ස්වරූපෙන් එය සිත කළඹන්නේ
කාම ගුණවල ඇති - ආදීනවය දැනගෙන
හුදෙකලාවෙම දිවි ගෙවාලමි
තනි අඟකින් යුතු කඟවේණෙකු සේ

17. ඊතී ච ගණ්ඩෝ ච උපද්දවෝ ච
රෝගෝ ච සල්ලඤ්ච භයඤ්ච මේතං
ඒතං භයං කාමගුණේසු දිස්වා
ඒකෝ චරේ ඛග්ගවිසාණ කප්පෝ

ලෙඩ දුක - තුවාලය - උවදුර යන නම ද
රෝගය - යහුල - භය යයි පවසති මෙයට
කාම ගුණවල ඇති - මේ භය හොඳින් දැනගෙන
හුදෙකලාවෙම දිවි ගෙවාලමි

තනි අඟකින් යුතු කඟවේණෙකු සේ

18. සීතඤ්ච උණ්හඤ්ච ඛුදං පිපාසං
වාතාතපේ ඩංස සිරිංසපේ ච
සබ්බානි පේතානි අභිසම්භවිත්වා
ඒකෝ චරේ ඛග්ගවිසාණ කප්පෝ

සීතල - උණුසුම ද - බඩගිනි හා පවස
අව් වැසි මැසි මදුරු පීඩන එක විලස
හැඳින මේ සියළු දෙය - මැඩගෙන සිතට දිරි ගෙන
හුදෙකලාවෙම දිවි ගෙවාලමි
තනි අඟකින් යුතු කඟවේණෙකු සේ

19. නාගෝ ච යූථානි විවජ්ජයිත්වා
සඤ්ජාතඛන්ධෝ පදුමී උළාරෝ
යථාභිරන්තං විහරේ අරඤ්ඤේ
ඒකෝ චරේ ඛග්ගවිසාණ කප්පෝ

නෙළුම් කුලයේ ඉපදුන - මනා උස මහතින් යුතු
ඇත් රජෙකුගේ විලසින් - රැළෙන් වෙන් වී තනිවුන
සිත්සේ දිවි ගෙවන - වන අරණේම නිවසන
හුදෙකලාවෙම දිවි ගෙවාලමි
තනි අඟකින් යුතු කඟවේණෙකු සේ

20. අට්ඨානතං සංගණිකාරතස්ස
යං ඵස්සයේ සාමයිකං විමුත්තිං
ආදිච්චබන්ධුස්ස වචෝ නිසම්ම
ඒකෝ චරේ ඛග්ගවිසාණ කප්පෝ

පිරිසත් සමඟින් ඇලෙමින් නිති කල් ගෙවන
කෙනෙකුට නොමැත සැනසුම දහමක රැඳුන
මුනිවරුන් පැවසූ මෙය - අසාගෙන සිත සතුටින

හුදෙකලාවෙම දිවි ගෙවාලම්
තනි අඟකින් යුතු කඟවේණෙකු සේ

21. දිට්ඨී විසූකානි උපාතිවත්තෝ
පත්තෝ නියාමං පටිලද්ධ මග්ගෝ
උප්පන්න ඤාණෝ’ම්හි අනඤ්ඤ නෙය්‍යෝ
ඒකෝ චරේ ඛග්ගවිසාණ කප්පෝ

මිසදිටු මත වාද මනසින් ඉවත් කළ
මගතොට හැඳින ලැබ දෙන අම නිවන්පල
ලදිමි විදසුන් නුවණද - ඇවැසි නැත වෙන උපදෙස්
හුදෙකලාවෙම දිවි ගෙවාලම්
තනි අඟකින් යුතු කඟවේණෙකු සේ

22. නිල්ලෝලුපෝ නික්කුහෝ නිප්පිපාසෝ
නිම්මක්ඛෝ නිද්ධවන්තකසාව මොහෝ
නිරාසයෝ සබ්බලෝකේ භවිත්වා
ඒකෝ චරේ ඛග්ගවිසාණ කප්පෝ

ගිජු නොවෙමි රසයකට - කුහකගති ආශාද නැති වෙමි
නොමැති ගුණමකු ගති - දුසිල් බව හා මෝහයද නැත
මුළු ලොවේ කිසි තැනක - නොමැත කිසි තණ්හාවක්
හුදෙකලාවෙම දිවි ගෙවාලම්
තනි අඟකින් යුතු කඟවේණෙකු සේ

23. පාපසහායං පරිවජ්ජයේථ
අනත්ථදස්සිං විසමේ නිවිට්ඨං
සයං න සේවේ පසුතං පමත්තං
ඒකෝ චරේ ඛග්ගවිසාණ කප්පෝ

යහපත නසන දිවි මග කරවන පාළු
දුරු කළ යුතුය නොමගක ගෙන යන යාළු

කාම සැපයෙහි පමා වී ගිය - කිසිවෙකු ඇසුරු නොකරන
හුදෙකලාවෙම දිවි ගෙවයි හේ
තනි අඟකින් යුතු කඟවේණෙකු සේ

24. බහුස්සුතං ධම්මධරං භජේථ
මිත්තං උළාරං පටිභානවන්තං
අඤ්ඤාය අත්ථානි විනෙය්‍ය කංඛං
ඒකෝ චරේ ඛග්ගවිසාණ කප්පෝ

දැන බොහෝ සදහම් - දත් දහම් දරා සිටිනා
නුවණින් කරුණු වැටහෙන - උතුම් මිතුරෙකු ඇසුරු කළයුතු
අරුත් දැන ඒ දහමේ - දුරු කොට සියලු සැකයන්
හුදෙකලාවෙම දිවි ගෙවයි හේ
තනි අඟකින් යුතු කඟවේණෙකු සේ

25. ඛිඩ්ඩං රතිං කාම සුඛඤ්ච ලෝකේ
අනලංකරිත්වා අනපෙක්ඛමානෝ
විභූසනට්ඨානා විරතෝ සච්චවාදී
ඒකෝ චරේ ඛග්ගවිසාණ කප්පෝ

කෙළි, ලොල් බවේ හා - ලොව කම් සුවේ නොඇලුන
දුරුකොට අලංකාරය - ඒවා යළිත් නොපතන
සැරසිල්ලේද නොඇලෙන - සැබෑ බස් නිති පවසන
හුදෙකලාවෙම දිවි ගෙවයි හේ
තනි අඟකින් යුතු කඟවේණෙකු සේ

26. පුත්තඤ්ච දාරං පිතරඤ්ච මාතරං
ධනානි ධඤ්ඤානි ච බන්ධවානි
හිත්වාන කාමානි යථෝධිකානි
ඒකෝ චරේ ඛග්ගවිසාණ කප්පෝ

අඹු දරු මාපියන් ගැන සිහි නොකරන්නේ

දේපල ධනය නෑයන් අත් හැරලන්නේ
බැහැර කොට කාමයන් - පතාගෙන අම සුව නිවන්
හුදෙකලාවෙම දිවි ගෙවයි හේ
තනි අඟකින් යුතු කඟවේණෙකු සේ

27. සංගෝ ඒසෝ පරිත්තමෙත්ථ සෝඛ්‍යං
අප්පස්සාදෝ දුක්ඛමෙත්ථභයියෝ
ගළෝ ඒසෝ ඉති ඤත්වා මුතිමා
ඒකෝ චරේ ඛග්ගවිසාණ කප්පෝ

බොහො දුක් පිරුණු - සුළු සැපතක මුළාවන
මද සොම්නසකි - දුක් කඳුළැලි ගලා එන
මෙය උගුලයැ'යි දැනගෙන - කාමයෙහි නොමුළාවන
හුදෙකලාවෙම දිවි ගෙවයි හේ
තනි අඟකින් යුතු කඟවේණෙකු සේ

28. සන්දාළයිත්වාන සංයෝජනානි
ජාලම්භෙත්වා සලිලම්බුචාරී
අග්ගිව දඩ්ඪං අනිවත්තමානෝ
ඒකෝ චරේ ඛග්ගවිසාණ කප්පෝ

සිඳ දමා හැම භවයේ බන්ධන
දැල සිඳ දුවන - පීනා මාළුවෙකු ලෙසේ
ගිනි ගෙන දැවුන තැන - යළි ගිනි නො එන ලෙසේ
හුදෙකලාවෙම දිවි ගෙවයි හේ
තනි අඟකින් යුතු කඟවේණෙකු සේ

29. ඔක්ඛිත්ත චක්ඛු න ච පාදලෝලෝ
ගුත්තින්ද්‍රියෝ රක්ඛිතමානසානෝ
අනවස්සුතෝ අපරිඩය්හමානෝ
ඒකෝ චරේ ඛග්ගවිසාණ කප්පෝ

දෑසින් සංවරව බලන - ඇවිදීමෙන් කල් නොයවන
හැම දොරටුම රැක ගනිමින් - දහමේ සිත හසුරුවමින්
කෙලෙසුන් ගෙන් තෙත් නොවෙමින්
- කෙලෙසුන්ගෙන් නොම දැවෙමින්
හුදෙකලාවෙම දිවි ගෙවයි හේ
තනි අඟකින් යුතු කඟවේණෙකු සේ

30. ඕහාරයිත්වා ගිහිව්‍යඤ්ජනානි
සඤ්ඡන්නපත්තෝ යථාපාරිඡත්තෝ
කාසායවත්ථො අභිනික්ඛමිත්වා
ඒකෝ චරේ ඛග්ගවිසාණ කප්පෝ

අත්හැර දමා - ගිහියෙකුගේ ඇති ලකුණු
පත්‍රයෙන් ගැවසී ගත් - පරසතු රුකක් විලසින්
දරාගෙන කසාවත - මෙසේ අබිනික්මන් කොට
හුදෙකලාවෙම දිවි ගෙවයි හේ
තනි අඟකින් යුතු කඟවේණෙකු සේ

31. රසේසු ගේධං අකරං අලෝලෝ
අනඤ්ඤපෝසී සපදානචාරී
කුලේ කුලේ අප්පටිබද්ධචිත්තෝ
ඒකෝ චරේ ඛග්ගවිසාණ කප්පෝ

රසයෙහි ගිජු බව නොකරන
- කිසිවිට රස ලොල් නොම වන
වෙන අය පෝෂණ නොකරන
- ගෙපිළිවෙලින් සිඟා වඩින
යන යන කිසි නිවසක් ගැන
- නොබැඳුන සිතකින් වසමින
හුදෙකලාවෙම දිවි ගෙවයි හේ
තනි අඟකින් යුතු කඟවේණෙකු සේ

අසිරිමත් පසේබුදු පෙළහර 193

32. පහාය පඤ්චාවරණානි චේතසෝ
උපක්කිලේසේ ව්‍යපනුජ්ජ සබ්බේ
අනිස්සිතෝ ඡේත්වා ස්නේහදෝසං
ඒකෝ චරේ ඛග්ගවිසාණ කප්පෝ

දුරුකොට සිතින් - පවතින පස් නීවරණ
සියලුම උප කෙලෙස් - බැහැරට දා සොඳින
කෙලෙසුන් ඇසුරු නොකරන - සෙනෙහේ දොස දුරලන
හුදෙකලාවෙම දිවි ගෙවයි හේ
තනි අඟකින් යුතු කඟවේණෙකු සේ

33. විපිට්ඨිකත්වාන සුඛං දුඛඤ්ච
පුබ්බේව ච සෝමනස්සදෝමනස්සං
ලද්ධානුපෙක්ඛං සමථං විසුද්ධං
ඒකෝ චරේ ඛග්ගවිසාණ කප්පෝ

කායික සැප දුක ද මනසින් බැහැර කොට
මනසේ හැදෙන සැප දුක හැර පළමු කොට
පිරිසිදු සමාහිත - මැදහත් සමාධිය ලැබ
හුදෙකලාවෙම දිවි ගෙවයි හේ
තනි අඟකින් යුතු කඟවේණෙකු සේ

34. ආරද්ධවිරියෝ පරමත්ථපත්තියා
අලීනචිත්තෝ අකුසීතවුත්ති
දළ්හනික්කමෝ ථාම බලූපපන්නෝ
ඒකෝ චරේ ඛග්ගවිසාණ කප්පෝ

දැඩි ලෙස වෙර වඩන - අම සුව ලැබ ගන්ට
දුරු කොට අලස සිත - පෙරටම යයි යන්ට
නුවණ බලවත් කොට - දැඩි අදිටනින් තර කොට
හුදෙකලාවෙම දිවි ගෙවයි හේ

තනි අඟකින් යුතු කඟවේණෙකු සේ

35. පටිසල්ලානං ඣානමරිඤ්චමානෝ
ධම්මේසු නිච්චං අනුධම්මචාරී
ආදීනවං සම්මසිතා භවේසු
ඒකෝ චරේ ඛග්ගවිසාණ කප්පෝ

භාවනාවත් දැහැනත් - කිසිවිටෙක අත් නොහරින
දහමට නතුව හැමවිට - දහම අනුවම හැසිරෙන
නුවණින් මෙනෙහි කරමින් - භවයේ දුකම දකිමින්
හුදෙකලාවෙම දිවි ගෙවයි හේ
තනි අඟකින් යුතු කඟවේණෙකු සේ

36. තණ්හක්ඛයං පත්ථයං අප්පමත්තො
අනේලමූගෝ සුතවා සතීමා
සංඛාතධම්මෝ නියතෝ පධානවා
ඒකෝ චරේ ඛග්ගවිසාණ කප්පෝ

තණ්හා නැසුන නිවනම - පතමින් පමා නොවෙමින්
නුවණින් යුතුව සදහම් - අසන සිහියද පිහිටා
වෙර වඩා නියතව - සපැමිණ නිවන් මග වෙත
හුදෙකලාවෙම දිවි ගෙවයි හේ
තනි අඟකින් යුතු කඟවේණෙකු සේ

37. සීහෝ ව සද්දේසු අසන්තසන්තෝ
වාතෝ ව ජාලම්හි අසජ්ජමානෝ
පදුමං ව තෝයේන අලිප්පමානෝ
ඒකෝ චරේ ඛග්ගවිසාණ කප්පෝ

ඇසෙන කිසි ශබ්දයකට - නොම සැලෙන සිහ රජු ලෙස
වැදෙනා දැලෙහි නොරැඳෙන - සුළං රැල්ලක් විලසට
දිය හා මුසු නොවන - පිපුන පියුමක් විලසින

හුදෙකලාවෙම දිවි ගෙවයි හේ
තනි අඟකින් යුතු කඟවේණෙකු සේ

38. සීහෝ යථා දාඨබලී පසය්හ
රාජා මිගානං අභිභුයියචාරී
සේවේථ පන්තානි සේනාසනානි
ඒකෝ චරේ ඛග්ගවිසාණ කප්පෝ

සවිබල දතින් යුතු සිහරද වන පියසේ
මැඩලයි හැම සතුන් ජය ගෙන රජ විලසේ
වාසය කරයි හැම කල - ඈත දුර වන සෙනසුන්වල
හුදෙකලාවෙම දිවි ගෙවයි හේ
තනි අඟකින් යුතු කඟවේණෙකු සේ

39. මෙත්තං උපෙක්ඛං කරුණං විමුත්තිං
ආසේවමානෝ මුදිතඤ්ච කාලේ
සබ්බේන ලෝකේන අවිරුජ්ඣමානෝ
ඒකෝ චරේ ඛග්ගවිසාණ කප්පෝ

මෙත් මැදහත් කරුණා මුදිතා ගුණ
ඇති කර ගනිමින් විමුක්ති ලද කළ
මුළු ලොව කිසිවෙකු හා - නොම ගැටෙමින්
හුදෙකලාවෙම දිවි ගෙවයි හේ
තනි අඟකින් යුතු කඟවේණෙකු සේ

40. රාගඤ්ච දෝසඤ්ච පහාය මෝහං
සන්දාළයිත්වා සංයෝජනානි
අසන්තසං ජීවිතසංඛයම්හි
ඒකේ චරේ ඛග්ගවිසාණ කප්පෝ

මොහඳුර නසා රාගය දෝසය වනසා
හැම භව බැඳුම් දුරු කොට නුවණින් විමසා

ගෙවී යන දිවිය ගැන - කම්පා නොවන කිසිවිට
හුදෙකලාවෙම දිවි ගෙවයි හේ
තනි අඟකින් යුතු කඟවේණෙකු සේ

41. භජන්ති සේවන්ති ච කාරණත්ථා
නික්කාරණා දුල්ලභා අජ්ජමිත්තා
අත්තට්ඨපඤ්ඤා අසුචි මනුස්සා
ඒකෝ චරේ ඛග්ගවිසාණ කප්පෝ

ලාභය අරුත කොට - බොහො දෙන වැටෙති ඇසුරට
ලාභයක් නොපතන - උතුම් මිතුරන් දුලබ වෙත්මය
වාසියටම නුවණ යොදා - ඇත මිනිසුන් කිළුටු වෙලා
හුදෙකලාවෙම දිවි ගෙවයි හේ
තනි අඟකින් යුතු කඟවේණෙකු සේ

සාදු! සාදු!! සාදු!!!

ඉසිගිලි සූත්‍රය

ඉසිගිලි පර්වතයේදී පසේබුදුරජාණන් වහන්සේලා ගැන වදාළ දෙසුම

ඒවං මේ සුතං. ඒකං සමයං භගවා රාජගහේ විහරති ඉසිගිලිස්මිං පබ්බතේ. තත්‍ර බෝ භගවා භික්ඛූ ආමන්තේසි භික්ඛවෝ'ති. භදන්තේ'ති තේ භික්ඛූ භගවතෝ පච්චස්සෝසුං. භගවා ඒතදවෝච.

මා විසින් මෙසේ අසන ලදී. එක් සමයෙක භාග්‍යවතුන් වහන්සේ රජගහ නුවර ඉසිගිලි පර්වතයෙහි වැඩවසන සේක. එකල්හී භාග්‍යවතුන් වහන්සේ පින්වත් මහණෙනියි කියා භික්ෂු සංඝයා අමතා වදාළ සේක. ඒ භික්ෂූන් වහන්සේලා ද පින්වතුන් වහන්ස යැයි කියා භාග්‍යවතුන් වහන්සේට පිළිතුරු දුන්නාහුය. භාග්‍යවතුන් වහන්සේ මෙම දෙසුම වදාළ සේක.

පස්සථ නෝ තුම්හේ භික්ඛවේ, ඒතං වේභාරං පබ්බතන්'ති? ඒවං භන්තේ. ඒතස්ස'පි බෝ භික්ඛවේ, වේභාරස්ස පබ්බතස්ස අඤ්ඤාව සමඤ්ඤා අහෝසි අඤ්ඤාපඤ්ඤත්ති.

පින්වත් මහණෙනි, අර වේභාර පර්වතය ඔබට පෙනෙනවා නේද? එසේය, ස්වාමීනී. පින්වත් මහණෙනි, ඔය වේභාර පර්වතයට වෙන නමක් තිබුණේය. වෙන පැණවීමක් තිබුණේය.

පස්සථ නෝ තුම්හේ භික්ඛවේ, ඒතං පණ්ඩවං පබ්බතන්'ති? ඒවං භන්තේ. ඒතස්ස'පි බෝ භික්ඛවේ,

පණ්ඩවස්ස පබ්බතස්ස අඤ්ඤාව සමඤ්ඤා අහෝසි අඤ්ඤාපඤ්ඤත්ති.

පින්වත් මහණෙනි, අර පාණ්ඩව පර්වතය ඔබට පෙනෙනවා නේද? එසේය, ස්වාමීනී. පින්වත් මහණෙනි, ඔය පාණ්ඩව පර්වතයට වෙන නමක් තිබුණේය. වෙන පැණවීමක් තිබුණේය.

පස්සථ නෝ තුම්හේ භික්ඛවේ, ඒතං වේපුල්ලං පබ්බතන්'ති? ඒවං භන්තේ. ඒතස්ස'පි ඛෝ භික්ඛවේ, වේපුල්ලස්ස පබ්බතස්ස අඤ්ඤාව සමඤ්ඤා අහෝසි අඤ්ඤාපඤ්ඤත්ති.

පින්වත් මහණෙනි, අර වේපුල්ල පර්වතය ඔබට පෙනෙනවා නේද? එසේය, ස්වාමීනී. පින්වත් මහණෙනි, ඔය වේපුල්ල පර්වතයට වෙන නමක් තිබුණේය. වෙන පැණවීමක් තිබුණේය.

පස්සථ නෝ තුම්හේ භික්ඛවේ, ඒතං ගිජ්ඣකූටං පබ්බතන්'ති? ඒවං භන්තේ. ඒතස්ස'පි ඛෝ භික්ඛවේ, ගිජ්ඣකූටස්ස පබ්බතස්ස අඤ්ඤාව සමඤ්ඤා අහෝසි අඤ්ඤාපඤ්ඤත්ති.

පින්වත් මහණෙනි, අර ගිජුකුළු පර්වතය ඔබට පෙනෙනවා නේද? එසේය, ස්වාමීනී. පින්වත් මහණෙනි, ඔය ගිජුකුළු පර්වතයට වෙන නමක් තිබුණේය. වෙන පැණවීමක් තිබුණේය.

පස්සථ නෝ තුම්හේ භික්ඛවේ, ඉමං ඉසිගිලිං පබ්බතන්'ති? ඒවං භන්තේ. ඉමස්ස ඛෝ භික්ඛවේ, ඉසිගිලිස්ස පබ්බතස්ස ඒසාව සමඤ්ඤා අහෝසි ඒසා පඤ්ඤත්ති.

පින්වත් මහණෙනි, මේ ඉසිගිලි පර්වතය ඔබට පෙනෙනවා නේද? එසේය, ස්වාමීනී. පින්වත් මහණෙනි, මේ ඉසිගිලි පර්වතයට මේ නම ම තිබුණේ ය. මේ පැණවීමම තිබුණේ ය.

භූතපුබ්බං භික්ඛවේ පඤ්චපච්චේකබුද්ධසතානි ඉමස්මිං ඉසිගිලිස්මිං පබ්බතේ චිරනිවාසිනෝ අහේසුං. තේ ඉමං පබ්බතං පවිසන්තා දිස්සන්ති. පවිට්ඨා න දිස්සන්ති.

පින්වත් මහණෙනි, මෙය වනාහී පෙර සිදු වූ දෙයකි. එකල මේ ඉසිගිලි පර්වතයෙහි පන්සිය නමක් පසේ බුදුරජාණන් වහන්සේලා චිරාත් කාලයක් වැඩ විසූවාහුය. උන්වහන්සේලා මේ පර්වතයට පිවිසෙන ආකාරය දිස්වන්නාහුය. පිවිසියාට පසු නොදිස්වන්නාහුය.

තමේනං මනුස්සා දිස්වා ඒවමාහංසු. අයං පබ්බතෝ ඉමේ ඉසී ගිලතී'ති ඉසිගිලි ඉසිගිලීත්වේව සමඤ්ඤා උදපාදි.

එකරුණ දුටු මිනිසුන් මෙසේ පැවසුවාහුය. මේ පර්වතය වනාහී මේ ඉසිවරයන් වහන්සේලා ගිල දමන්නේය. ඉසිවරුන් ගිලින්නේය යන අරුතින් ඉසිගිලි නාමය ඉපදුනේය.

ආචික්ඛිස්සාමි භික්ඛවේ, පච්චේකබුද්ධානං නාමානි. කිත්තයිස්සාමි භික්ඛවේ, පච්චේකබුද්ධානං නාමානි. දේසිස්සාමි භික්ඛවේ පච්චේකබුද්ධානං නාමානි. තං සුණාථ. සාධුකං මනසිකරෝථ භාසිස්සාමී'ති.

පින්වත් මහණෙනි, පසේබුදුරජාණන් වහන්සේලාගේ නාමයන් පවසාලන්නෙමි. පින්වත් මහණෙනි, පසේ බුදුරජාණන් වහන්සේලාගේ නාමයන් හඳුන්වා දෙන්නෙමි.

පින්වත් මහණෙනි, පසේබුදුරජාණන් වහන්සේලාගේ නාමයන් දේශනා කරන්නෙමි. එය මනාකොට ඇසිය යුත්තේය. නුවණින් සිහි කළ යුත්තේය. පවසන්නෙමි.

ඒවං භන්තේ'ති ඛෝ තේ භික්ඛූ භගවතෝ පච්චස්සෝසුං. භගවා ඒතදවෝච.

එසේය ස්වාමීනීයි කියා ඒ භික්ෂූන් වහන්සේලා භාග්‍යවතුන් වහන්සේට පිළිතුරු දුන්නාහුය. භාග්‍යවතුන් වහන්සේ මෙය වදාළ සේක.

අරිට්ඨෝ නාම භික්ඛවේ, පච්චේකසම්බුද්ධෝ ඉමස්මිං ඉසිගිලිස්මිං පබ්බතේ චිරනිවාසී අහෝසි.

පින්වත් මහණෙනි, අරිට්ඨ නම් පසේබුදුරජාණන් වහන්සේ මේ ඉසිගිලි පර්වතයෙහි චිරාත්කාලයක් වැඩ හුන්නාහුය.

උපරිට්ඨෝ නාම භික්ඛවේ, පච්චේකසම්බුද්ධෝ ඉමස්මිං ඉසිගිලිස්මිං පබ්බතේ චිරනිවාසී අහෝසි.

පින්වත් මහණෙනි, උපරිට්ඨ නම් පසේබුදුරජාණන් වහන්සේ මේ ඉසිගිලි පර්වතයෙහි චිරාත්කාලයක් වැඩ හුන්නාහුය.

තගරසිඛී නාම භික්ඛවේ, පච්චේකසම්බුද්ධෝ ඉමස්මිං ඉසිගිලිස්මිං පබ්බතේ චිරනිවාසී අහෝසි.

පින්වත් මහණෙනි, තගරසිඛී නම් පසේබුදුරජාණන් වහන්සේ මේ ඉසිගිලි පර්වතයෙහි චිරාත්කාලයක් වැඩ හුන්නාහුය.

යසස්සී නාම භික්ඛවේ, පච්චේකසම්බුද්ධෝ

ඉමස්මිං ඉසිගිලිස්මිං පබ්බතේ චිරනිවාසී අහෝසි.

පින්වත් මහණෙනි, යසස්සී නම් පසේබුදුරජාණන් වහන්සේ මේ ඉසිගිලි පර්වතයෙහි චිරාත්කාලයක් වැඩ හුන්නාහුය.

සුදස්සනෝ නාම භික්ඛවේ, පච්චේකසම්බුද්ධෝ ඉමස්මිං ඉසිගිලිස්මිං පබ්බතේ චිරනිවාසී අහෝසි.

පින්වත් මහණෙනි, සුදස්සන නම් පසේබුදුරජාණන් වහන්සේ මේ ඉසිගිලි පර්වතයෙහි චිරාත්කාලයක් වැඩ හුන්නාහුය.

පියදස්සී නාම භික්ඛවේ, පච්චේකසම්බුද්ධෝ ඉමස්මිං ඉසිගිලිස්මිං පබ්බතේ චිරනිවාසී අහෝසි.

පින්වත් මහණෙනි, පියදස්සී නම් පසේබුදුරජාණන් වහන්සේ මේ ඉසිගිලි පර්වතයෙහි චිරාත්කාලයක් වැඩ හුන්නාහුය.

ගන්ධාරෝ නාම භික්ඛවේ, පච්චේකසම්බුද්ධෝ ඉමස්මිං ඉසිගිලිස්මිං පබ්බතේ චිරනිවාසී අහෝසි.

පින්වත් මහණෙනි, ගන්ධාර නම් පසේ බුදුරජාණන් වහන්සේ මේ ඉසිගිලි පර්වතයෙහි චිරාත්කාලයක් වැඩ හුන්නාහුය.

පිණ්ඩෝලෝ නාම භික්ඛවේ, පච්චේකසම්බුද්ධෝ ඉමස්මිං ඉසිගිලිස්මිං පබ්බතේ චිරනිවාසී අහෝසි.

පින්වත් මහණෙනි, පිණ්ඩෝල නම් පසේබුදුරජාණන් වහන්සේ මේ ඉසිගිලි පර්වතයෙහි චිරාත්කාලයක් වැඩ හුන්නාහුය.

උපාසභෝ නාම භික්ඛවේ, පච්චේකසම්බුද්ධො ඉමස්මිං ඉසිගිලිස්මිං පබ්බතේ චිරනිවාසී අහෝසි.

පින්වත් මහණෙනි, උපාසභ නම් පසේබුදුරජාණන් වහන්සේ මේ ඉසිගිලි පර්වතයෙහි චිරාත්කාලයක් වැඩ හුන්නාහුය.

නීතෝ නාම භික්ඛවේ, පච්චේකසම්බුද්ධො ඉමස්මිං ඉසිගිලිස්මිං පබ්බතේ චිරනිවාසී අහෝසි.

පින්වත් මහණෙනි, නීථ නම් පසේබුදුරජාණන් වහන්සේ මේ ඉසිගිලි පර්වතයෙහි චිරාත්කාලයක් වැඩ හුන්නාහුය.

තථෝ නාම භික්ඛවේ, පච්චේකසම්බුද්ධො ඉමස්මිං ඉසිගිලිස්මිං පබ්බතේ චිරනිවාසී අහෝසි.

පින්වත් මහණෙනි, තථ නම් පසේබුදුරජාණන් වහන්සේ මේ ඉසිගිලි පර්වතයෙහි චිරාත්කාලයක් වැඩ හුන්නාහුය.

සුතවා නාම භික්ඛවේ, පච්චේකසම්බුද්ධො ඉමස්මිං ඉසිගිලිස්මිං පබ්බතේ චිරනිවාසී අහෝසි.

පින්වත් මහණෙනි, සුතවා නම් පසේබුදුරජාණන් වහන්සේ මේ ඉසිගිලි පර්වතයෙහි චිරාත්කාලයක් වැඩ හුන්නාහුය.

භාවිතත්තෝ නාම භික්ඛවේ, පච්චේකසම්බුද්ධො ඉමස්මිං ඉසිගිලිස්මිං පබ්බතේ චිරනිවාසී අහෝසි.

පින්වත් මහණෙනි, භාවිතත්ත නම් පසේබුදුරජාණන් වහන්සේ මේ ඉසිගිලි පර්වතයෙහි චිරාත්කාලයක් වැඩ

හුන්නාහුය.

1. යේ සත්තසාරා අනීඝා නිරාසා
පච්චේක මේවජ්ඣගමුං සුබෝධිං
තේසං විසල්ලානං නරුත්තමානං
නාමානි මේ කිත්තයතෝ සුණාථ

දුකින් තොර වූ කෙලෙස් දුරු වූ සාරවත් මිනිසුන් සිටින්නේ
ඉතා සුවසේ ඒ සියළු දෙන පසේ බුදු බව - ලබාගන්නේ
නිවන් දුටු ඒ උතුම් මුනිවරු කෙලෙස් හුල් - උදුරා දමන්නේ
සවන් දෙනු මැන මා විසින් දැන් ඔවුන් ගේ නම් - කියා දෙන්නේ

2. අරිට්ඨෝ උපරිට්ඨෝ තගරසිඛී යසස්සී
සුදස්සනෝ පියදස්සී ච බුද්ධෝ
ගන්ධාරෝ පිණ්ඩෝලෝ උපාසභෝ ච
නීතෝ තථෝ සුතවා භාවිතත්තෝ

අරිට්ඨ හා උපරිට්ඨ ය තගරසිඛී සහ යසස්සී
සුදස්සන ය පියදස්සී ලොවේ පසේ බුදුවරුන් ය
ගන්ධාර ය පිණ්ඩෝල ය උපාසභ ය යන මුනිවරු
නීථ ය තථ සුතවා සහ භාවිතත්ත යන බුදුවරු

3. සුම්භෝ සුභෝ මේථුලෝ අට්ඨමෝ ච
අථස්සුමේඝෝ අනීඝෝ සුදාඨෝ
පච්චේකබුද්ධා භවනෙත්තිඛීණා
හිංගු ච හිංගෝ ච මහානුභාවා

සුම්භ ය සුභ මේථුල සහ අට්ඨම යන බුදුවරුන් ද
මේඝ නමින් සහ අනීඝ සුදාඨ යන මුනිවරුන් ද
සියළුම භව රැහැන් බින්ද උතුම් පසේ බුදුවරුන් ද
හිංගු මෙන්ම හිංගෝ යන මහනුභාව ඇති බුදුන් ද

4. ද්වේජාලිනෝ මුනිනෝ අට්ඨකෝ ච

අථ කෝසලෝ බුද්ධෝ අථෝ සුබාහු
උපනේමිසෝ නේමිසෝ සන්තචිත්තෝ
සච්චෝ තථෝ විරජෝ පණ්ඩිතෝ ච

ජාලි නමින් දෙදෙනෙක් වූ බුදුවරු හා අට්ඨක මුනි
කෝසල යන බුදුරජුන් ද සුබාහු නම් ඇති බුදුන් ද
උපනේමිස නේමිස හා සන්තචිත්ත මුනිරජුන් ද
සත්‍යය තථ විරජ මුනිඳු හා පණ්ඩිත යන බුදුන් ද

5. කාලූපකාලා විජිතෝ ජිතෝ ච
අංගෝ ච පංගෝ ච ගුතිජ්ජිතෝ ච
පස්සී ජහී උපධිං දුක්ඛමූලං
අපරාජිතෝ මාරබලං අජේසි

කාල ය හා උපකාල ය විජිත ය හා ජිත මුනිඳු ද
අංග ය පංග ය මුනිවරු හා ගුතිජ්ජිතෝ මුනිඳු ද
හැම දුකට ම මුල වූ මේ කෙලෙස් උපධි - දුරු කළෝය
පස්සී හා අපරාජිත බුදුවරු මරු පැරදුවෝ ය

6. සත්ථා පවත්තා සරභංගෝ ලෝමහංසෝ
උච්චංගමායෝ අසිතෝ අනාසවෝ
මනෝමයෝ මානච්ඡිදෝ ච බන්ධුමා
තදාධිමුත්තෝ විමලෝ ච කේතුමා

සත්ථා හා පවත්ත හා සරභංගෝ ලෝමහංස
උච්චංගම හා අසිත ද අනාසවය යන බුදුන් ද
මනෝමය ය මානච්ඡිද සහ බන්ධුම යන මුනිඳු ද
තදාධිමුත්ත ය විමල ය කේතුම යන බුදුවරුන් ද

7. කේතුම්බරාගෝ ච මාතංගෝ අරියෝ
අථ’ච්චුතෝ අච්චුතගාමබ්‍යාමකෝ
සුමංගලෝ දබ්බිලෝ සුප්පතිට්ඨිතෝ

අසය්හෝ ඛේමාභිරතෝ ච සෝරතෝ

කේතුම්බරාග ය මාතංග හා අරිය මුනිඳු ද
අච්චුත හා අච්චුතගාමබ්‍යාමක බුදුවරුන් ද
සුමංගල ය දබ්බිල හා සුප්පතිට්ඨ මුනිවරුන් ද
අසය්හ හා ඛේමාභිරත සෝරත යන මුනිවරුන් ද

8. දුරන්නයෝ සංඝෝ අථෝ'පි උච්චයෝ
අපරෝ මුනී සය්හෝ අනෝමනික්කමෝ
ආනන්ද නන්දෝ උපනන්දෝ ද්වාදස
භාරද්වාජෝ අන්තිමදේහධාරී

දුරන්නය ද සංඝ මුනිඳු හා උච්චය යන බුදුන් ද
අපරමුනිය හා සය්හ ද අනෝමනික්කම බුදුන් ද
ආනන්ද ද නන්ද සමග උපනන්ද ය යන බුදුවරු
දොළොස් නමක් සමගින් වෙති භාරද්වාජ ය මුනිඳු ද

9. බෝධී මහානාමෝ අථෝපි උත්තරෝ
කේසී සිඛී සුන්දරෝ භාරද්වාජෝ
තිස්සූපතිස්සා භවබන්ධනච්ඡිදා
උපසීදරී තණ්හච්ඡිදෝ ච සීදරී

බෝධී හා මහානාම උත්තර යන බුදුවරුන් ද
කේසි සිඛී සුන්දර හා භාරද්වාජය බුදුන් ද
භව බන්ධන සිඳ බිඳලූ තිස්ස ය උපතිස්ස මුනිඳු
තණ්හා සිඳලූ මුනිවරු උපසීදරි හා සීදරි

10. බුද්ධෝ අහූ මංගලෝ වීතරාගෝ
උසභච්ඡිදා ජාලිනිං දුක්ඛමූලං
සන්තං පදං අජ්ඣගමූපනීතෝ
උපෝසථෝ සුන්දරෝ සච්චනාමෝ

මංගල හා වීතරාගි යන නම් ඇති මුනිවරුන් ද
දුක් මුල් ඇති කෙලෙස් නැසූ උසභ නමින් - මුනි රජුන් ද
අමා නිවන් සුව ලැබගත් උතුම් පසේ බුදුවරුන් ද
උපෝසථෝ හා සුන්දර සච්ච නමින් යුතු බුදුන් ද

11. **ජේතෝ ජයන්තෝ පදුමෝ උප්පලෝ ච**
පදුමුත්තරෝ රක්ඛිතෝ පබ්බතෝ ච
මානත්ථද්ධෝ සෝභිතෝ වීතරාගෝ
කණ්හෝ ච බුද්ධෝ සුවිමුත්තචිත්තෝ

ජේත ජයන්ත ය නමින් ද පදුමෝ උප්පල නමින් ද
පදුමුත්තර රක්ඛිත හා පබ්බත යන බුදුවරුන් ද
මානත්ථද්ධ ය සෝභිත වීතරාගි මුනිවරුන් ද
කෙලෙසුන්ගෙන් නිදහස් වූ කණ්හ නමින් බුදු රජුන් ද

12. **ඒතේ ච අඤ්ඤේ ච මහානුභාවා**
පච්චේකබුද්ධා භවනෙත්තිඛීණා
තේ සබ්බසංගාතිගතේ මහේසි
පරිනිබ්බුතේ වන්දථ අප්පමෙය්‍යෙ'ති

මේ බුදුවරු හා අනිකුත් මහනුභාව බුදුවරුන් ද
භව බන්ධන සිඳ බිඳලූ උතුම් පසේ බුදුවරුන් ද
මහ ඉසිවර මේ බුදුවරු සියළු කෙලෙස් නැති - මුනිවරු
පිරිනිවනට වැඩි මුනිවරු අපමණ ගුණ ඇති බුදුවරු
පින්වත් මහණෙනි ඔබත් වන්දනා කරව් නිරතුරු

සාදු! සාදු!! සාදු!!!

මහාමේඝ ප්‍රකාශන

- **ත්‍රිපිටක පොත් වහන්සේලා :**

01. **දීඝ නිකාය 1 කොටස**
(සීලක්ඛන්ධ වර්ගය)
02. **දීඝ නිකාය 2 කොටස**
(මහා වර්ගය)
03. **දීඝ නිකාය 3 කොටස**
(පාථික වර්ගය)
04. **මජ්ඣිම නිකාය 1 කොටස**
(මූල පණ්ණාසකය)
05. **මජ්ඣිම නිකාය 2 කොටස**
(මජ්ඣිම පණ්ණාසකය)
06. **මජ්ඣිම නිකාය 3 කොටස**
(උපරි පණ්ණාසකය)
07. **සංයුත්ත නිකාය 1 කොටස**
(සගාථ වර්ගය)
08. **සංයුත්ත නිකාය 2 කොටස**
(නිදාන වර්ගය)
09. **සංයුත්ත නිකාය 3 කොටස**
(ඛන්ධක වර්ගය)
10. **සංයුත්ත නිකාය 4 කොටස**
(සළායතන වර්ගය)
11. **සංයුත්ත නිකාය 5 කොටස**
(මහා වර්ගය - 1)
12. **සංයුත්ත නිකාය 5 කොටස**
(මහා වර්ගය - 2)
13. **අංගුත්තර නිකාය 1 කොටස**
(ඒකක, දුක, තික නිපාත)
14. **අංගුත්තර නිකාය 2 කොටස**
(චතුක්ක නිපාත)
15. **අංගුත්තර නිකාය 3 කොටස**
(පඤ්චක නිපාත)
16. **අංගුත්තර නිකාය 4 කොටස**
(ඡක්ක, සත්තක නිපාත)
17. **අංගුත්තර නිකාය 5 කොටස**
(අට්ඨක, නවක නිපාත)
18. **අංගුත්තර නිකාය 6 කොටස**
(දසක, ඒකාදසක නිපාත)
19. **ඛුද්දක නිකාය 1 කොටස**
(ඛුද්දකපාඨ පාළි, ධම්මපද පාළි, උදාන පාළි, ඉතිවුත්තක පාළි)
20. **ඛුද්දක නිකාය 2 කොටස**
(විමාන වත්ථු , ප්‍රේත වත්ථු)

- **ධර්ම දේශනා ග්‍රන්ථ :**

01. කියන්නම් සෙනෙහසින් මිය නොයන් හිස් අතින්
02. තෝරාගනිමු සැබෑ නායකත්වය
03. පැහැදිලි ලෙස පිරිසිදු ලෙස දෙසූ සේක සිරි සදහම්
04. දම් දියෙන් පණ දෙව් විමන් සැප
05. බුදුවරුන්ගේ නගරය
06. සයුර මැද දූපතක් වේ ද ඔබ...?
07. ගිහි ගෙයි ඔබ ඇයි?
08. මෙන්න නියම දේවදූතයා
09. ආදරණීය වදකයා
10. සයුරේ අසිරිය ධර්මයේ
11. විෂ නසන ඔසු
12. සසරක ගමන නවතන නුවණ
13. විස්මිත හෙළිදරව්ව
14. දිළිසෙන සියල්ල රත්තරන් නොවේ
15. අනතුරින් අත්මිදෙන්නට නම්...
16. අතරමං නොවීමට...
17. සුන්දර ගමනක් යමු
18. කවදා නම් අපි නිදහස් වෙමුද?
19. ලෙඩ දුක් වලින් අත්මිදෙමු
20. ලෝකය හැදෙන හැටි
21. යුද්ධයේ සුළමුල
22. රහතන් වහන්සේ මරණින් මතු ඇත නැත
23. නුවණැස පාදන සිරි සදහම්
24. මරණය ඉදිරියේ අසරණ නොවීමට නම්
25. අපේ නව වසර බුද්ධ වර්ෂයයි
26. හේතුවක් නිසා
27. අවබෝධ කළ යුතු ධර්මය මෙයයි
28. සැබෑ බිරිඳ කවුද?
29. පහන් සිළ නිවෙන ලෙස පිරිනිවී වැඩි සේක
30. සසරට බැඳෙමුද සසරින් මිදෙමුද?
31. රහතුන්ගේ ධර්ම සාකච්ඡා
32. සැබෑ දියුණුවේ රන් දොරටුව
33. බලන් පුරවරක අසිරිය
34. මමත් සිත සමාහිත කරමි බුදු සමිඳුනේ...
35. එළිය විහිදෙන නුවණ
36. සැබෑ ශ්‍රාවකයා ඔබද?
37. අසිරිමත් ය ඒ භාග්‍යවතාණෝ...
38. නුවණැත්තෙක් වෙන්නට නම්
39. බුද්ධියේ හිරු කිරණ
40. නිවන්නට භව ගිමන් දෙසූ සදහම් ගිමන්

41. ඒ භාග්‍යවතුන් වහන්සේගේ ශ්‍රාවකයා වෙමි මම
42. සසරක රහස
43. නුවණින් ලොව එළිය කරනා මහා ඉසිවරයාණෝ
44. ස්වර්ණමාලී මහා සෑ වන්දනාව
45. සොඳුරු හුදෙකලාව
46. මග හොඳට තිබේ නම්...
47. මගේ ලොව හිරු මඬල ඔබයි බුදු සමිඳුනේ
48. නුවණැත්තන් හට මෙලොවේ - දකින්ට පුළුවනි සදහම්
49. සිත සනසන අමා දහම්
50. අසිරිමත් සම්බුදු නුවණ
51. ගෞතම සසුනේ පිහිට ලබන්නට...
52. බුදුරජාණන් වහන්සේ කුමක් වදාළ සේක්ද?
53. පින සහ අවබෝධය
54. සැබෑ බසින් මෙම සෙත සැලසේවා !
55. සැපයක්ය එය නුඹට - සැනසෙන්න මෙත් සිතින්
56. අසත්‍යයෙන් සත්‍යයට...
57. කවුරුද ලොව දැකගත්තේ - ඒ සම්බුදු සිරි සදහම්
58. පිරිනිවුණි ඒ රහත් මුනිවරු
59. බාධා ජයගත් මගමයි යහපත්
60. භව පැවැත්මේ සැබෑ ස්වභාවය
61. සුගතියට යන සැලැස්මක්
62. බුදුමුවින් ගලා ආ - මිහිරි දම් අමා දුන්
63. යළි යුගයක් ආවා ලොව සම්බුදු
64. පිනක මහිම
65. බුදු නෙතින් දුටු හෙට දවසේ ලෝකය
66. ජීවිතය දකින කැඩපත ධර්මයයි
67. අකාලික මුනි දහම
68. නිවී පහන් වී සිත් සැනසේවා
69. සුසුමක විමසුම නිවනක ඇරඹුම
70. පිනෙන් පිරුණු සොඳුරු ජීවිතයක්
71. අසිරිමත් දම් රස අමාවන්
72. ලොව දමනය කළ මුනිඳාණෝ
73. නැසෙන වැනසෙන පිනිබිඳුව
74. ගෞතම මුනිඳු මගෙ හිරු සඳු වන සේක
75. දහම් ඇස පහළ විය
76. ශ්‍රේෂ්ඨත්වය සොයා යාම
77. ලෝකයෙන් නිදහස් වීම

- **සදහම් ග්‍රන්ථ :**

01. පිරුවානා පොත් වහන්සේ
02. ඔබේ සිත සමඟ පිළිසඳරක්
03. සිතට සුවදෙන භාවනා
04. පින් මතුවෙන වන්දනා
05. ශ්‍රී සම්බුද්ධත්ව වන්දනා
06. සිරි ගෞතම බෝධි වන්දනාව
07. අසිරිමත් පසේබුදු පෙළහර
08. අනේ..! අපේ කථාවත් අහන්න...

- **සදහම් සිතුවම් පොත් පෙළ :**

01. ඡත්ත මාණවක
02. බාහිය දාරුචීරිය මහරහතන් වහන්සේ
03. පිණ්ඩෝල භාරද්වාජ මහරහතන් වහන්සේ
04. සුමන සාමණේර
05. අම්බපාලී මහරහත් තෙරණියෝ
06. රට්ඨපාල මහරහතන් වහන්සේ
07. සක්කාර නුවර මසුරු කෝසිය
08. කිසාගෝතමී
09. උරුවේල කාශ්‍යප මහරහතන් වහන්සේ
10. සංකිච්ච මහරහතන් වහන්සේ
11. සුප්පබුද්ධ කුෂ්ඨ රෝගියා
12. නිවී ගිය සේක බුද්ධ දිවාකරයාණෝ
13. සුමන මල් වෙළෙන්දා
14. කාලි යක්ෂණිය
15. මුගලන් මහරහතන් වහන්සේ
16. ලාජා දෙවඟන
17. ආයුවඩ්ඪන කුමාරයා
18. සන්තති ඇමති
19. මහධන සිටුපුත්‍රයා
20. අනේපිඬු සිටුතුමා
21. නන්ද මහරහතන් වහන්සේ
22. මණිකාර කුළුපග තිස්ස තෙරණුවෝ
23. විශාඛා මහෝපාසිකාව
24. පතිපූජිකාව

- **ඉංග්‍රීසි භාෂාවට පරිවර්තනය වී ඇති ධර්ම දේශනා ග්‍රන්ථ :**

01. The life of Buddha for children
02. The Wise Shall Realize
03. Stories of Ghosts
04. Stories of Heavenly Mansions

- **ඉංග්‍රීසි භාෂාවට පරිවර්තනය වී ඇති සදහම් සිතුවම් පොත් :**

01. Chaththa Manawaka
02. Sumana the Novice monk
03. Stingy Kosiya of Town Sakkara
04. Kisagothami
05. Kali She-devil
06. Ayuwaddana Kumaraya
07. Sumana The Florist